기독교학교, 역사에 길을 묻다

모든 인간은 하나님의 형상을 닮은 존엄한 존재입니다. 전 세계의 모든 사람들은 인종, 민족, 피부색, 문화, 언어에 관계없이 존귀합니다. 예영커뮤니케이션은 이러한 정신에 근거해 모든 인간이 존귀한 삶을 사는 데 필요한 지식과 문화를 예수 그리스도의 사랑으로 보급함으로써 우리가 속한 사회에 기여하고자 합니다.

국립중앙도서관 출판시도서목록(CIP)

기독교 학교, 역사에 길을 묻다 /
지은이: 박상진, 백승종, 임희국, 강영택, 한규원.
-- 서울 : 예영커뮤니케이션,
2013
p. ; cm

ISBN 978-89-8350-839-3 04230 : ₩13000

기독교교육[基督敎敎育]

235.7-KDC5
268-DDC21   CIP2013004454

기독교학교, 역사에 길을 묻다

펴낸 날 · 2013년 4월 30일 | **초판 1쇄 찍은 날** · 2013년 5월 3일
지은이 · 박상진 · 백승종 · 임희국 · 강영택 · 한규원 | **펴낸이** · 김승태
등록번호 · 제2-1349호(1992. 3. 31) | **펴낸 곳** · 예영커뮤니케이션
주소 · (136-825) 서울시 성북구 성북1동 179-56 | **홈페이지** www.jeyoung.com
출판사업부 · T. (02)766-8931 F. (02)766-8934 e-mail: jeyoungedit@chol.com
출판유통사업부 · T. (02)766-7912 F. (02)766-8934 e-mail: jeyoung@chol.com

Copyright ⓒ 2013, 박상진 외 4명
ISBN 978-89-8350-839-3 (04230)
       978-89-8350-572-9 (세트)

값 13,000원

기독교학교교육연구신서 10

기독교학교,
역사에 길을 묻다

박상진·백승종·임희국·강영택·한규원 지음

예영커뮤니케이션

서문

오늘날 기독교학교가 위기에 처해 있다는 말을 많이 듣게 된다. 기독교학교에 몸담고 있는 사람이든 바깥에서 기독교학교를 바라보는 사람이든 기독교학교가 위기라는 데에는 이견이 없다. 여기에는 기독교적인 건학이념을 구현할 수 없는 제도적, 구조적 문제와 입시 위주의 교육 속에서 기독교교육을 상실한 학교 내부의 문제가 중첩되어 있다.

이런 위기적 현실 속에서 기독교학교는 어디를 향해 가야 할지 길을 잃어버렸다. 가야 할 길을 잃어버린 기독교학교는 누군가에게 길을 물어야 한다. 누구에게 길을 물을 것인가? 누가 가야 할 길을 가장 잘 일러 줄 수 있을 것인가? 길을 잃어버린 기독교학교에 길을 찾게 해줄 수 있는 이가 누구인가? 바로 기독교학교의 역사이다. 지난 120여 년의 한국의 기독교학교 역사는 오늘날 기독교학교가 가야 할 길을 알고 있다.

"기독교학교, 역사에 길을 묻다"라는 제목의 이 책은 기독교학교의 역사를 스승 삼고 거울 삼아 오늘날 기독교학교의 아픔과 고뇌, 안타까움에 대한 역사의 지혜를 배우고자 한다. 1885년부터 시작된 한국의 기독교학교 역사는 오늘날 기독교학교가 경험하는 거의 모든 것을 이미 경험하였다. 그 경험들을 다시금 조망하면서 오늘날 기독교학교가 어떻게 이 위기를 헤쳐 나가야 할지를 깨닫고자 한다.

먼저 초기 한국교회의 학교 설립과 지원체제를 살펴보고, 초기 기독교학교와 지역사회와의 관계, 구한말 기독교학교/신식학교의 설립에서 내한

(來韓) 선교사와 토착(土着)인 교육자의 상호관계를 고찰하고, 초기 기독교학교에서의 신앙교육, 개화기 기독교학교의 민족교육, 그리고 한국 초기 기독교학교의 쇠퇴를 파악하고, 각 장마다 오늘날 기독교학교의 위기에 주는 교훈을 찾아볼 것이다.

　이 책은 기독교학교의 뿌리를 발견하게 해주며, 오늘의 기독교학교가 믿음의 선배들의 헌신 위에 세워진 학교임을 깨닫도록 하고, 초창기 기독교학교가 척박한 환경 속에서 어떻게 사명을 감당했는지를 인식하게 할 것이다. 그리고 초기 기독교학교가 교회 및 지역사회와 어떤 관계를 맺었으며 민족과 사회를 위해서 어떤 공적 역할을 감당했는지를 보여 줄 것이다.

　이 책은 기독교학교에 몸담고 있는 교육행정가, 교목, 교사들은 물론 기독교대안학교를 섬기는 모든 이들이 읽어야 할 필독서이다. 또한 기독교학교의 설립과 지원에 관심이 있는 모든 목회자들과 성도들이 일독하기를 권한다.

　이 책을 펴내기 위해 수고하신 모든 필진들과 기독교학교교육연구소의 모든 연구원들, 그리고 기꺼이 출판의 수고를 담당한 예영커뮤니케이션의 김승태 사장님께 감사를 드린다.

2013년 4월, 필진을 대표해서
기독교학교교육연구소 소장 박상진

차 례

1장 초기 한국교회의 학교 설립과 지원체제 연구

박상진

박상진

성균관대학교 교육학과(B.A)
서울대학교 대학원 교육학과(M.Ed)
장로회신학대학교 신학대학원(M.dir)
장로회신학대학교 대학원 기독교학과(M.A)
미국 Union-PSCE(M.A&Ed.D)
현 장로회신학대학교 기독교교육과 교수

제1장
초기 한국교회의 학교 설립과 지원체제 연구

I. 들어가는 말

최근 많은 교회들이 기독교학교를 설립하고 있다. 이 중 일부는 정부의 인가를 받은 사립학교 또는 특성화학교로 설립하기도 하지만 대부분의 경우 기독교대안학교로 설립하고 있다. 2011년에 기독교학교교육연구소가 조사한 바에 의하면 기독교대안학교의 수는 102개교에 이르고 있다.[1] 그 중 가장 많은 비중을 차지하는 것이 교회에 의해서 설립된 기독교대안학교 이다. 교회가 기독교학교를 설립하는 것은 특정 지역만의 현상이 아닌 전국적인 현상으로, 하나의 운동처럼 여겨질 정도로 확산되고 있다. 이러한 교회의 학교 설립은 기독교교육의 관심 영역을 교회교육에서부터 학교교육으로까지 확장하였고, 좁은 의미의 신앙교육에서부터 전인적인 기독교교육으로 확산하게 되었다. 그리고 부모가 갖는 자녀교육의 고민을 교회가 외면하지 않고 끌어안고 입시 위주의 공교육이 지닌 한계를 극복하려는 기독교적 대안교육의 시도라는 점에서도 의미가 있다. 그러나 교회의 학교 설립은 정부의 인가 문제, 교회의 지원구조의 개선, 교육과정의 전문화, 건학이념의 구현 등 여러 가지 해결해야 할 과제를 안고 있다.

그런데 이러한 교회의 학교 설립 운동은 한국교회 초기 역사 속에서도 발견되어진다. 일반적으로 개신교의 선교 역사를 1884년부터 시작된 것으로 인식하는데, 이것은 바로 기독교학교의 설립의 역사이기도 하다. 미국 북장로교 선교사인 언더우드(H. G. Underwood)와 미국 북감리교 선교사인 아펜젤러(H. G. Appenzeller), 그리고 스크랜튼(M. F. Scranton) 선교사에 의해 세워진 경신, 배재, 이화학교들이 기독교학교 운동의 효시라고 할 수 있다. 그 이후 한국교회에 의해서 활발하게 교회 부설학교로서 기독교학교들이 설립되는데 장로교 계통 학교만 1909년에 694개교에 이를 정도였다.[2] 백낙준은 이를 두고 '교육문예부흥(the educational renaissance)'이라고 일컬었다.[3] 이러한 한국교회 초기 역사 속에서 펼쳐졌던 기독교학교 설립 운동은 오늘날 교회의 학교 설립에 매우 중요한 역사적 자료가 된다. 왜냐하면 그 당시의 사회적 환경 속에서 교회가 학교를 설립하면서 겪었던 어려움과 교회와 학교의 관계성, 교회의 학교 지원방식 등은 오늘날 교회의 학교 설립 운동이 경험하는 것과 크게 다르지 않기 때문이다.

본 연구는 초기 한국교회의 학교 설립과 지원체제를 고찰함으로써 오늘날 한국교회의 학교 설립과 교회와 학교의 관계에 주는 통찰을 얻고자 한다. 이러한 목적을 달성하기 위해 다음과 같은 연구문제를 설정하였다.

첫째, 초기 한국교회의 학교 설립 과정은 어떠하였는가?
둘째, 초기 한국교회의 학교 설립 목적은 무엇이었는가?
셋째, 초기 한국교회는 학교를 위한 어떤 지원체제를 갖고 있었는가?
넷째, 초기 한국교회와 학교의 관계가 오늘날 주는 교훈은 무엇인가?

II. 초기 한국교회의 기독교학교 설립

한국교회의 초기 역사, 즉 1890년대부터 1910년대 사이의 역사 속에서 교회와 학교는 깊은 연계성을 지니고 있었다. 물론 아펜젤러, 언더우드, 스크랜튼을 비롯한 선교사들이 학교를 설립하여 선교한 것에서부터 교회와 학교의 연계성은 출발된다. 미국 감리교회와 미국 북장로교회 등 미국의 교회가 한국에 학교를 설립하였기 때문이다. 그러나 본 논문에서는 이러한 선교회 또는 선교연합회를 통한 선교사들의 학교 설립이 아닌 한국의 토착교회들이 학교를 설립한 것에 주목하고자 한다. 사실 선교 직후부터 한국 전역에 걸쳐서 일어난 놀라운 교육 운동이 있었는데, 바로 한국의 토착교회가 초등학교를 설립하여 기독교교육을 실천하는 운동이다.

김기석과 류방란에 의하면 당시 선교사들은 감당할 수 없이 밀려오는 개종자의 심사와 수세에 분주하였고, 성서번역 및 문서전도 등 전도사업에 주력하여 교육사업은 거의 조선인의 손에 맡겨졌다.[4] 즉 전도사업에 몰두하고 있는 선교사들은 "초등 정도의 학교"를 자비로 경영하도록 방침만 천명하였을 뿐 실무는 모두 조선인에게 맡겨졌던 것이다.[5] 또 당시의 《조선그리스도인회보》에서는 이러한 교육 운동이 선교사들에 의한 것이 아니라 토착교회의 자발적인 노력이었음을 다음과 같이 강조하고 있다.

"이 회당과 학당을 지을 때에 서양 목사의 손으로 지은 것이 아니라 본국 교우들이 각각 연보하기를 힘쓰고 돈이 없는 사람들은 몸으로 가서 역사를 하였으니"[6]

이러한 한국교회에 의한 초등학교 설립은 네비우스 선교정책에 따른 것이었다. 언더우드는 중국 지부에서 활약하던 네비우스(J.L. Nevius)를 1890년

6월에 초빙하여 "자립, 자조, 자주치리(自主治理)"에 의한 토착교회 설립 방법에 대한 권고를 듣고 이를 조선에 적용하고자 하였다. 이후 네비우스의 권고를 근간으로 하고 조선 현실을 고려하여 "10대 선교방침"을 1893년에 확정하였다. 그 중 교육에 직접적으로 관련된 여섯 가지 방침은 다음과 같았다.

1) 전도의 목표를 상류층보다 근로계급의 귀도에 두는 것이 더 낫다.
2) 모성은 후대의 양육에 중요한 영향력을 주므로 부녀자의 귀도와 청소년의 교육을 특수목적으로 한다.
3) 군소재지에 초등학교를 설치함으로써 기독교교육에 성과가 많을 것이니 선교부 소관학교에 재학한 남학생들을 교사로 양성하여 각 지방에 파송한다.
4) 교육 받은 교역자를 배출하는 희망도 우리 교육기관에서 실현될 것이니 이 점에 항상 관심을 기울여야 한다.
5) 모든 문서사업에는 한자의 구속을 벗어나 순 한글을 사용함이 우리의 목표가 되어야 한다.
6) 따라서 전도를 위해 우리 자신이 나서서 하는 것보다는 전도자의 교육에 전력해야 한다.[7]

"10대 선교방침"에 따른 장로교의 주요 교육사업은 사경회와 교회 부설 주일학교, 주간학교에서 출발한 초등교육기관이다.[8] 여기에서 당시 기독교교육의 중요한 기관인 주일학교, 주간학교, 그리고 그 주간학교가 발전한 기독초등학교의 존재를 주목할 필요가 있다. 당시 장로교 연회보고서에는 1892년부터 주일학교 학생 수가 보고되었으며, 주일학교와 별도로 주간학교 학생 수가 보고되었다. 주일학교와 주간학교, 이 두 가지 교육의 축이 존재함으로 기독교교육을 균형 있게 추구하였던 것이다. 이는 당시의 교회와 학교가 너무나 자연스럽게 연계되어 있었음을 보여 주는 실례이다.

한국교회에 의한 학교 설립 운동이 보다 활발하게 펼쳐진 데에는 또 다른 계기가 있었다. 1897년 8월에 미국 북장로교 선교부 연례회의에서 선교사 배위량이 입안한 "우리의 교육정책(Our educational policy)"이 심의되고 채택된 것이다. 배위량은 선교부의 선교정책인 네비우스 방법을 교육정책으로 적용하고자 했는데, 그 내용은 다음과 같이 요약될 수 있다.

기독교학교 설립과 운영의 기본이념은 학생들에게 유용한 지식을 다양한 방법으로 가르쳐서 실제생활에 기여하고 더 나아가서 이들이 장차 책임 있는 일꾼으로 자라게 하는 것이다. 이를 위하여 학교는 학생들의 신앙증진과 정신함양을 위한 교육을 해야 할 것이며, 그 무엇보다도 이 학생들이 교회의 주류가 되어서 토착교회(native church)를 형성하게 해야 한다.[9]

여기에서 알 수 있듯이 한국교회가 학교를 설립하여 학생들을 교육함으로 토착교회의 주류를 형성하고자 했던 것이다. 이 교육정책에 의해서 구체적으로 한국교회에 의한 초등학교 설립 계획이 추진되었는데 그 세부적인 방안은 다음과 같다.

"(1) 각 지교회 지역구의 초등학교를 발전시키고, (2) 이 초등학교 교원 확보를 위하여 특별 단기 사범과를 두어서 재직교원과 기타 유망한 사람들을 모아 교원을 양성하며, (3) 특별히 선발한 학생들을 중학교와 나아가서는 전문학교에서 철저한 교육을 받도록 할 것이며, (4) 부대적으로 교과서를 준비한다."[10]

즉 지역마다 토착교회가 그 지역의 초등학교를 설립하고, 교사를 양성하며, 지속적인 교육을 통해 인재를 양성하며, 이들이 교재로 사용할 교과서를 마련토록 하였다.

백낙준에 의하면 이 1897년의 북장로교 선교부 연례회의에서 당 선교부는 소관 지방학교 교육방침으로 다음과 같은 결의문을 채택하였다.

"교인이 다수 거주하는 지역에는 초등학교를 반드시 세워야 하며 그 유지비도 그 지방교회가 담당하게 하고 그 지역 담당 선교사의 감독을 받게 한다. 단, 특별한 경우에는 선교부가 유지비를 원조하되 그 원조액은 학교 총 경상비의 절반 이상을 초과할 수 없다."[11]

이 결의문에서 알 수 있듯이 교인들이 많은 곳마다 초등학교를 설립하되 토착 지교회가 그 경비를 부담하여 운영하는 방식을 취하였고, 선교부의 원조가 필요한 경우에도 총 경상비의 절반을 넘지 못하도록 하여 한국교회가 주체가 되는 교육이 되도록 하였다.

백낙준은 그의 책 『한국 개신교사』에서 당시의 교회 설립 학교들의 상황을 설명하는데, 이러한 학교들은 원칙적으로 그 지방교회의 부속학교였으나 독립한 학교 교사가 없을 경우에는 교회당의 일부를 사용하기도 하였다고 한다. 백낙준은 당시 교회가 학교를 설립하는 과정을 간략하게 묘사하고 있다.

당시 한 지방에 초등학교를 세우는 사무는 간단하였다. 지교회마다 학교의 재정을 관리하는 교육위원회가 있었으며, 학생들은 소정액의 수업료를 납부하게 되어 있었고 그 수입으로 한 명 내지 수명의 교사 봉급을 부담할 수 있었다. 아무런 외부의 간섭이 없기만 하면 학교의 운영이나 유지에 지장이 없었다.[12] 학교의 교육위원회는 오늘날 학교의 이사회에 해당하는데 지교회가 구성하였으며, 학생들의 수업료로 학교를 운영하였는데, 당시 학교들은 소수의 교사들에 의해 교육이 이루어지는 소규모 학교였음을 알 수 있다.

김기석과 유방란은 『한국 근대교육의 태동』에서 한국교회의 학교 설립 운동으로 인하여 1908년까지 세워진 599개 초등학교는 실제로 모두 조선인의 부담으로 운영되었음을 강조하고 있다. 당시 토착교회 지도자들의 교육에 대한 관심은 유별난 것이었는데, "조선 개신교회의 요람"이라는 명예를 지닌 솔내교회 부설 초등학교에 대해 언더우드는 다음과 같이 회고하였다.

"처음부터 기독교학교가 필요하였다. 솔내교회는 가장 먼저 이 같은 필요성을 깨달았다. 뿐만 아니라, 이를 실현하려는 조치를 취하였다. 이 교회는 초창기부터, 심지어 자체 교회 건물을 세우기도 전에, 교회 부설 초등학교 건물을 세우고 또 기독교 교사를 모셨다."[13]

교회 건물을 짓기 전에 초등학교 건물을 세운 것은 당시 한국교회가 얼마나 교육과 학교 설립에 관심을 가졌는지를 보여 준다.

민족 교회 지도자들이 지닌 교육에 대한 남다른 노력과 헌신으로 초등교육은 날로 번성하였다. 평양 지역에서 활동하는 북장로교 선교사 스왈른(W. L. Swallen)이 선교본부에 보고한 내용은 당시의 한국교회의 학교 설립이 매우 활발했음을 말해 준다.

"우리가 직면한 가장 큰 문제는 학교 문제이다. 모든 교회가 한 학교씩 운영하고 있고, 몇몇 교회는 서너 학교를 운영하고 있다."[14]

당시 《그리스도신문》에는 다음과 같은 내용이 게재되었다.

"예수교회마다 학당을 설립하는 것은 유익한 일인 고로 건양 2년 6월… 아무 곳 교회든지 학당을 설립하려 하면 선생될 사람을 택하되 예수를 진실히 믿는 이로 보내시오."[15]

이러한 교회의 학교 설립 운동은 전국적으로 확대되었다. 대구 북부 선교구를 담당했던 선교사 맥팔랜드(E. F. McFarland)는 당시 교회의 학교 설립 운동에 대해 다음과 같이 보고하고 있다.

교회들이 한 초등학교를 설립했는데 이 학교는 교회 밖의 사람들에게 동네 학교보다도 더 인기가 있음이 증명되었다. 초등학교에 대한 열망이 모든 교회들 가운데 일어나 약 세 학교 내지 네 학교가 설립되었다.…교육에 대한 한국인들의 열망이 빠르게 증가하고 있으며 어떤 규모의 교회이든지 머지않아 그 자체의 남녀 초등학교를 가지게 될 것이다. 올해 우리 시골 사역에서만 49개 초등학교에 433명의 학생이 재학하고 있다.[16]

당시 교회의 학교 설립에 대한 관심은 심지어 종교가 다른 한국인들에게까지 깊은 영향을 미쳐 자신들의 시설을 기증하겠다는 의사를 전달해 오는 경우도 있었다. 스왈른에 따르면 "만약 교회가 기독교 교사들을 제공한다면 불신자들은 돈과 자신들의 옛 유교 학당의 시설들을 헌금하고, 기독교학교의 모든 법칙에 순종할 것과 심지어 교회의 주일예배에 자신들의 자녀들을 보낼 것을 약속하였다."[17]고 한다. 비기독교인들도 자기 자녀들을 교회가 설립한 학교에 보낼 뿐만 아니라 심지어 개종까지 시킬 정도로 호감을 나타내 보였던 것이다. 이로 인해 당시의 교회 설립 학교들은 전도의 몫까지 담당할 수 있었다.

박용규에 의하면 평양대부흥운동이 지나면서 교회의 학교 설립 운동이 더 확산되었다고 한다. 평양대부흥이 막 지난 1909년 한국을 방문하여 직접 기독교학교 현장을 둘러본 북장로교 선교회 총무 아더 브라운(A. J. Brown)은 한국의 장로교 내 초등학교의 현황에 대해 이렇게 보고하였다.

우리 선교부에서는 전국 각지에 589개의 초등학교를 가지고 있다. 그 대부분이 지방 지교회에 분산되어 있다. 사실상 한인 교회당이 서 있는 곳마다 초등학교가 설립되어 있지 아니한 곳이 없다. 어떤 곳에는 독립한 학교 건물을 가지고 있으며, 어떤 곳에서는 예배당을 학교 교사로 겸용하고 있다. 이 589개 학교는 한인 교인들의 자력으로 운영하고 있다. 매우 놀라운 사실이 아닐 수 없다. 이 학교들의 발전상을 보면 1902년에 63개교에 재학생 845명의 남학생과 148명의 여학생이던 것이 지금에 와서는 남학생 10,916명과 여학생 2,511명을 가진 589개교로 늘어났다. 초등학교들은 각 선교지부 구역에 산재하여 있다."[18]

또한 북감리교 선교부의 노블(W. A. Noble)은 당시의 학교 설립 운동이 얼마나 진지하게 이루어졌는지에 대해 다음과 같이 진술하고 있다.

"한인들의 청소년을 위한 교육 운동은 놀라운 규모로 진행되고 있는데 이 목적을 달성하기 위하여 바치는 희생은 다른 어디에서도 그 상대를 찾아볼 수 없는 사실이다. 어떤 지방의 인사들은 학교를 세우고 교사들의 봉급을 한 몫 담당하기 위하여 문자 그대로 재산을 다 바쳐 가난을 자취(自取)하는 형편이다."[19]

1903년 5월에 발간된 《신학월보》에는 당시 학교의 상황을 구체적으로 기술하고 있다.

평양남산현 남학교는 학도는 58명인데 선생은 회천 땅에 고명한 선생을 택하여 왔더라. 이 학교 아이들의 과정은 여러 가지인데 산술공부는 김득수 씨가 실심으로 겨를을 찾아 가르치더라. 학교에서 정한 규칙은 엄히 마련한 중에 매삭에 일차식 공부한 것을 도강하는데 강연에 목사와 아이들의 부모가 다 참여하기로 작정하였고 가장 잘하는 아이는 노블 목사께서 상급을 주기로 작

정하였으니 장난은 금지하지 아니하여도 금지가 되고 아이들의 공부와 규모
는 일취월장하니 기업교육상일량계라. 외인들도 말하기를 자식은 교회학교
에 보내야 잘된다더라.[20]

이 기사에서 알 수 있듯이 다른 지방에서 교사를 초빙해 왔으며, 교회의
목사와 부모들도 교육에 관심을 갖고 강연에 참여하기도 하였다. 특히 마
지막에 나타나고 있는 "외인들도 말하기를 자식은 교회학교에 보내야 잘된
다더라."라는 평가는 당시의 교회 설립 학교들이 교인들뿐만이 아니라 일
반인들에게도 호응을 얻고 있었음을 보여 준다.

III. 초기 한국교회의 기독교학교 설립 목적

초기 한국교회가 교회 부설 초등학교를 설립한 목적은 선교사들이 전
도를 목적으로 소위 미션스쿨, 즉 선교학교를 세운 것과는 다르다. 미션스
쿨이 믿지 않는 아이들에게 복음을 전하는 것이 주목적이었다면, 교회 부
설 초등학교는 기독교학교로서 교인들의 자녀들을 교육하기 위한 것이었
다. 1906년, 연동교회는 연동소학교의 후신인 연동여소학교와 연동남소학
교를 설립했는데, 『연동교회 100년사』는 이를 다음과 같이 묘사하고 있다.
"동년 봄에 연동교회 교인들은 자녀들의 초등교육을 갈망하며 교회학
교 설립에 지대한 관심을 갖고 일백여 원을 모금했다. 그리고 교회당 부근
(연지동 136-16)에 있는 오래된 낡은 한옥 한 채를 구입해서 수리를 하는 한
편 직접 나서서, 혹은 일꾼을 데려와서 땅을 골라 운동장을 마련했다."[21]
즉 연동소학교를 설립한 목적은 '교인들의 자녀들의 초등교육'을 위한
것이었다. 1907년 당시 연동여소학교의 경우, 36명의 학생들이 공부하였는

데 모두 기독교 가정의 딸들이었다고 한다.

1912년 예수교 장로회 조선 총회 제1회 회록에도 보면 당시 교회가 설립한 학교의 주 대상이 누구인지를 알 수 있다. 학무위원의 보고 중 "각 직원들이 교회 자제들을 권하여 교회학교에서 공부하여야 할 뜻으로 가르치고 공부케 하오며, 교회 안 자제 중 준수한 자를 교회가 도와주어 교회 일꾼 되기까지 배양하오며"라는 내용이 있다.[22] 즉 교회 설립 학교의 일차적인 교육대상은 '교회 자제'들이며, 이들 중 준수한 자들을 교회 일꾼 되기까지 배양하는 것이 교육목적이라고 할 수 있다. 그래서 가르치는 데 있어서도 "각 학교에서 교육을 열심하되 성경과 기도를 특별히 가르칠 것"을 강조하고 있다.[23]

그런데 당시 교회가 학교를 설립하여 기독교교육을 하고자 했던 보다 깊은 이유가 있었다. 1900년대에 들어서면 학교가 전혀 없었던 것이 아님에도 불구하고 교회가 기독교학교를 설립해야 하는 당위성이 있었는데, 1901년 10월의 《신학월보》에 게재된 "제물포 영화학당 설립"에 관한 내용에서 잘 나타나고 있다.

무릇 사람이 후세들을 위하여 제일 먼저 할 사업은 교육이요, 교육에 제일 요긴한 것은 덕(德)과 재(才)니⋯덕과 재를 발달하고 배양하는 것은 도와 학문이 아니면 능치 못하나 그러니 참 도가 아니면 능히 그 덕을 배양할 수 없고 그 참 학문이 아니면 능히 그 재를 발달할 수 없나니 이른바 참 도란 것은 하나님의 말씀이니 요한복음 1:1에 이른바요, 참 학문이란 것은 이치에 합당한 글이니 사람의 지혜 발달함과 시세가 변화하는 대로 그 실제를 써서 일점도 거짓이 없음을 이름이라. 우리나라에 학교의 수가 적지 아니하고 교육받은 학도가 비록 여러 천명이나 다만 그 외문만 숭상하고 참 도가 그 안에 없는고로 마침내 교육에 효험이 없고 그 학도의 지혜를 능히 달달치 못하니 심히 개탄할 일이로다. 어찌하여 교육하는 자가 그 근본을 찾지 아니하고 끝을 힘쓰는고. 서양에 문명한 나라를 보면 그 교육에 차서가 있어 먼저 그 도로 학도의 영혼을 배양하며 다음에 그 학문으로 교육하여 지혜를 발달케 하나니 첫째는 학도로 하여금 주일에 회당에 모여 하나님을 예배하고 전도를 드려 그 영혼을 길러 주고, 둘째는 각항과 정으로 그 지식을 넓히나니 그런고로 학문이 날로 더 아름답고 그 교육이 때로 더 진보하여 탁월한 인재가 태어나니 이는 그 뿌리가 깊음으로 가지와 잎이 번성함이라.[24]

이 글에서 알 수 있듯이 당시에도 많은 학교들이 있었지만 참 도를 가르치지 않기 때문에 재와 덕을 겸비시키지 못한다는 것이다. 기독교의 도를 통해서만이 진정한 학문이 가능하기 때문에 먼저 영혼의 힘을 길러 주고 그 다음에 학문을 교육함으로 기독교 인재를 양성하는 것이 학교 설립의 목적이라고 천명하고 있다. 이는 이때부터 단지 학교가 없어서 학교를 설립하는 것이 아니라 독특한 목적을 지닌 기독교학교를 설립하려는 의지가 있었음을 알 수 있다.

또한 일제의 침탈로 나라를 잃어버리게 된 상황 속에서 나라를 구하는 구국 운동이 교회 설립 학교의 중요한 목적이었다. 특히 1905년 을사조약 이후 일제의 침략이 노골화되면서 구국 운동과 항일 운동의 차원에서 교회 설립 학교를 포함한 사립학교 설립이 급속하게 확산되어 갔던 것이다. 손인수는 기독교학교의 근거가 되는 이러한 정신을 '기독교적 민족주의'라고 불렀는데, 당시 많은 민족 지도자들이 기독교학교의 교사로 참여하게 된 것도 이러한 교육이념에 호응했기 때문이라고 보았다.[25]

이렇듯 애국 계몽 운동에 동참하며 설립된 기독교학교는 나라의 위기를 교육을 통해 극복할 뿐 아니라 그 다음의 새 시대를 위하여 인재를 길러내고자 했다. 인재 양성의 우선적인 목적은 자녀들을 신앙으로 양육하려는 것이었다. 그렇게 자라나는 자녀들이 그 다음 세대에 교회의 주역이 될 것으로 확신하고 기대하였으며, 더 나아가서 잃어버린 국권을 되찾자는 데 있었다.[26]

IV. 기독교학교를 위한 교회의 지원체제

한국교회에 의해서 설립된 초기 기독교학교들을 위한 한국교회의 조직은 어떠하였는가? 당시의 많은 기독교학교들이 어떤 지원체제 속에서 교육을 담당할 수 있었는가? 한국교회가 그 당시 설립된 기독교학교들에 대해 어떤 책무성을 어떻게 감당했는지를 파악하는 일은 당시 기독교학교와 교회가 어떤 연계 관계를 맺고 있는지를 파악하는 데 있어서 매우 중요한 비중을 차지한다.[27]

여기에서는 장로교 계통의 기독교학교에 초점을 맞추어 장로교회의 역사적 기록인 독노회 회의록(1907-1911년), 그리고 총회 설립 이후부터는 총회 회의록(1912-1917년)을 통해 기독교학교를 위한 교회의 조직이 어떠했는지를 파악하고자 한다.

1. 학무국

당시 장로교단에 속해 있는 교회의 학교들을 돕기 위해 노회 안에 학무국을 설치하고 기독교학교와 관련된 제반 업무를 수행하도록 하였다. 이러한 학무국을 중심으로 한 한국교회의 기독교학교 지원 업무에 대해서는

1907년의 독노회 회의록을 비롯, 1912년부터 기록된 총회 회의록을 통해서 자세히 파악할 수 있다.

장로교단의 경우, 1907년 9월 17일 정오에 한국의 첫 노회를 설립하였는데, 당시 평양신학교 졸업학사 일곱 사람을 목사로 장립하고 대한국 예수교 장로회 노회라 칭하게 되었다. 이것이 한국의 첫 독립노회이며, 이때 목사 안수를 받은 사람은 서경조, 방기창, 이기풍, 길선주, 송린서, 양전백, 한석진 등 7인이었다. 1909년 예수교 장로회 대한 노회 제3회 회록에서 다음과 같은 원두우(Underwood) 선교사의 헌의를 볼 수 있는데, 이를 통해 학무국의 설치 및 그 역할이 어떠한지를 알 수 있다.

> 학교일에 헌의위원 원두우 씨가 아래와 같이 보고하다.
> 1. 노회 안에 학무국을 두어 1년에 1차 보고케 할 일.
> 2. 학무원의 권한은 전도국 장로교회 내 학교를 관리할 일.
> 3. 위원이 사무국을 두되 평양에 세 사람과 서울에 두 사람을 당회원으로 둘 일.
> 4. 학무사무가 급하니 노회 폐회 전에 속히 사무를 처리케 할 일.[28]

여기에서 우선 알 수 있는 것은 노회 안에 학무국이 설치되었는데, 이것이 2조에서 밝히고 있듯이 전국의 장로교회들이 세운 학교들을 관리하는 역할을 감당하게 된다. 이 학무국 안에는 사무국이 있고, 이 일을 감당할 사무위원을 평양에 3인, 서울에 2인, 도합 5인을 두도록 하였다. 최초의 학무국장은 원두우 선교사가 담당하게 된다. 원두우 선교사는 같은 회의에서 학무국의 권한과 임무, 그리고 사무국 위원의 명단을 비롯한 학무회 비용, 과정위원 선정 등을 보고하게 된다.

학무국장 원두우 씨가 아래와 같이 보고하다.

1. 학무국 권한

   1) 과정 2) 규칙 3) 청원식 4) 보고식 5) 교과서 검열 6) 교섭 7) 재정

2. 사무국위원은 평양에 마삼열, 한석진, 김선두, 서울에 원두우, 기일

   5인으로 정한 일.

3. 학무회 비용 1년 내에 이백 원 예산으로 학생 매인당 신화 1전씩 수납한 일.

4. 과정위원은 임시로 윤산온, 한석진, 김선두 3씨로 정한 일.[29]

이 보고에서 알 수 있듯이 학무국의 중요한 역할은 학교의 교육과정, 학교 규칙 등을 감독하고 청원식과 보고식을 관장하며, 교과서 검열과 대 정부 교섭, 그리고 학교 재정을 감독하는 등의 중요한 역할을 수행하도록 되어 있다. 지금 정부의 교육과학기술부, 그리고 당시 일제 시대의 학부의 역할을 한국교회 내에 담당했던 곳이 학무국이라고 할 수 있다. 즉 당시 한국교회 노회의 학무국이 교회가 설립한 학교를 위한 여러 가지 업무를 수행하였는데 이를 열거해 보면 다음과 같다.

첫째는 학부에 학교 인가를 청원하는 일이다. 학무원이 서울까지 출장을 가서 학부에 학교 인가를 청원하여 인가를 받는 일, 교육과정 책과 인찰지 경비를 부담하는 일을 모두 학무국에서 주관하였다.[30] 둘째로 회계를 두어 교육과정 책 및 인가 청원 시 인찰지 경비, 그리고 학교 규칙 책값, 학생 매명에게 1전씩 수금하는 일 등 학교 지원 관련 재정업무를 담당하였다.[31] 셋째로 교육과정에 관련된 업무로써 가르치기에 합당치 않은 책은 빼고 학부 검정을 받은 책으로 쓰도록 하는 일 등을 담당하였다.[32]

한국교회 초창기의 지도자라고 할 수 있는 마삼열, 한석진, 김선두, 그리고 원두우, 기일 등이 사무국위원으로 정해진 것은 당시에 한국교회가 기

독교학교에 얼마나 큰 관심과 비중을 두고 있는지를 알 수 있다. 학무국의 활동을 전국적으로 보다 원활하게 하기 위해서 지역마다 구성되어 있는 대리회에 학무국을 조직하였으며, 재정은 학도당 1전씩으로 계산하여 학교별로 수납하여 사용하도록 하였다. 특히 당시에는 인가와 관련해서 학부와 논의하는 일이 많았는데 이 일을 학무국에서 감당하였다. 특히 교육과정에 의해 발간한 교과서를 인가받는 일을 이곳에서 담당하였다. 1909년의 독노회 회의록에 이러한 자세한 내용이 기록되어 있다.

> 학무국장 원두우 씨가 계속 보고하니 아래와 같다.
>
> 5. 과정은 제정할 일.
>
> 6. 각 대리회에 학무국을 조직하여 본 사무국과 협의할 일.
>
> 7. 학 학도의 지금 수효대로 매인당 1전씩 회계하여 각 대리회에서 각 학교에 수납하여 10월 내로 본 회계에게 보낼 일.
>
> 8. 회계는 원두우 씨로 택할 일.
>
> 9. 규칙은 전학부에 청원할 때에 출판한 규칙책을 각 학무원께 한 권씩 나눠 주어 자세히 검열한 후에 일 년 동안 채용할 일.
>
> 10. 노회에서 맡긴 일은 사무국에 위임할 일.
>
> 11. 여 소학교 과정은 윤산온, 김선두, 김성택 3씨로 택하여 교정한 후에 각 대리회로 보내게 할 일.
>
> 12. 과정 중에 인가 아니한 책은 학부에 청원하여 인가를 얻게 할 일. 노기일, 한석진 양씨에게 위임할 일.[33]

당시 학무위원은 4년 조로 편성되었는데 각 해마다 5인씩으로 구성되어 20인이 학무위원으로 선정되었다. "학무위원은 20인으로 공천하여 택하되 기한은 3개년으로 하여 매년에 5인씩 택할 일"[34]이라고 기록되어 있다. 1909년 당시의 학무위원 및 학무 사무국 위원, 그리고 학무국 회계의 명단은 다음과 같다.

학무위원 1년조 : 유내준, 군례빈, 김덕경, 양전백, 게   일
        2년조 : 위대모, 변요한, 유태연, 우종서, 부하리
        3년조 : 배위량, 이원긍, 김선주, 김필수, 부두이
        4년조 : 원두우, 한석진, 김성택, 유세백, 윤산온
학무사무국위원 : 원두우, 기일, 마삼열, 한석진
학무국 회계 : 원두우[35]

여기에 등장하는 이름들을 살펴보면 초기 선교사들과 한국교회의 지도자들이 대거 포함되어 있음을 알 수 있다. 이는 한국교회 안에서 학무국의 위상과 당시 한국교회가 기독교학교의 중요성을 인식하고 깊은 관심을 지녔음을 보여 준다.

2. 학교과정위원

사실 이러한 학무국이 정식으로 설치되기 전인 1907년부터 노회 내에 '학교과정위원'이 있었음을 알 수 있다. 과정위원의 역할은 학교에서 사용하는 교육과정을 지도, 감독하는 일로써 교회가 세운 학교들이 공통된 교육과정을 사용할 수 있도록 돕는 역할을 감당하였다. 독노회(1907년)회의록에 의하면 당시 기독교학교와 관련된 첫 회의 내용이 바로 '학교 과정위원'과 관련되는데, "양전백 씨는 각 소, 중학교 과정이 불일하니 각 학교가 인준할 과정 기초위원을 공천위원에게 맡겨 택하기로 동의하여 가로 결정하다."로 되어 있다.[36] 여기에 등장하는 양전백 씨는 장로교 최초 7인 목사 중

한 사람으로서, 당시 지역마다 소학교, 중학교에서 사용하는 교육과정이 일치되지 않는 문제점을 지적하면서, 이 교육과정을 감독하고 인준할 수 있는 과정기초위원(과정위원)을 택할 것을 건의하여 결정되도록 하였다. 이때부터 노회에서는 기독교학교의 교육과정을 담당할 '학교과정위원'을 택하게 된 것이다. 1908년 예수교 장로회 대한 노회 제2회 노회가 서울 연동예배당에서 개최되었는데, 1908년 독노회 회의록에도 다음과 같이 학교과정위원에 대한 기록이 남아 있다.

"길선주 씨가 학교과정위원에 대하여 위원 이름을 공천위원으로 택정케 하기를 동의하여 가로 결정하다."(예수교 장로회 대한 노회 제2회 회록, 9)

여기에 등장하는 길선주 씨는 평양대부흥 운동을 주도했던 길선주 목사로서 학교과정위원을 공천위원회를 통해 택할 수 있도록 동의하였던 것이다. 길선주 목사는 여러 번에 걸쳐서 학교과정의 중요성과 시급성을 강조하며 학교교육에 깊은 관심과 열정을 보였다.

"길선주 씨가 학교과정은 만분 시급하오니 속히 마련 간출하여 폐회 전 각 회원께 배정하여 주기를 동의하여 가로 결정하다."[37]

"길선주 씨가 학교과정이 시급하오니 위원 세 명을 특별히 택하여 과정을 마련하기로 동의하여 가로 결정하다."[38]

이러한 결정 과정에서 알 수 있듯이 당시 교회가 설립한 기독교학교의 교육과정을 노회에서 선임된 과정위원들이 중심이 되어서 작성하였고 이를 학교별로 배포하여 사용토록 하였다. 또 새로운 과정이 마련되면 노회를 통해 이를 보급하기도 하였다. 독노회 3회 회록에는 "과정위원은 윤산온 씨가 출판한 과정지를 각 총대에게 나눠 주기를 청원하매 회중이 인허하다."[39]라는 보고사항이 나타나는데 이는 노회에서 학교의 교육과정에 관한 업무가 진행되었음을 잘 보여 준다.

3. 지교회의 조직

교회가 설립한 학교에 대해서 설립 주체인 교회가 일차적인 책임을 지는 것은 당연한 이치일 것이다. 당시 교회 설립 학교에 대해서는 설립 교회의 당회가 직접적인 책임을 지고 운영하는 방식을 취하였다. 1906년에 재령(載寧)에 있는 북장로교 선교지부가 규정한 조항에 따르면 교회가 엄격하게 학교를 통할하고 있었음을 알 수 있다. 규정의 내용은 다음과 같다.

1. 지방학교위원회는 해당 교회의 목사, 또는 당회가 임명하거나 그렇지
   않으면 교회가 목사 또는 당회의 승인을 얻어 위원을 선임하되 그 위원
   의 자격은 세례교인에 한할 것.
2. 학교 교사는 목사나 당회나 조사의 승인을 받을 것.
3. 학교는 반드시 매일 기도회를 가질 것.
4. 교회가 정한 교과목을 준수할 것.[40]

이 규정에서 볼 수 있듯이 각 학교마다 이사회에 해당하는 '학교위원회'가 있었는데 그 위원은 해당 교회의 목사나 당회가 임명하였으며, 그 자격은 세례교인으로 제한하였다. 또한 학교 교사도 목사나 당회나 조사의 승인을 받아 청빙되는 방식이었다. 교육과정에 있어서도 교회가 정한 교과목을 준수하도록 하고 있다. 이는 총회 또는 노회 안에 있는 학무국과 교육과정위원들의 활동에 근거하여 그 총회 또는 노회에 속해 있는 교회가 그 지도를 따르는 방식이라고 할 수 있을 것이다.

또한 1916년의 장로교 총회 회의록에 따르면 "각 교회 안에 학교 총 관리자를 두고 그 시찰인을 세워 각 학교를 순행하여 과정과 규칙과 각종 문부서류를 완비케 하며 교육이 진취되도록 권장케 할 것"을 규정하고 있

다.[41] 한 교회가 여러 학교를 관장하는 경우 '총 관리자'를 임명하고 '시찰인'을 세워 그 학교들을 돌볼 수 있도록 조치하고 있는 것이다. 그리고 당시 회의록에 "어느 교회든지 인가받은 학교 없는 교회에서는 서당이라도 두고 교회 자녀로 신행과 문자를 교수케 할 것"을 제안하고 있는데, 이는 당시 교회가 학교가 아니라고 할지라도 어떤 형태의 교육기관이든지 두고 소위 주중교육을 관장하고 있었음을 알 수 있다. 학교 운영에 있어서 소학교의 경우는 각 교회가 운영하는 것을 원칙으로 하였고, 중학교나 대학교의 경우에는 타 선교회와의 연합을 통해 학교를 운영하기도 했다. 배재학당을 남북감리교가 공동으로 운영하기로 한 것도, 또 평양의 숭실중학교와 대학을 장로교와 감리교가 공동으로 운영하기로 한 것도 그와 같은 움직임을 반영한 것이다.[42]

V. 오늘날 한국교회와 기독교학교에 주는 교훈

초기 한국교회가 어려운 상황 속에서도 기독교학교를 설립하여 기독교교육을 실천하고 교회와 학교의 연계 구조 속에서 이를 지원한 역사는 오늘날 한국교회와 기독교학교에 큰 도전을 주고 있는데, 다음 몇 가지의 교훈을 얻을 수 있다.

1. 기독교학교 설립 운동의 중심 : 교회

초기 기독교학교의 역사 속에서 교회는 기독교학교 설립 운동의 중심이었는데, 이는 오늘날 한국교회가 기독교학교 운동의 중심적 역할을 감당할 것을 요청하고 있다고 볼 수 있다. 한국교회의 역사는 기독교학교의 역사와 동일시 될 수 있을 정도로 초기 한국교회는 학교 설립에 주력하였다. 초기 한국교회는 '사람을 키우는 것'을 교회의 주된 사역으로 인식했고, 기독교 인재 양성을 통해 일제의 침탈로부터 나라를 구하는 구국 운동이 바로 교회의 사명이라고 인식했다. 교회가 서당, 사숙, 학당, 학원, 학교 등 다양한 이름으로 교회 부설 학교를 시작하여 1교회 1학교 운동을 펼쳤으며, 교회 건물을 짓기 전에 학교를 세우는 노력을 기울였다. 이로 인해 1909년에는 장로교 교단 소속 소학교만 694개교에 이르게 된 것이다.

오늘날에도 교회가 기독교학교 운동의 중심에 서야 한다. 교회가 하나님 나라의 중심이고 하나님 나라가 하나님의 일꾼에 의해서 확장되어질 수 있다면, 하나님의 일꾼을 양성하는 일은 교회의 중심적 사역이 아닐 수 없다. 다음세대를 하나님의 일꾼으로 세우는 일은 주일학교 교육만으로는 불충분하다. 학교에서도 하나님의 말씀에 기초한 기독교교육이 이루어질 수 있어야 한다. 이를 위해서는 교회가 기독교학교 또는 기독교대안학교 설립에 관심을 갖고 기독교교육이 교회교육을 넘어 학교교육까지 확장되도록 해야 한다. 교회가 학교는 아니며 교회의 정체성과 학교의 정체성은 구별되어야 하지만 교회가 기독교학교 운동의 중심적 역할을 감당해야 하는 것이다.

오늘날에도 기독교학교 운동은 개인이나 단체, 기관에 의해서 이루어질 수 없고, 정부에 의해서는 더더욱 이루어질 수 없다. 한국교회 초기와 마찬가지로 한국교회가 오늘 이 시대에 필요한 기독교학교 운동의 중심적 역할을 감당해야 할 것이다.

2. 기독교학교의 정체성 확립

초기 한국교회가 설립한 학교는 또 하나의 학교가 아니었다. 교회 교인들의 자녀들을 교육하여 장래 교회의 일꾼과 사회의 일꾼이 되도록 하기 위해서 기독교적 인재를 양성하는 학교였다. 그 당시에 학교가 없었기 때문에 교회가 학교를 설립한 것이 아니라 분명한 정체성과 목적을 지닌 기독교학교를 설립한 것이다. 당시에도 일반 학교들과 일제가 세운 관립학교들이 존재하고 있었지만 기독교 신앙에 기초하여 참 도와 참 학문을 가르치는 기독교교육이 필요했기 때문이다. 이런 의미에서 초기 한국교회가 설립한 학교들은 단지 교회가 설립했을 뿐 일반 학교와 구별되지 않는 학교가 아니라 기독교적 정체성을 분명히 지니는 '기독교학교'였던 것이다.

오늘날에도 기독교학교의 존재 의의는 기독교적 교육의 정체성이다. 기독교학교는 설립목적과 건학이념에 있어서 다른 학교와 구별된다. 이러한 정체성은 기독교학교의 생명과 같아서 이 정체성이 상실되는 것은 존재의 의미를 상실하는 것이다.

최근 우리나라의 기독교학교의 현실을 생각할 때 기독교학교의 정체성이 위협받고 있다. '미션스쿨'이라 불리는 많은 기독교학교들이 공교육에 편입되어 일반 학교와 거의 구별되지 않는 '이름뿐인' 기독교학교로 전락하고 있으며, 기독교대안학교는 인가를 조건으로 종교적 '편향성'을 지니지 말 것을 요청받고 있다.

오늘날 기독교학교들은 초기 한국교회가 설립한 학교들이 지녔던 기독교학교로서의 정체성을 더욱 굳건히 지키고 계승시킬 수 있어야 할 것이다. 그리고 이 정체성을 위협하는 법적·제도적 규제에 대해 타협하거나 회피할 것이 아니라 기독교학교의 정체성을 보다 공고히 하는 노력을 기울여야 할 것이다.

3. 한국교회의 기독교학교 지원체제

초기 한국교회는 기독교학교를 지원하기 위한 체계적인 구조를 갖추고 있었다. 선교회에서 설립한 학교들을 위한 지원체제로는 선교부 교육위원회와 교육연합회가 조직되어 있었고, 한국교회가 설립한 학교들을 지원하는 구조로는 교단 산하의 학무국이 있었다. 총회에 학무국이 있었을 뿐만 아니라 노회마다 학무국이 조직되어 있었고, 독노회 시절에도 지역마다 조직되어 있는 대리회 안에 학무국이 존재하였다. 이 학무국 안에는 학무위원들이 있어서 이들이 지역의 학교들을 관장하고 지원하는 업무를 담당하였다. 또한 교육과정위원들을 별도로 선정해서 지역의 기독교학교에서 사용하는 교육과정과 교재에 대한 감독과 지원 업무를 수행하였다. 장로교단의 경우 노회 및 총회 시에 보고사항에는 반드시 '학교형편'이 보고되도록 되어 있었으며, 노회와 총회는 그 지역과 그 교단 산하의 학교들의 형편을 파악하고 필요한 재정적 지원, 대 정부 교섭 지원, 교육과정 및 교재 개발 지원, 학교 신설 및 병합, 폐지 등의 업무를 돕는 역할을 담당하였다.

오늘날 한국의 기독교학교 운동에 있어서 가장 취약한 것들 중의 하나가 지원체제의 미비라고 할 수 있다. 기독교학교 또는 기독교대안학교들의 연합회는 존재하지만 이들 학교들을 지원하고 후원하기에는 조직이나 재정에 있어서 취약한 상태이다. 기독교학교에 대한 한국교회의 전폭적인 지원을 이끌어낼 수 있는 구조가 필요하다. 이를 위해서는 초기 한국교회가 지녔던 교단 직할의 기독교학교 지원 조직을 검토할 필요가 있다. 사실 과거 백 년 전의 한국교회의 기독교학교 지원구조보다 오늘날의 형편이 훨씬 더 열악하다. 현재 장로교(통합)의 경우 총회 내 기독교학교 지원부서는 교육자원부라고 할 수 있는데 교회교육 전반을 관장하는 일에 우선순위를 두고 있기 때문에 기독교학교 지원을 제대로 감당할 수 없는 구조이다. 각 교단 내에 '학교교육부'(가칭)를 두고 보다 전문적으로 기독교학교를 지원할 수 있는 조직을 갖추어야 한다. 초기 한국교회의 학무국 안에 학무위원과 교육과정위원들이 있었던 것처럼 전문가들을 세워 업무를 담당해야 할 것이다. 오늘날 기독교학교와 관련된 다양한 문제들, 예컨대 인가, 제도, 교육과정, 재정 등의 문제들을 개별 학교나 교회가 해결하기는 쉽지 않은데, 교단의 학교교육부가 구성된다면 교단 산하의 학교들의 문제들을 주도적으로 해결해 갈 수 있을 것이다.

VI. 나가는 말

초기 한국교회의 역사를 들여다보면 늘 '감추인 보화' 비유가 떠오른다. 특히 기독교학교의 역사를 살필 때는 더욱 그러하다. 토착 한국교회에 의해 기독교학교 설립이 활발하게 전개되고 그것이 구국 운동과 항일 운동으로 이어지는 모습 속에서 신앙의 선배들에 대한 존경심과 자긍심을 갖게 되는 것이다. 그리고 오늘 한국교회와 기독교학교들이 고민하는 문제들의 상당 부분을 이미 백 년 전에 그들이 경험했다는 사실을 깨닫게 되며, 지금 길을 제대로 찾지 못해 방황하는 한국의 기독교학교들이 초기 한국교회와 기독교학교의 역사 속에서 길을 찾을 수 있음을 확인하게 된다. 한국의 기독교학교들이 더욱 성숙하기 위해서는 해외의 다양한 기독교학교 사례들을 탐구해야 하겠지만 그와 더불어 우리의 역사 속에서 교회와 기독교학교들이 경험한 다양한 성공과 실패의 사례 속에서 살아 있는 지혜를 얻어야 할 것이다. 그것이 역사를 우리에게 허락하신 하나님의 뜻일 것이다.

※ 위 논문은 《장신논단》 제43집(장로회신학대학교 출판부, 2011)에 게재되었습니다.

[미주]

1) 기독교학교교육연구소가 지난 2006년도에 조사한 기독교대안학교 실태 조사에 의하면 전국에 43개교의 기독교대안학교가 있는 것으로 파악되었는데―기독교학교교육연구소, 「기독교대안학교 가이드」(서울: 예영커뮤니케이션, 2007)―2011년 10월에 조사한 현황에 의하면 102개교로 5년 사이에 두 배 이상 증가하였다.

2) 예수교 장로회 대한 노회 제3회 회록(1909년), p.30.

3) 백낙준, 「한국 개신교사(1832-1910)」(서울: 연세대출판부, 1993), p.423.

4) 김기석, 류방란, 「한국 근대교육의 태동」(서울: 교육과학사, 1999), p.75.

5) 위의 책, p.85.

6) 《조선그리스도인회보》 42. 1897년 11월 17일, 정영희, 「개화기 종교계의 교육운동 연구」(서울: 도서출판 혜안, 1999), p.153에서 재인용.

7) 민경배, 「한국기독교회사」(서울: 대한기독교출판사, 1983), pp.191-195. 네비우스의 10대 선교방침 중 1-4항은 그대로이며, 6항이 5)로, 8항이 6)으로 기술되었다.

8) 김기석, 류방란, 「한국 근대교육의 태동」(서울: 교육과학사, 1999), p.83.

9) 「숭실대학교 90년사」(숭실대학교, 1987), pp.60-61. 임희국, "한국교회 초기 기독교학교 설립", 기독교학교교육연구소 편, 「평양대부흥운동과 기독교학교」(서울: 예영커뮤니케이션, 2007), p.113

10) 위의 책, pp.113-114.

11) MSS, Report Presbyterian Board of Foreign Missions, *Report of the Chairman of the Committee, Graham Lee, to the Annual Meeting, 1897,* New York. 1897, 백낙준, 「한국 개신교사(1832-1910)」, p.340에서 재인용.

12) 백낙준, 「한국 개신교사(1832-1910)」(서울: 연세대학교 출판부, 1998), pp.422-423.

13) Horace Underwood, *Modern Education in Korea*(New York: International Press, 1926), p.112. 김기석, 류방란, 「한국 근대교육의 태동」(서울: 교육과학사, 1999), p.85에서 재인용.

14) 박용규, "대부흥운동이 기독교학교 설립에 끼친 영향", 기독교학교교육연구소 편, 「평양대부흥운동과 기독교학교」(서울: 예영커뮤니케이션, 2007), p.84.

15) 《그리스도신문》 9, 1897년 5월 7일.

16) *Annual Report,* PCUSA(1907), p.46. 박용규, "대부흥운동이 기독교학교 설립에 끼친 영향", 기독교학교교육연구소 편, 「평양대부흥운동과 기독교학교」(서울: 예영커뮤니케이션, 2007) p.85에서 재인용.

17) *"Narrative Report of Rev. W.L. Swallen for October, November, December, 1907"* KMF IV:3(Mar. 1908), p.44. 박용규, 위의 글, p.86에서 재인용.

18) A. J. Brown, *Report of a Second Visit to China, Japan and Korea*(1909), p.189. 백낙준, 『한국 개신교사(1832-1910)』(서울: 연세대학교 출판부, 1998), p.422에서 재인용.

19) *M. E. North Report for* 1909, p.189. 백낙준, 위의 책, p.423에서 재인용.

20) 《신학월보》, 1903년 5월.

21) 『연동교회 100년사』(서울: 연동교회 금영문화사, 1995), p.167.

22) 대한 예수교 장로회 조선총회 제1회 총회회록(1912), pp.34-35.

23) 위의 책.

24) 《신학월보》 12호, 1901년 10월.

25) 손인수, "한국 근대 민족주의 교육운동 연구", 『근대 민족교육의 전개와 갈등』(성남: 한국정신문화연구원, 1982), p.18.

26) 임희국, "한국교회 초기 기독교학교 설립", 기독교학교교육연구소 편, 『평양대부흥운동과 기독교학교』(서울: 예영커뮤니케이션, 2007), p.131.

27) 대부분의 교회 설립 학교들은 교회가 학교를 운영하였다. 그러나 전도를 목적으로 선교사 자신들이 설립한 도시의 초등학교와 기독교인의 노력이 미약한 지방의 초등학교들은 선교부의 재정으로 운영되었다. 이러한 학교들은 지역 담당 선교사의 직접관할을 받고 있었다. 선교사 직할 하에 있는 학교들은 그 선교사를 통하여 선교부 교육위원회의 전반적인 감독을 받고 있었다. 당시 선교부 교육위원회는 선교부 관하 교육기관장들의 고문(顧問)에 응하는 동시에 교회학교 관리자 또는 사범과 책임자들의 사업보고와 계획을 심의하고 또한 선교부 소관 교육사업 전반에 관한 제의권을 갖고 있었다. 또한 이 위원회는 교과과정의 결정권과 사용교과서 지정권을 갖고 있었다. 몇 해 지나서 이 선교부 교육위원회는 교육연합회로 확장되어 사실상 전국 기독교교육을 통할하는 기관이 되었다. 을사보호조약이 선포된 이후에 모든 기독교학교들도 전부 정부 당국에 등록하게 되었는데, 교육연합회는 전국 기독교교육기관들의 연합체로서 학교의 등록, 교과과목 제정, 종교교육 실시 등에 관한 대정부 교섭을 담당하였다. 백낙준, 『한국 개신교사』(서울: 연세대학교 출판부, 1998), pp.340-341.

28) 예수교 장로회 대한 노회 제3회 회록(1909년), p.10.

29) 위의 글, p.15.

30) 예수교 장로회 대한 노회 제4회 회의록에 보면 다음과 같은 학무위원 보고가 기록되어 있다. "학무원 김선두 씨 서울 왕복여비 11원 20전과 학부에 학교 인가 청원 시에 과정책과 인찰지와 행정비, 전보비 11원 71전을 지출한 일."

31) 독노회 제4회 회의록에 다음과 같은 학무위원의 보고사항이 들어 있다. "한석진 씨에게 의탁하여 인쇄한 학교규칙 책값 48원 70전을 노회에서 지출하기로 결정한 일이니 시행할 것. 학무용비는 학생 매명에 1전씩 수금건의 미수입된 것을 광고하여 속히 회계로 수납할 일."

32) 독노회 제4회 회의록에 다음과 같은 학무위원의 보고사항이 들어 있다. "과정은 전과정에 대하여 교수에 적당치 못한 책은 빼고 학부 검정을 받은 책으로 대신 쓰게 할 일."

33) 예수교 장로회 대한 노회 제3회 회록(1909년), pp.21-22.

34) 위의 글, pp.8-9.

35) 위의 글, pp.32-33.

36) 예수교 장로회 대한 노회 제1회 회록(1907년), p.15.

37) 예수교 장로회 대한 노회 제3회 회록(1909년), pp.15-16.

38) 예수교 장로회 대한 노회 제2회 회록(1908년), p.20.

39) 예수교 장로회 대한 노회 제3회 회록(1909년), pp.28-29.

40) *N. P. Report for* 1906, 306, 백낙준,『한국 개신교사(1832-1910)』(서울: 연세대학교 출판부, 1998), p.423에서 재인용.

41) 예수교 장로회 조선총회 제5회 회록, 1916.

42) 박용규, "대부흥운동이 기독교학교 설립에 끼친 영향", 기독교학교연구소,『평양대부흥운동과 기독교학교』(서울: 예영커뮤니케이션, 2007), p.92.

[참고문헌]

1. 단행본

기독교학교교육연구소,『기독교대안학교 가이드』(서울: 예영커뮤니케이션, 2007).

김기석, 류방란,『한국 근대교육의 태동』(서울: 교육과학사, 1999).

문형만, "일제의 식민교육과 종교교육의 갈등", 한국정신문화연구원,『근대 민족교육의 전개와 갈등』(성남: 한국정신문화연구원, 1982).

박상진,『기독교학교교육론』(서울: 예영커뮤니케이션, 2006).

박용규, "대부흥운동이 기독교학교 설립에 끼친 영향", 기독교학교교육연구소 편,『평양대부흥운동과 기독교학교』(서울: 예영커뮤니케이션, 2007).

백낙준,『한국 개신교사(1832-1910)』(서울: 연세대출판부, 1998).

손인수,『한국교육사 연구』(하)(서울: 문음사, 1998).

손인수, "한국 근대 민족주의 교육운동 연구", 한국정신문화연구원,『근대 민족교육의 전개와 갈등』(성남: 한국정신문화연구원, 1982).

숭실대학교,『숭실대학교 90년사』(서울: 숭실대학교, 1987).

연동교회,『연동교회 100년사』(서울: 연동교회, 1995).

오인탁, "일제 하 민족교육과 종교교육의 갈등", 한국정신문화연구원,『근대 민족교육의 전개와 갈등』(성남: 한국정신문화연구원, 1982).

이만규,『조선교육사』(하권)(서울: 을유문화사, 1949).

임희국, "한국교회 초기 기독교학교 설립", 기독교학교교육연구소 편.『평양대부흥운동과 기독교학교』(서울: 예영커뮤니케이션, 2007).

정영희,『개화기 종교계의 교육 운동 연구』(서울: 도서출판 혜안, 1999).
한규원,『한국 기독교학교의 민족교육 연구』(서울: 국학자료원, 2003).

2. 신문, 잡지, 회의록

《그리스도신문》 1권 9호, 1897년 5월 27일.
《신학월보》 12호, 1901년 10월.
《신학월보》 1903년 5월.
《조선그리스도인회보》 1897년 11월 17일 .

대한 예수교 장로회 조선총회 제1회 총회 회록(1912년)
대한 예수교 장로회 조선총회 제2회 총회 회록(1913년)
대한 예수교 장로회 조선총회 제3회 총회 회록(1914년)
대한 예수교 장로회 조선총회 제4회 총회 회록(1915년)
대한 예수교 장로회 조선총회 제5회 총회 회록(1916년)
대한 예수교 장로회 조선총회 제6회 총회 회록(1917년)

예수교 장로회 대한 노회 제1회 회록(1907년)
예수교 장로회 대한 노회 제2회 회록(1908년)
예수교 장로회 대한 노회 제3회 회록(1909년)
예수교 장로회 대한 노회 제4회 회록(1910년)
예수교 장로회 대한 노회 제5회 회록(1911년)

2장 초기 기독교학교에서의 지역사회와 학교의 관계
- 평북 정주 오산학교의 이상촌 운동을 중심으로

백승종

백승종

전북대학교 사학과(B.A.)
서강대학교 대학원 사학과(M.A.)
독일 Tuebingen-Univ.(Ph.D)
전 서강대학교 사학과 교수
현 "마을공동체문화연구소" 대표

제2장

초기 기독교학교에서의 지역사회와 학교의 관계
: 평북 정주 오산학교의 이상촌 운동을 중심으로

I. 들어가는 말

1905년 11월 17일, 을사조약이 강제로 체결되자 조선의 국운은 한층 위태로워졌다. 그러자 역사상 개화자강파로 알려진 전국의 많은 유지들은 각처에서 애국 계몽 운동을 전개하였다. 그들은 기울어 가는 국권의 회복을 위해 다각도로 노력하였다. 특히 그들의 관심이 집중된 분야는 신식교육의 보급이었다. 을사조약 이후 1908년까지 전국에는 5,000여 개를 헤아리는 크고 작은 사립학교가 등장했을 정도로 교육열이 고조되었다.

이들 신식학교들 가운데 상당수는 기독교 계통이었다. 한일합방이 일어난 1910년까지 전국에 설립된 기독교 계통 학교 수는 총 796개나 되었다.[1] 이화학당과 배재학당을 비롯한 이들 기독교 계통 학교는 신교육 운동의 구심점이었다. 이 글에서 다루게 될 평안북도 정주군의 오산학교(1907년 11월 24일 설립) 역시 많은 점에서 모범적이었다. 초기의 오산학교는 이른바 애국자의 소굴이었고, 신(新)지식의 요람이었다. 뿐만 아니라 오산이라는 농촌사회를 이상적인 지역공동체로 탈바꿈시키기 위해 지속적으로 많은 노력을 기울인 것으로도 잘 알려져 있다. 1920-30년대 서울에서 발간된 신문 및 잡지에는 오산학교와 오산에 관한 기사가 많았다. 그들은 하나같이 오산학교의 활약상 또는 오산 지역의 선진적 면모를 생생하게 전하고 있다.[2]

그러나 이 글은 일제 시기 오산학교의 활동에 관한 총체적인 연구가 아니다. 오산에 관한 체계적인 분석도 아니다. 여기서 다루게 될 문제는 오산학교와 오산공동체의 유기적 관계를 일별하는 것에 지나지 않는다. 또한 필자의 논지는 전국에 산재한 기독교학교에 일반에 통용될 수 있을 정도로 보편적이지 못한 것이다. 정직하게 말해, 이 글은 오산학교에 관한 하나의 시론에 불과하다. 연구라고 하지만 그 분석 역시 다각적이고 심층적인 것이라 말하기 곤란하다.

그럼에도 불구하고 이 글에서 어떤 의미를 찾는다면, 그것은 오산학교로 상징되는 초기 기독교 계통의 학교들이 독립과 사회혁신을 위해 기울인 노력의 일단을 구체적으로 기술했다는 점에 있을 것이다. 아울러 그러한 사회혁신의 노력이 오늘날까지 면면히 이어지고 있다는 사실을 조금이나마 증명하려 했다는 사실도 무의미하지만은 않을 것이다.

이 글에서는 다음의 세 가지 사항에 주목한다.

우선 오산학교와 그를 둘러싼 오산 지역의 연대성을 역사적으로 조망하겠다. 오산의 경우 학교와 지역은 처음부터 별개의 존재가 아니었음이 증명될 것이다. 이어서 오산학교의 설립자 남강 이승훈(1864-1930년)을 비롯, 오산의 청년들이 전개한 이상촌 건설 운동[3]을 알아보겠다. 필자는 그 과정에서 특히 오산의 이상촌 운동이 담지한 사회적 함의를 캐물으려 한다. 이 글에 알맹이가 있다면 바로 이 부분일 것이다. 여기서 우리는 오산의 이상촌 운동이 구한말 비밀애국결사인 신민회, 보다 구체적으로는 도산 안창호(1878-1938년)의 구국적 이상을 반영한 사실을 이해하게 될 것이다. 나아가 오산의 이상촌 운동은 기독교신앙과 불가분의 관계에 있었음을 인식하게 될 것이다. 그러므로 오산의 이상촌 운동은 단순 소박한 지역 차원의 재생 운동으로만 볼 일이 아니다. 그것은 1930년대 일제가 수행한 관제 농촌 진흥 운동과도 근본적으로 달랐을 뿐만 아니라 사회주의적 맥락에서 펼쳐진 민간의 '브나로드(Vnarod)' 운동과도 사상적 맥락이 다른 독특한 운동이었다. 끝으로, 이 글에서 탐구하게 될 한 가지 유의미한 사실은 오산의 이상촌 운동이 현대까지 계승되고 있다는 점이다. 20세기 초 국운이 풍전등화와 같이 위태로웠을 때 시작된 그 운동이 1958년에 건립된 충남 홍성의 풀무학교를 통해 아직도 살아 있다는 것은 흥미로운 일이다.[4]

II. 오산학교, 신민회 그리고 오산공동체

오산학교는 출발부터가 나라를 구하기 위한 것이었다. 오산학교의 탄생이 결정된 것은 1907년 평양에서였다. 일찍이 독립협회 운동에 참가하여 1897년 필대은, 길선주 등과 더불어 평양에 지부를 조직했던 청년 안창호가 개교의 씨앗을 뿌렸다. 1902년 미국으로 건너가 교민사회에서 많은 활동을 전개하다 5년만에 귀국한 그의 계몽연설이 오산학교의 태동으로 이어진 것이다. 안창호는 이미 만민공동회(1898년) 시절부터 연설가로 관서 일대에 명성이 자자했던 청년지사였다. 그런 그가 미국에서 돌아와 대동 강변의 쾌재정에서 애국 계몽에 관한 연설을 한다는 소식이 퍼지자 많은 사람들이 운집하였다. 일찍이 유기상인으로 자수성가하여 평안도 일대에서 성공한 사업가로 인정받던 이승훈도 그 자리에 있었다.

본래 장사꾼인 이승훈은 양반이 되고픈 꿈에 사로잡혀 있었다. 평안도 정주의 평민 출신인 그는 수중에 목돈이 잡히자 미관말직일망정 참봉이란 벼슬부터 사들였다. 이어서 그 자제들도 인근의 명족들과 차례로 혼인시켰다. 또한 서울에서 내각판(內閣版) 사서오경 등을 구해 놓고 이름난 훈장을 모셔다 일가친척을 가르치게도 하였다. 양반이 되기 위한 일련의 수순을 착실히 밟았던 것이다.

그러나 러일전쟁(1904-1905년) 이후 국운이 급속히 쇠약해지자 그는 깊은 고민에 빠졌다. 한반도의 정세가 불안해지자 그가 추진하던 무역업에 큰 차질이 생겼기 때문이다. 곰곰이 생각해 본 결과, 이승훈은 만에 하나 나라가 망하기라도 한다면 자신이 공들여 다져온 시골양반의 지위조차 하루아침에 아무 쓸모없는 것이 되고 말 것이라는 결론을 얻었다.[5] 나라의 운명이 자신의 삶에 직결되어 있다는 자각이 어렴풋이나마 들었던 것이다. 그래서 이승훈은 을사조약 이후 하루하루를 우울하게 지내고 있었다. 이런 그였기에 쾌재정에서 자신의 심금을 울린 청년 안창호의 사자후에 매료되어, 오산학교의 설립이라는 중대 결단을 내리게 되었다.

"국가와 민족이 망하면 아무것도 소용이 없다. 민족을 살리는 것이 조선 사람 모두의 급선무다. 도탄에 빠진 민족을 살리려면 개인의 자각이 필수적인데, 청년의 교육이 없이는 이것이 절대 불가능하다."

이것이 그날 안창호가 한 연설의 요지였다. 이승훈은 가슴이 떨렸다고 한다. 그는 안창호의 주장 가운데서 자신이 앞으로 해야 할 큰일을 발견했다. 새 사람이 되기로 결단한 이승훈은 한달음에 상투부터 잘라버리고 서둘러 고향 정주로 내려갔다. 그는 우선 향리(鄕里) 용동의 서당을 개편하여 강명의숙(講明義塾)이라는 신식학교를 만들었다. 이 어설픈 신식학교는 교육사업의 시작이었다. 1907년 11월 24일, 이승훈은 조정으로부터 중등교육기관으로 인가를 받아 향후 평안도 전지역을 대표하는 민족운동의 요람 오산학교(五山學校)를 정식으로 개교하였다.

오산학교를 세울 당시 이승훈은 정주의 여러 유지들과 힘을 모았다. 이 학교는 이승훈 한 사람의 것이 아니었지만, 언제나 중심에는 그가 있었다. 새 학교가 자리한 곳은 다섯 개의 산에 둘러싸여 있다 하여 예부터 '오산'이라 불리던 곳이었다. 그래서 학교 이름은 오산이 되었다. 평안도 굴지의 사업가 이승훈이 새 학교 설립의 주역이었던 만큼, 이 학교에 대한 일반의 기대와 관심은 안창호가 평양에 직접 세운 대성학교에 버금갈 만큼 비상하였다.

이승훈과 안창호 두 사람의 관계는 일반이 짐작하는 것 이상이었다. 반드시 기억해야 될 사실은, 그들이 비밀애국단체 신민회의 중요 간부로서 나라를 위해 생사를 함께하기로 맹세한 동지였다는 점이다. 침략의 야욕에 불타던 일제는 1907년이 되자 보안법과 신문지법 등 일련의 악법을 제정해놓고 독립을 추구하는 애국 계몽 운동을 전면 봉쇄하였다. 애국 계몽 운동을 펼치던 전국의 민족 지도자들은 이에 크게 반발하였으나 뾰족한 방법을 찾지 못해 고심하였다. 이때 미국에서 돌아온 애국청년 안창호가 해결책을 마련했다. 그는 비밀애국단체를 결성하기로 작정하였고, 이것이 호응을 얻어 신민회의 결성으로 이어졌다.[6]

안창호는 새 단체의 회장으로 명망가인 윤치호(1865-1945년)를 추대하고 자신은 부회장직에 만족하였다. 이름난 유학자 장지연(1864-1921년), 신채호(1880-1936년), 박은식(1859-1925년) 등도 신민회에 가입하였고, 구한말 장교 출신인 이동휘(1873-1935년)와 이갑(1877-1917년) 등도 합세하였다. 여기에 평안도의 대표적인 사업가 이승훈과 이종호(1885-1932년) 등까지 힘을 보태어 신민회는 인물, 조직 및 자금동원력까지 갖춘 명실상부한 애국단체가 되었다.

신민회 측은 국권을 회복한 다음, 공화정을 수립할 작정이었다. 그러기 위해서는 무엇보다 민족 스스로 실력을 양성하여 나라를 새롭게 혁신하는 것이 최선이라는 것이 그들의 신념이었다. 그런 의미에서 단체의 이름도 '신민회'라 정하였다. 안창호 등이 전국의 유지를 비밀리에 접촉하여 확보한 회원 수는 800여 명이었다. 평안도는 그 중에서도 중심적인 역할을 수행했다. 그것은 이승훈과 같은 신흥 자산가와 안창호로 대표되는 신(新)지식인이 굳게 결합된 데다가 그들 중 대다수는 1898년부터 상당기간 독립협회의 평양지회를 위해 함께 활동한 경험이 있었기 때문이다.[7]

　　전국의 신민회원들은 서로 앞을 다투어 각 지방에 많은 학교를 설립했다. 오산학교와 대성학교는 그 가운데서도 가장 대표적인 경우였다. 이들 학교는 설립자 안창호와 이승훈이 모두 기독교 신자였다는 점에서 일단은 기독교 계통 학교로 분류될 수 있다. 하지만 엄밀한 의미에서는 신민회 계통이었다. 민족의 독립과 근대화를 위해 한국인 지도자가 설립한 학교라서 이들 학교는 자연히 외국 선교사들이 선교상의 목적으로 세운 학교들과는 성격을 달리했다. 오산과 대성은 그 무엇보다도 민족과 국가의 소생을 교육 목표로 삼았다.

　　요컨대 오산학교의 숨은 주인은 신민회였다. 안창호가 이끈 신민회는 회원을 고무하여 신식학교를 설립하도록 계몽 강연을 자주 개최하였다. 따지고 보면, 이승훈이 오산학교의 설립을 결심하게 만든 안창호의 쾌재정 연설도 그 가운데 하나였다. 그러나 연설만으로는 한계가 있었기 때문에 신민회는 《대한매일신보》를 기관지처럼 활용하기도 했다. 나아가 신민회는 계몽적인 출판물도 필요했고, 회원 상호 간의 소통을 위해 적절한 거점을 마련해야 했다. 그들은 이러한 목적을 위해 평양을 비롯해 서울과 대구에 태극서관(太極書館)을 설치하였다. 그와 더불어 장차 민족자본을 양성할 계획 아래 평양 마산동에 자기제조주식회사(瓷器製造株式會社)를 건립했다. 또한 민족 구성원의 대다수가 농민이라는 현실을 고려해, 사리원에서는 모범 농촌 운동을 펼치기도 했다.

다방면에 걸쳐 이미 풍부한 사업 경험을 쌓은 이승훈은 신민회의 각종 사업에 필수적 인물이었다. 그는 고향 정주에서 오산학교를 운영하는 것 외에도, 평양의 자기 회사와 태극서관의 경영 등에도 깊숙이 관여할 수밖에 없는 처지였다.

그러나 큰 기대를 모았던 신민회 활동은 오래 가지 못했다. 1911년 9월, 일제는 무단통치를 강화하고 민족 운동을 탄압하기 위해 105인 사건을 조작하였다. 그 수사과정에서 비밀결사인 신민회의 실체가 드러나 조직은 완전히 와해되고 말았다. 그럼에도 불구하고, 이승훈과 안창호와의 동지적 관계는 끝까지 이어졌다. 1919년 7월, 안창호가 상해 임시정부의 내무총장으로서 임시정부와 국내의 연결을 강화하려고 연통제를 실시하였을 때도 이승훈은 그에 적극 협력하였다.

더욱 중요한 사실은 이승훈이 오산학교를 끝내 포기하지 않았다는 점이다. 그는 1930년 5월 9일, 세상을 떠날 때까지 안창호가 주창한 실력 양성 운동의 노선에서 조금도 후퇴하지 않았다.

구국 운동의 일환으로 설립된 오산학교였던만큼 이 학교는 애국 · 애족 정신의 배양에 주력하였다. 아울러 실력 양성 노선을 실천하기 위해 오산학교는 지역과의 연계를 강조했다. 달리 말해, 이승훈이 이끈 오산학교는 오산 일대를 이상촌으로 만들기 위해 부심하였다. 이 운동은 애초 신민회가 사리원에서 추진한 모범 농촌 운동과 일맥상통하였다.

사리원의 농촌 운동은 김홍량(1885-1950년)이 주도했다. 그는 신민회 황해도지회의 간부로서 자신의 고향에서 모범 농촌 운동을 주도했을 뿐만 아니라 독립운동자금을 모금해 해외로 송금하는 일에 앞장섰다. 또한 간도 지방에 진출해 독립군 기지를 건설하는 데에도 주력하였다. 김홍량은 1910년 12월에 일제가 일으킨 안명근(1879-1927년) 사건에 연루되어 수년간 옥고를 치르기도 하였다.[8] 이를테면 김홍량은 황해도의 이승훈이었다.

오늘날 많은 사람들은 사리원 모범 농촌 운동이 신민회의 사업이었던 것은 알지만, 이승훈이 오산에서 전개한 이상촌 건설 사업이 신민회와 유관하다는 사실에는 별로 주목하지 못하고 있다. 오산의 이상촌 운동은 신민회가 해산된 뒤에도 오히려 건재하였고, 단 한 번도 일제의 경찰에 꼬투리를 잡혀 본격적으로 탄압을 받은 적이 없었기 때문일 것이다. 오산에서 이승훈이 벌인 이상촌 운동은 그만큼 주도면밀했고, 지속적인 운동이었다는 해석이 가능하다.

이승훈은 신민회의 거물로 세상에 이미 드러난 인물이었기 때문에 안명근 사건을 무사히 넘기지 못했다. 그는 이 사건에 연루되어 상당기간 옥고를 치렀다. 또한 이처럼 불행한 일련의 시국사건을 거친 결과, 안창호가 오산학교와 나란히 평양에 세운 대성학교는 1912년 봄이 되자 폐교조치되고 말았다. 그러나 오산학교만은 살아 남았다.

오산학교의 중심인물 이승훈은 비록 옥에 갇혔지만 그 학교는 건재했다. 오산에는 이승훈을 대신하여 학교와 이상촌 사업을 지속적으로 전개할 만큼 역량 있고 용감한 후배들이 건재하였기 때문이다. 그들은 이승훈의 가까운 친족이자 제자들이었다. 그들 오산의 젊은이는 나중에 이승훈이 사망한 다음에도 오산을 지켜냈다. 나중에 말하겠지만, 어떤 면에서 그들은 이승훈이 시작한 여러 가지 사업을 더욱 심화시켰다 해도 과언이 아닐 것 같다.

1919년 3·1운동 때도 오산학교는 그 한가운데에 있었다. 이승훈은 기독교를 대표하여 민족대표 33인의 한 사람으로 투옥되었고, 학생과 교사들 가운데서도 많은 희생자가 나왔다. 함석헌(1801-1989년)에 따르면, 일제 헌병은 "오산학교는 민족주의의 소굴이라 하여…불을 지르고 해쳐버렸다."[9] 1915년 이승훈이 무리해서 건축한 오산학교의 신식건물과 교회당이 잿더미가 되고 말았다. 그러나 이윤영(1926년 사망)과 김이열 등의 끈질긴 노력으로 결국 전보다 더 웅장한 교사가 들어섰다. 오산학교는 운동장도 확장되었고, 학교 부근에 많은 집들이 새로 들어서서 하나의 마을을 이루었다. 오산학교 출신이 운영하는 큰 상점도 그곳에 자리 잡았으며, 학교병원까지 건립되었다.

이처럼 이승훈이 옥에 갇히고, 공든 학교건물이 불살라졌을 때조차 오산에는 "오히려 보이지 않는 힘이 전체를 둘러싸고 있었다. 물론 그것은 지금 감옥에 가 있어 못 보지만 남강(이승훈) 선생 때문이었다."[10] 이승훈의 인격은 분명히 오산을 지키는 강력한 힘으로 작용하였다. 이승훈은 그의 종증손(從曾孫) 이찬갑(1904-1974년)이 증언하였듯이 다름 아닌 신앙의 인물이었기 때문이다.[11] 따라서 함석헌이 말한 눈에 보이지 않는 오산의 구심점은 보다 깊은 의미에서 볼 때 이승훈이라는 한 사람의 위대한 인간이 아니라 그를 움직인 기독교 신앙이었다고 해야 옳을 것이다. 여기서 내가 강조하고 싶은 점이 바로 그것이다. 이승훈의 애국심과 인격, 안창호의 실력양성론과 신민회의 이상보다 깊은 의미로 오산학교와 오산을 붙들어 준 것은 기독교신앙이었다. 오산의 지도자들 가운데는 실제로 그런 인식을 가진 이가 있었다.

이승훈이 작고한 지 4년이 지난 뒤 이찬갑은 이승훈의 일생을 이렇게 요약하였다.

"그렇다. 진실한 사람, 신앙의 인들아. 걱정 말아라. 슬퍼 말아라. 그 말씀(이승훈이 자신의 동상 제막식 때 자기는 그저 하나님이 시키는 대로 살았을 뿐이라고 진술한 말) 그 증거면 그뿐이 아니냐. 그(=하나님의 뜻)로 살고 그로 말하면 그뿐이 아니겠느냐. 그것만큼 가지면 가장 남강의 중심을 잡았느니라. 남강의 참 것을 붙들었느니라."[12]

이승훈이 걸어간 길은 신앙에 있으므로, 신앙 속에서 그의 정신을 이어 나가겠다는 이찬갑의 다짐인 것이다.

여기서 '오산'이라는 지역의 지리적 범위를 명확히 해둘 필요가 있다. 또한 구한말부터 일제 시기에 이르기까지 오산의 모습을 개략적으로나마 소개한다.

오산이라면 우선 그 중심은 용동(행정구역상으로는 평안북도 정주군 갈산면 익성동)이었다. 그 마을에는 이승훈과 그 일가친척 20여 호가 옹기종기 모여 살았던 관계로 자연히 이 지역의 구심점이 되었다.[13] 정주 사람들은 이 용동마을을 비롯해, 오산학교 주변에 산재한 일곱 개 마을을 오산이라 불렀다. 1920년대부터는 용동과 오산학교가 있는 학교마을, 병원마을, 교사들의 사택마을에다 큰절골, 안절골 및 당사니까지를 오산으로 인식하였다.[14]

오산의 중심마을 용동의 풍경은 아름다웠다. 마을 동북쪽에는 비스듬한 언덕이 있고, 그 언덕 위에 교회당이 우뚝하였다. 이 교회는 1910년 10월, 이승훈이 건립한 것이었다. 용동마을 주민들은 남녀노소 가릴 것 없이 모두 교회에 다녔다. 거기에는 이승훈의 강력한 권유가 큰 역할을 했다.[15] 마을의 장로인 그는 자신의 사유지 일부를 떼서 용동마을의 공유농지로 기증하기도 했다. 오산 출신 교육학자 김기석(1905-1974년)은 이승훈이 주민 상호 간의 빈부 차이를 줄이기 위해서 그렇게 조치했다는 흥미로운 해석을 제공하기도 했다.[16]

요컨대 1910년대의 오산은 조선의 오랜 전통에서 벗어난 하나의 새로운 공동체였다. 그곳은 독실한 기독교 신자인 이승훈의 영향 아래 학교와 교회를 구심점으로 한 지역공동체가 만들어졌다. 김기석은 1920년대 오산의 풍경을 이렇게 회상했다.

"오산에 사는 주민들은 남강(=이승훈)을 '우리 선생'이라 부르고, 학교를 '우리 학교'라고 불렀으며, 학생들을 '우리 학생들'이라고 불렀다. 그들은 집에 학생들을 기숙시켰는데, 학교의 정신과 방침에 따라 부형으로서 학생들을 보살펴 준다는 생각이었고, 학생들을 두고 그들에게서 대가를 받는 일로 생각하지 않았다.…학생들은 옆집 어린애들을 목마를 태우거나 손목을 잡고 다녔고, 목욕탕에서는 아저씨와 노인들의 등을 밀어드렸다. 오산을 다니던 학생이나 거기 살던 사람들은 아직도 북쪽 제석산 밑에서 벌어졌던 이 아름다운 이상향을 잊지 못하고 있다."[17]

위에서 기술한 대로 오산학교는 20세기 전반, 한국 기독교계를 대표하는 이승훈이 세운 기독교학교였다. 그러면서도 당대의 역사적 조건의 특수성으로 인해 민족주의 색체가 짙었다. 이 학교는 1907년에 조직된 비밀애국단체 신민회의 애국 계몽 운동 노선을 실천하는 중요기관이었으며, 이 단체가 해체된 뒤에도 그 이념적 바탕인 실력 양성 운동을 끝내 포기하지 않았다는 점에 독특한 점이 있다.

이 학교의 정신적 지주 이승훈은 철저한 기독교신앙으로 무장하여 연이은 투옥에도 불구하고 현실의 고난을 묵묵히 이겨냈다. 바로 그의 이처럼 강인한 정신력이 오산을 특별한 학교로 만들었다. 이찬갑은 특히 1910년대 오산학교와 오산공동체의 성격을 다음과 같이 감격에 젖은 어투로 서술하였다.

"그(=오산) 학교는 그렇게도 정성스러운 정신적인 학교였습니다. 사상이 뒤끓는 애국자의 소굴이었으며, 하나의 생명의 산 덩어리였으며, 그 촌의 것이 민족의 것이었습니다."[18]

그 지역공동체의 하는 일이면 무엇이나 한국 민족의 일로 인식되는 '생명의 산 덩어리', 그것이 오산공동체에 대한 그 지역 선각자들의 인식이요 자부심이었다.

Ⅲ. 오산의 이상촌 운동

정주를 지나는 길이어든 고읍(古邑) 정거장을 지나면서 오산을 바라보면 알 것이다. 산 밑에 굉장히 지어놓은 오산학교의 학교촌 설비는 학교 병원이며 (여러 시설이) 기타 도회지에 못지않다. 그리고 부근은 완연 오산왕국(五山王國)을 건설한 감이 있다. (이승훈) 선생의 이상(理想)은 오산을 중심으로 완전한 자치(自治)로 된 이상촌(理想村)을 건설코자 하는 것이었다. 그리하여 학교교육에도 최근 방침을 일신코자 계획 중 돌연히 서거했다.[19]

1930년대 초반 오산의 모습을 이렇게 짤막하면서도 손에 잡힐 듯 구체적으로 묘사하기란 수월하지 않은 일이다. 《중외일보》 기자가 위에서 서술한 대로 오산은 이미 도회지를 방불하게 하는 바가 있었다. 그곳은 교육 및 복지시설까지 완비된 자치적 농촌공동체였다. 당시 식민지 조선에서는 매년 가난에 쫓겨 고향을 버리고 만주나 일본 본토로 내몰리는 인구가 수만 명이나 되었다. 이런 비참한 당대 현실을 고려할 때 오산의 발전된 모습은 대다수 한국 농촌 마을로서는 여간해서 도달하지 못할 먼 미래의 이상처럼 여겨졌을 것이다. 요컨대 오산이란 존재는 실의에 빠진 한국 농촌에 한가닥 희망의 빛을 던져 주는 존재였다.

본래 이와 같은 이상촌의 건설은 신민회의 목표였다. 한국인의 대부분이 농촌에 살고 있었던 만큼 농촌의 부흥은 곧 식민지 조선(한국)의 부흥이었다. 1907년 신민회 회장 윤치호는 자신이 마음에 그리던 "기독교적 모범마을"에 관해 서술한 바가 있다.[20] 윤치호가 꿈꾼 새로운 농촌은 단순히 물질적으로 풍요한 마을이 아니었다. 그것은 기독교신앙을 바탕으로 이룩된 자치적 신앙공동체여야 했다. 그런데 바로 그러한 꿈이 이십여 년이 지난 뒤 오산의 현실이 되었으니 자랑스럽고 다행한 일이었다.

오산이 그만한 성취를 이루기까지는 많은 사람들의 정성과 노력이 잇따랐다. 평생 그 선두를 지킨 이는 이승훈이었다. 그밖에도 춘원 이광수(1892-1950년), 고당 조만식(1883-1950년), 이윤영, 김이열, 김도태(1891-1956년), 이찬갑, 함석헌, 김봉국(미상), 최태사(1989년 사망) 등 많은 후배 또는 후진의 노력이 적지 않았다.

1910년 초반 용동의 모습을 이광수는 훗날 또렷이 기억했다. 한국 근대를 대표하는 이문호(文豪)는 당시 오산학교에서 교사로 봉직하였다.

"나는 (용동회=이승훈이 조직한 용동 주민회) 회원들의 만장일치 결의로 청결 검사원이 되어 토요일마다 집집으로 순회하면서 방과 부엌과 금침(=이부자리)까지도 모두 검사하는 권한을 받았다.…나는 이밖에 회원 전체를 통하여 남자는 매일 짚세기(=짚신) 한 켤레, 여자는 끼니 때마다 매식구에 쌀 한 숟가락씩을 모아서 한 달에 한 번 동회 모이는 날에 회에 바치되 저마다 제 구좌로 하여 저금해 두었다가 그 돈이 백 원이 차거든 찾아갈 수 있고, 그 동안에는 저리로 대부하는 제도를 세웠다.…불과 반 년만에 (마을에는) 오백여 원의 자금이 모였다."[21]

용동은 교사 이광수의 지도 아래 이처럼 자치적이고 자립적이며 근대적인 마을공동체를 형성하였다.

당시 이승훈은 부재중이었다. 그는 1912년부터 1915년까지 신민회 관련 사건으로 감옥에 갇혀 있었다. 그는 석방이 되고 4년이 지난 1919년 3월, 3·1운동의 관련자로 또 다시 옥에 갇혀 1922년 7월에야 가까스로 풀려났다. 이처럼 이승훈은 오산을 비울 때가 많았지만, 그때마다 이윤영과 김이열 등이 그 대신 지역공동체를 무리 없이 잘 이끌었다. 오산학교 교사로 일하던 이광수와 조만식 등도 그들과 힘을 합쳤다. 그리하여 오산에서는 이승훈이 없을 때조차 마을과 학교가 유기적인 관련 속에 상호 발전할 기회를 잃지 않았다. 홍순명(전 풀무학교 교장)은 오산공동체의 굳건함을 간단명료하면서도 적확한 언어로 표현했다.

> 오산학교는 교회, 학교, 지역공동체를 통해 국가를 구원하려는 꿈과 그 실현을 추구하는 집단이었음을 알 수 있습니다. 곧 그 꿈은 더불어 사는 꿈이었습니다.[22]

1922년 출옥한 이승훈은 농촌 문제를 세 가지로 이해하고 처방을 강구하였다.

첫째, 도시보다도 농촌에 인권 침해가 많다. 일제에 의한 농민의 수탈, 인권의 무시를 막기 위해 오산 지역에 조직된 동회는 더욱 큰 역할을 담당해야 한다. 심기일전하기 위해 이승훈은 오산의 동회를 "자면회(自勉會)"로 개칭하였다.

둘째, 사회화, 의식화 된 농민이라야 비판적 안목과 사회적 저항력을 가진다. 이를 위해 문맹퇴치를 비롯하여 독서운동이 절실히 요구되었다. 자면회는 이 목표를 달성하기 위해 많은 노력을 기울였다. 그 결과 김도태의 증언처럼 "용동의 남녀노소는 한 사람의 문맹도 없었다. 칠팔십의 노인으로 글자를 모르던 이라도 모두 성경을 읽게 되었다."[23]

셋째, 토지 소유권의 문제가 중요했다. 농민들에게 경제적 권리를 부여하고, 경제적 자주권을 확립하게 만드는 것이 시급했다.[24] 이러한 인식의 토대 위에 이승훈은 자면회를 중심으로 오산에서 공동 경작제를 부분적으로나마 실시하였다.[25]

이승훈이 주도한 오산공동체의 이상촌 건설 운동은 성공적이었다. 이에 관하여 이승훈의 측근으로 자면회원이던 김도태는 다음과 같은 취지로 말하였다.

"이승훈은 용동을 포함한 오산 전체를 민족공동체의 모범으로 만들 목적으로 학교촌, 병원촌, 사택마을, 농장촌, 교회촌을 규모 있게 만들 생각이었다. 이 농촌공동체의 중심에 이승훈은 도서관을 세우고, 그 외곽에는 공장과 농장을 설립할 예정이었다. 이러한 계획은 하나씩 실천에 옮겨져 그 대부분이 이승훈의 생전에 구체화되었다."[26]

그러나 끝까지 이루지 못한 꿈도 없지 않았다. 이승훈은 오산 일대에 유치원부터 농과대학에 이르기까지 모든 교육기관을 설치하고 싶어 했다. 1926년, 그는 농과대학 설립안을 총독부에 제출했지만 끝내 그 허가를 받지 못했다. 이에 아랑곳하지 않고, 이승훈은 연습림과 임해농장을 개설하고 오산학교가 직영하는 직조공장과 제사공장도 설립하기를 바랐다. 연습림은 제석산과 연향산에 두고, 농장은 안주의 매립지에 설치할 계획이었다. 앞에 말한 공장들은 절골에 부지를 두고 조만간 설립할 계획이었다.[27] 그러나 일제의 반대로 이와 같이 야심찬 계획들은 사업에 착수되지 못했다. 바로 그런 와중에 이승훈은 눈을 감았다.

요컨대 이승훈의 이상촌 운동은 산업, 교육 및 신앙을 하나로 묶어 완전한 자치공동체를 이룩하는 것이었다. 그는 자신의 마을인 용동을 중심으로 오산 전체를 이상적인 농촌공동체로 만들어 식민지 조선에서 가장 모범적인 경제, 문화 및 신앙의 산실로 탈바꿈시키고자 하였다. 이것이 이승훈의 꿈이었다. 그 오산을 한국 민족 전체가 본받는 날, 한국은 독립을 성취할 것이었다. 이것은 일찍이 안창호가 신민회를 통해 건설하고자 노력한 모범 농촌의 본질이었다. 오산공동체의 역군 이승훈은 그런 점에서 안창호의 분신이나 다름없었다.

1909년, 국외로 떠나야 했던 안창호는 해외동포들을 모아 이상촌을 건설하고자 노력하였다. 그는 특히 1916년 이래로 중국에 이상촌을 만들기 위해 다각도로 심혈을 쏟았다. 미국의 한인 교포들에게 그 취지를 설득하여 건설자금만 오천 불가량이나 모금한 적이 있었고, 이상촌에 관한 자신의 구상을 구체화하기 위해 미국의 솔트레이크 시티와 호주의 여러 지역을 직접 시찰한 적도 있었다. 그러나 이국에 이상촌을 이루기란 쉽지 않아 세월만 흘러갈 뿐이었다. 그럼에도, 이상촌을 향한 안창호의 정열은 조금도 식지 않았다. 이처럼 안창호가 공동체생활에 강한 집착을 보인 이유는 오직 공동체를 통해서만 사회, 경제, 문화 등 각 방면에 걸쳐 합리적이고 도덕적인 삶을 구현할 수 있다는 믿음이 있었기 때문이다.

이십여 년 동안 이국 땅을 전전하던 안창호가 귀국하게 된 것은 뜻밖이었다. 1932년 4월 29일, 윤봉길 의사가 상해 홍구공원에서 폭탄을 투척한 사건이 일어나자 현지의 프랑스 경찰은 그 관련자로 안창호를 체포하여 일경에 인도하였다. 이윽고 그는 국내로 압송되어 애매한 옥고를 치렀다. 그리고는 1935년 2월, 대전 감옥에서 풀려났다.

안창호는 각 지방을 순회하며 동포들의 삶을 살펴보았다. 물론 그는 오산에도 들렀다. 그러나 일제의 함구령으로 말미암아 자신의 선배이자 오랜 동지인 이승훈이 평생 동안 오산에 건설한 공동체를 시찰하고서도 감개무

량한 자신의 마음을 표현하지 못한 채 묵묵히 그곳을 떠날 수밖에 없었다.

여행을 마치고 평양으로 돌아온 안창호는 이승훈이 미처 다 이루지 못한 이상촌의 꿈을 기필코 자기 손으로 완성하고 말겠다는 의지에 불탔다. 안창호는 어디를 가든 이상촌의 후보지를 물색하는 데 가장 큰 공을 들였다. 그러던 1936년 여름, 그는 조만식과 함께 평안남도 강서군 초리면 강선역 부근의 달마산을 둘러보고, 그 아래 이상촌을 세우기로 작정하고 세부계획을 마련했다. 그 계획은 이승훈이 오산에서 세웠던 것과 너무도 흡사했다.

안창호는 산 아래 직업학교, 기숙사, 강당, 교회, 공중목욕탕, 실습지, 일반 주택지 등을 배치할 계획이었다. 매사에 철저했던 안창호는 그 계획을 더욱 정교하게 다듬기 위해 장리욱을 일본으로 파견했다. 장리욱은 일본에서 각종 농업학교, 농산물 가공조합, 모범농촌, 모범농가, 낙농조합 등을 시찰하였다.[28] 그러나 그 계획이 착수되기도 전인 1937년 6월, 일제는 이른바 동우회 사건을 일으켜 안창호 등을 구속하였다. 그것으로 안창호의 이상촌 계획은 끝이 났다.

안창호와 이승훈 등이 꿈꾼 실력 양성의 원대한 계획은 오산에서 더욱 무르익었다. 1930년대 초반 오산의 공동체 운동은 오산소비조합에 의해 주도되었다. 애초 이승훈은 오산의 각 마을에 동회를 두었고, 1920년대 후반에는 그것을 하나로 묶어 소비조합을 두었다. 오산소비조합은 오산 일곱 마을 전체의 연합체이자 동회의 상위기관 구실을 하였다. 오산소비조합은 단순한 편의조합이 아니라 지역공동체의 사령탑이었다.

조합 운동은 1920년대부터 식민지 조선에서 식자들의 관심을 끌었다. 1928년 장로회 총회는 농촌부를 조직하고 생활의 실질화, 조합화 및 자급화를 주장했다.[29] 같은 맥락에서 조만식은 농촌사업과 물산 운동 및 소비조합의 유기성을 강조하였다.[30] 일찍이 오산학교 교사와 교장을 역임한 조만식이 이승훈 사후 오산 지역에서 정신적으로 큰 영향력을 행사했다. 그의 애제자 이찬갑(이윤영의 아들)이 오산소비조합의 구심점이 된 것은 우연이 아니었다.

이찬갑은 1933년 3월부터 1935년 3월까지 오산소비조합의 전무이사로서 사업을 총괄하였다. 오산소비조합의 구성원은 주민, 교사 및 학생들이었다. 그들의 대표가 상임위원으로 조합회의에 참석하였다. 오산의 일곱 마을은 각기 대표를 조합에 보내 자신들의 의견을 대변하였다. 조합회의에서는 주민생활의 여러 가지 불편한 문제들은 물론, 정치적인 문제 및 주민들의 사회적인 지위에 관해서까지 논의되었다. 이 문제를 연구한 서굉일은 오산공동체의 활동에 대해, "학교와 교회, 농촌으로 나누어진 현장을 교육과 산업으로 구조화시키고, 정신과 물질이라는 양면으로 구체화하는 작업"[31]이라고 분석했다.

오산학교는 오산소비조합과 그밖의 다른 경로를 통해서 다각도로 주민생활에 편의를 제공했다. 학교 병원과 목욕탕은 주민들에게 완전 개방되었고, 학교에서 개최되는 각종 강연회와 음악회에도 주민들이 초대되었다. 오산학교의 교사들과 졸업생들은 교회, 동회 및 야학을 통해서도 주민생활을 지도하였다.

오산소비조합과 더불어 오산공동체의 지속적인 발전에 크게 기여한 조직이 또 있었다. 그것은 곧 자면회였다. 이 단체는 농지개량, 연료개량, 협동생산, 협동노동 및 소득증대 사업을 담당하였는데, 그 편성은 청년회와 학생회로 구별되었다. 18-45세까지로 구성된 청년회는 단연코 자면회의 중심이었다. 이 회의 활동목적은 근면, 청결, 책임이었는데, 오산학교의 교훈과 완전히 일치했다. 이러한 사실이 암시하듯 자면회는 학교 밖의 학교라 해도 무방할 정도였다.

이 청년회는 일찍이 1920년대 초반 조만식이 평양에서 선도한 조선 물산 장려 운동에도 적극 호응하였다. 청년회는 지속적으로 금주, 금연 및 절약 운동을 벌였고, 신지식 보급에도 앞장섰다. 주민들에게 신문과 잡지의 열람을 권장하는 한편, 독서 운동도 펼쳤다. 청년회에서는 호주회, 주부회, 소년소녀회 등을 지도하고, 각계각층을 대상으로 한 계몽강연회를 개최하고 주야간 강습회도 주관하였다. 이러한 일체의 행사 때마다 청년회는 오산학교의 시설을 자유롭게 이용하였다.

그밖에도 청년회는 오산학교 개교기념일에는 운동회를 주관하였다. 청년회는 산업분야에서도 많은 일을 했다. 농산품 생산에 조언을 하고 공동구매조합도 운영했다. 생산물 품평회도 열었으며, 기독교 전도사업까지 담당했다. 주민들의 위생검사, 심지어는 마을 이발소 경영도 맡았다.[32] 청년회의 활동은 그야말로 전방위적이었다.

1920-30년대 오산의 청년회를 이끈 지도자들은 모두 오산학교 출신이었다. 그 가운데서도 두각을 나타낸 이는 이찬갑과 박기선 등이었다. 이찬갑은 당시의 일을 회상하며, "저들과 함께 밭 갈 때 밭 갈며", "길닦이할 때 길닦이하며 동네에서 모일 때 모이는 생애, 그리고 혹시나 학교에서 조합에서 심부름해드리는 생애, 그러면서 저들의 사랑방을 찾고 무슨 의논에 섞이는 생애", 그것이야말로 "그 빛나는 나라를 향한 참된 소망의 새로운 출발"[33]이었다고 술회하였다. 청년 지도자 이찬갑은 이승훈의 말년, 구체적으로 말해 1929년 9월부터 오산청년회 일을 떠맡았다. 그의 오산학교 후배 최태사는 그 사실을 이렇게 증언하였다.

"선생(=이찬갑)께서는 소년회, 청년회 등을 조직하셔서 청소년들을 참되고 바르게 자라게 하며, 그 마음에 신앙의 눈을 뜨게 하려고 여러 가지로 애쓰시며 지도를 해오셨습니다."[34]

여기서 말하는 청년회가 혹 교회 조직이 아닐까 추측할 사람도 있겠지만 그렇지 않다. 당시 이찬갑은 제도권 교회에 발길을 끊고 함석헌이 이끄는 오산의 무교회 집회에 나가 활동했다. 위에서 최태사가 말한 소년회(=학생회), 청년회라고 하는 것은 자면회의 조직을 일컫는다. 그 뒤 이찬갑은 앞서 언급한 대로 오산소비조합의 중책을 맡기도 했다. 그야말로 이승훈 이후 오산공동체의 중추적 일꾼이었다.

1928년부터 이찬갑과 깊이 사귀어, 집까지 아예 오산으로 옮긴 그의 동지 김봉국은 오산공동체에서 그들이 벌였던 여러 가지 사업을 약술할 기회가 있었다. 그에 따르면, 오산공동체의 사업은 농촌생활의 물질적 토대를 개선하는 데 국한되지 않았다. 그것은 나라의 독립을 얻기 위해 묵묵히 실력을 양성하는 민족의 백년대계만도 아니었다. 오산의 공동체사업에는 그러한 세속적 가치를 뛰어넘는 종교적 의미가 존재했다. 적어도 김봉국과 이찬갑 등 일부 지도층은 분명히 그러한 믿음을 가지고 있었다. 김봉국의 진술은 이러하다.

내 나이 20대에 평북 정주 오산 출신인 고(故) 이찬갑 형에 의지하여, 서울 피어선성경학교에서 만나 같이 공부했고(1928년의 일이다.—필자), 후에 같이 일본에 갔다가 귀국한 후에는(1928년 9월에 갔다가 1929년 9월 귀국했다.—필자) 오산에서 양계조합과 소비조합을 같이 시작했는데, 이것은 나에게 있어 마치 아브라함이 갈대아 우르 지방을 떠나 가나안 복지로 향한 것과 같은 것이다. 그만큼 정주 오산은 나의 사회생활의 첫걸음이었으며, 여호와 하나님의 축복이 분명히 나에게 허락되었던 곳으로 생각하고 있다.[35]

김봉국이 '여호와 하나님'께 감사드리는 이유는 그들이 이루고자 노력한 오산공동체가 학교공동체, 마을공동체 및 신앙공동체를 아우르는 특별한 것이라서 그랬던 것이다. 이를 위해 헌신한 이승훈과 이광수, 조만식, 이윤영, 김이열, 함석헌, 이찬갑, 김봉국 등은 그 대부분이 오산학교의 창립자, 교장, 교사이거나 졸업생이었다. 요컨대 오산학교 사람들이야말로 오산공동체의 주역으로서 오산의 모든 사업을 직접 계획하고 앞장서 실천하였다. 그들은 자면회, 특히 그 청년회와 오산소비조합을 매개로 이상촌 운동 또는 오산공동체 운동을 전개하였다.

그 결과, 오산공동체는 전국에 산재한 일반적인 모범농촌과는 여러모로 성격을 달리하였다. 우선 오산 사람들은 신민회 또는 그 지도자인 안창호의 실력 양성 노선을 끝까지 견지하며, 농촌공동체의 근대화와 자치역량 배가에 노력하였다. 그러면서도 오산은 궁극적인 의미에서 기독교 신앙에 깊은 뿌리를 두고 하나님의 나라를 건설하고자 하였다. 이러한 종교적 성격은 1929년 이승훈이 함석헌의 무교회 집회에 나가게 되면서 더욱 두드러졌다. 이승훈은 세상이 인정하는 기독교 민족주의자였지만, 1920년대 말 교계의 타락과 변절에 혀를 내두르며 무교회 집회에 희망을 걸었다.

당시 제도권 기독교회는 파벌싸움으로 심하게 분열되었다. 게다가 미신적 신비주의가 팽배해 있었고, 여기에 외국인 선교사들의 인종적, 문화적 우월감이 지나쳐 사회 일반에 실망을 더해 주었다. 이에 실망한 이승훈은 1929년 가을, 이찬갑의 권유를 받아들여 함석헌의 성서집회를 찾아 나섰다.

"남강은 이 집회(=함석헌의 집회)에 참석하여 학생들과 같이 찬송가를 부르고 기도를 올리고 성경말씀을 들었다."[36]

초기의 오산공동체가 제도권 기독교 신앙에 의지했다면, 후기에는 그 무게추가 무교회 쪽으로 옮겨 간 것이 틀림없다. 1930년대 후반이 되면 일제의 탄압으로 인해 교회 자체가 붕괴되는 상황이 연출되고 만다. 그런 점에서 1920년대 말부터 오산에 불기 시작한 이러한 변화야말로 시대를 앞선 일종의 풍향계 같은 것이었다고 생각된다.

IV. 풀무학교로 이어진 오산의 전통

1930년대 중반부터 오산의 사정은 나빠지기 시작했다. 오산학교는 점차 지역과 유리되기 시작하였다. 학교는 상급학교로 진학할 인재를 키우는 하나의 특권기관으로 변질되어 갔고, 일반 주민들의 생활에는 더 이상 관심을 두지 않았다. 이런 가운데 1937년 7월, 중일전쟁이 일어나자 오산학교의 사정은 더욱 악화되었다. 이제는 총독부의 시책이라면 아무런 저항도 못하고 저들이 이끄는 대로 끌려다니는 일종의 허수아비가 되고 말았다.

이것은 물론 오산에서의 일만은 아니었다. 1930년대부터 일제의 군국주의적 지배성향은 노골화되었고, 이른바 내선일체(內鮮一體)니 황민화(皇民化) 또는 전시총동원체제가 강화되어 한반도 전체에는 역사의 험한 파고가 더욱 거세졌다. 그러자 지난 20여 년간 총독부의 온갖 흉계와 대결하며 내적 독립과 자존을 견지해 온 각종 민족단체와 그 지도자들이 한꺼번에 무너지기 시작했다. 일제 말기에 갑자기 수백 수천의 친일파가 탄생한 것은 이와 같은 시대상황과 직접적인 관련이 있다.

엄밀한 의미에서 오산학교는 1920년대부터 총독부의 시책을 점차 수용하는 쪽으로 기울었다. 따라서 오산 안에서는 이를 하나의 변절로 간주하고 학교를 비판하는 목소리가 커지고 있었다. 오산소비조합과 청년회를 이끈 이찬갑이 바로 그 목소리의 주인공이었다. 그는 1919년의 3·1운동을 분기점으로 오산학교는 타락하기 시작했다고 믿었다. 그의 견해에 따르면, 오산학교의 대형화, 제도권 교육기관으로의 편입이 문제의 발단이었다. 오산학교의 역사에 대한 이찬갑의 이러한 판단은 다음의 글에 뚜렷이 나타났다.

> 그 (오산)학교는…생명의 산 덩어리였으며, 그 촌의 것이 민족의 것이었습니다. 그랬건만 3 · 1운동 뒤 남의 흉내 따라 튼튼한 토대를 만든다고 재단법인을 만들고, 어디로 올라가는지 승격한다고 굉장히 떠들더니만, 결국 그 학교는 정신이고 사상이고 다 달아나버렸습니다. 무슨 정성도 아무 특색도 없어진 그때 그 시절의 하나의 소위 학교가 되고 말았습니다.[37]

그 뒤 오산학교가 외적으로 성장하면 할수록 그에 대한 이찬갑의 비판은 거세졌다.[38] 그는 학교의 일이 곧 마을의 일이어야 하며, 그것은 장차 식민지 조선을 되살리는 빛이어야 한다고 믿었다. 그래서 식민지 정책에 동화되어 가는 오산학교의 현실을 안타깝게 여긴 나머지 비판의 목소리를 돋웠다. 예를 들어, 1938년 6월, 오산학교는 각계의 기부금을 모아 대강당과 과학관을 신축하였다. 오산에는 경축 분위기가 고조되었지만 그 소식에 접한 이찬갑은 강하게 반발하였다.

> 허위, 허위 룽(=용)동. 모아니(=마을 이름)가 물러서고 들러붙어 밥장사 하는 이들(=학생상대로 하숙을 운영하였기 때문에 한 말이다.―필자)의 하는 것을 보고 좋다 하는 허위, 허위. 나는 실로 지금보다 훨씬 가난했을 때의 것에서도 이 오산 바닥과 같이 울고 웃기를 바랐건마는, 이제 저만치 되었는데 오히려 그 굶주린 밥장사의 같이 울고 웃음을 기다린다. 좋아한다. 그저 기부, 기증만으로 구하는 걸식 근성이 또한 방향이 없이도 더하는 (것) 같다."[39]

이찬갑은 제도권 학교가 되어 버린 오산학교가 아닌 새로운 학교를 꿈꾸었다. 1919년 이전의 오산학교를 계승할 새로운 학교, 그 등장을 이찬갑은 간절히 바랐다. 하지만 일제의 식민통치 하에서 그런 생각은 백일몽에 지나지 않았다.

한데 1945년 8월 15일, 일제가 연합군에 무릎을 꿇고 상처투성이인 한반도를 뒤로 한 채 자기 나라로 돌아가자 이찬갑에게도 기회는 왔다.

그는 우여곡절 끝에 1958년 4월 23일, 충청남도 홍성군 홍동면 팔괘리에 자신의 교육이상을 구현할 작은 중학교, 즉 풀무고등공민학교를 세우게 된다.[40] 이제는 이 풀무학교가 오산학교보다 오산답게 자라야 할 것이었다. 기독교신앙을 중심으로 학교와 농촌이 혼연일체 되게 할 것, 그러한 이상촌을 만드는 데 풀무학교는 기둥이 되어야 했다.

여기 한 사람의 증언이 있다. 1960년 10월 20일, 풀무학교에 부임하여 일생을 이 학교를 위해 바치게 된 홍순명은 오산학교와 풀무학교의 연속성을 다음과 같이 서술하였다.

> 오산학교는 일제 시대 민족, 민중, 기독교 정신이 타오르던 사학이었습니다. 그 오산이 일제 말기에 학교 규모가 커지고 식민지 교육을 하게 되자, 그 학교에서 존경을 받던 함석헌 선생은 학교를 사임하고 가정에서 집회를 가졌습니다. 가정에서 하는 집회지만 성서와 역사를 공부하고 농사를 짓고 교육을 생각하고 민족의 장래를 걱정하는, 집회이자 학교요, 민족의 이상과 진실이 서린 곳이었습니다. 오산학교에서 낸 문집을 보면, 오산학교는 교회, 학교, 지역 공동체를 통해 국가를 구원하려는 꿈과 그 실현을 추구하는 집단이었음을 알 수 있습니다. 곧 그 꿈은 더불어 사는 꿈이었습니다. 그러나 그 꿈은 민립대학을 세우고자 했던 계획과 함께, 일제와 공산주의 치하에서 안타깝게도 질식하고

말았습니다. 이 미완성의 꿈을 실현하기 위해 불 같은 열망을 가졌던 이가 이 찬갑 선생이었습니다. 그리고 이 선생과 함께 함 선생 집회에 참석하던 몇 분이 거의 모두 풀무의 설립, 관리(서무과장), 교육(교사), 후원(일심회), 또는 정신적 격려 등으로 (풀무)학교 교육과 역사에 깊이 참여하셨습니다.[41]

풀무학교는 오산학교로부터 인적, 물적 자원을 모두 이어받았다는 것이 홍순명의 설명이다. 그러나 굳이 말하면 풀무에 전해진 오산학교의 유산 가운데 가장 빛나는 것은 바로 오산학교의 건학정신이었다. 그 정신은 이찬갑의 가슴 속에 존재했다. 우리는 1958년 4월 23일, 이찬갑의 풀무학교 개교사에서 그 정수를 만난다.

"이 학교는 돈이 있어야 하고 권력이 있어야 된다는 세상에 (참된 것은) 정신뿐이어야 하고 정신만이어야 한다는 증거를 보여야 한다."며, 이찬갑은 "간판을 얻고 출세를 해야 한다는 세상에 그런 것처럼 우습고 어리석은 노름은 없다는 것을 증명해야 할 것"[42]이라고 외쳤다. 그의 신념에 따르면 참된 학교는 어린 학생들을 가르쳐 상급학교나 보내는 곳이 아니었다. 학교는 그 나라의 역사와 말을 통해 깊이 잠들어 있는 백성/시민의 정신을 일깨우는 것, 거기에 목적을 두어야 했다.

초창기 풀무학교는 외관상 매우 초라하고 빈약했다. 그럼에도 이 학교는 단순한 일개 시골학교가 아니었다. "이찬갑 선생은 풀무가 참된 새 농촌을 위한 산 교육이 될 것을 믿고, 그 이상의 실현으로 생각했습니다."[43]라고 한 그의 교육 동지 주옥로(2001년 사망)의 말이 이를 증명한다.

이찬갑에게는 '새 농촌'의 의미가 각별했다. 거기에는 적어도 두 가지 뜻이 담겨 있었다. 한편으로 한국의 농촌은 20세기 중반까지도 한국인의 과반수 이상이 근근이 생계를 이어가는 비참한 삶의 현장이었다. 그러므로 농촌을 소생시키지 못한다면 한국 사회의 밝은 미래는 기대하기 어려웠다. 이것이 당시 한국 사회의 지배적인 의견이었고, 이찬갑 역시 그 생각을 공유했다. 그가 겪은 식민지의 혹독한 체험과 해방 이후의 혼탁한 사회경험은 그를 민족주의자로 키웠기 때문에, 이찬갑은 농촌의 재생을 통해 민족공동체에 희망을 주고 싶은 열망을 가졌다. 풀무학교가 하필 농촌의 부흥을 위한 지역공동체의 구심점이 되어야 할 이유는 바로 거기에 있었다.

그러나 또 한 가지 중요한 사실은, 이찬갑이 국가와 민족이라는 당대의 정치 · 사회적 현실에 얽매이지 않았다는 점이다. 그는 독실한 기독교인이었고, 그래서 불의한 현실보다는 의로운 하늘나라가 그에게는 더욱 소중했다. 하늘나라를 갈구하는 이찬갑의 기독교신앙은 복잡한 현대의 도시를 죄악시하였다. 대신에 그는 단순 소박한 농촌에 새 희망을 두었다. 따라서 그에게 '새 농촌'이란 현대의 도시 중심 문명을 대체할 새로운 대안문명의 중심이었다. 그 점을 이찬갑은 풀무학교 개교식 때 다음과 같이 엄숙하게 선언하였다.

> 지금까지의 교육은 현대 문명의 총아인 도시를 중심으로 한 도시교육, 선발교육, 물질교육, 간판교육, 출세교육이었다. 이제부터의 새 교육은 새 시대의 총아인 농촌을 중심으로 한 농촌교육으로, 민중교육으로, 정신교육으로, 실력교육으로, 인격교육으로 이 민족을 소생시키고 인간을 새로 나게 해야 할 것이다.[44]

풀무학교는 이런 지향점을 가졌다. 그랬던 만큼 이 학교는 교육방법이나 내용면에서도 일반 학교와는 달랐다.

"함께 살며 체험하는 생활교육이라야 한다. 무엇보다 이 백성의 아들 딸이 외면(=형)의 것에 구속되는 물질의 노예가 아니라 진실과 정의를 갈망하는 위대한 정신과 사상의 사람으로 각기 제 개성에 맞는 일을 하게 해야 한다. 그러려면 자기 양심을 찾고 깨달아 날이 갈수록 깊이 생각하며 영원을 찾아야 한다. 일상생활의 충실 속에 사람은 자라고 사회는 건전해진다. 우리의 국어, 역사, 문화를 사랑하자. 고난의 역사는 우리를 단련시켜 국제 사회에 위대한 사명을 다하게 하는 것이다. 그 사명은 보통 생활의 주인공인 민중 속에 들어가 순수한 하나가 되는 데 있다."[45]

요컨대 '더불어 사는 평민'을 키우는 것이 풀무학교의 교육적 사명이었다. 여기서 '평민은 어떤 계층도 아니고 자각해서 되어진 존재'[46]를 가리킨다. '자각된 존재'는 일찍이 우치무라 간조(內村鑑三)가 말한 바로써 예수를 본받아 이 세상 짐을 지고 갈 일꾼이다. 이들이 이룩할 새로운 문명세계의 모습을 이찬갑은 다음과 같이 노래하였다.

> 이제 기뻐하라. 즐거워하라. 우리 전부를 받아 환영하는 새 세계의 문이 열렸나니. 옳다. 거기는 기이하게도 이상주의자도 현실주의자도 다 환영한다. 시인도 음악가도 환영하는가 하면, 소설가도 평론가도 물론이려니와 천문학자, 지질학자, 또 철학자, 과학자를 얼마나 즐거이 환영할까. 그 자연계의 전부를 들어 환영하는 것이다. 거기는 경이롭게 부지런한 자, 게으른 자, 재사, 둔재, 인텔리와 무식자, 개척자와 추종자, 강자와 약자, 우직(愚直) 자와 꾀자를 모두 차별 없이 환영하지 않는가. 그리해서 모두 환영해서 자연스러이 우주적 조화를 이루어 피안을 향해 가는 것이다.[47]

안타깝게도 이찬갑은 1960년 12월 17일, 연탄가스 중독과 겹친 과로로 쓰러졌다. 그후 1974년 6월 16일, 향년 70세를 일기로 세상을 떠날 때까지 그는 오랫동안 투병하였다. 그가 학교를 떠난 뒤에도 풀무학교는 이찬갑이

제시한 이상을 구현하고자 끊임없이 노력해 왔다. 그 결과, 신앙과 교육 및 농촌마을을 하나로 통합하기 위한 풀무학교의 노력은 지역공동체에 활기를 불어넣는 데 성공했다. 풀무의 업적은 "홍동모델"이라 일컬을 만한 것이며, 그에 대한 학계와 사회적 관심이 날로 커지고 있다.

"홍동모델"의 특성을 세밀하게 거론하는 것은 이 글의 취지를 벗어난 것이다. 여기서는 서너 가지 특징만 간단히 언급하려 한다.[48]

첫째, 풀무학교를 토대로 홍동에서는 국내 최초로 유기농 벼농사가 시작되었다.[49] 현재 홍동은 한국 유기농업의 중심지로 성장하고 있다. 둘째, 풀무학교는 초창기부터 조합 운동을 중시하였고, 그 결과 오늘날에도 홍동에서는 많은 일들이 조합방식으로 운영된다.[50] 셋째, 풀무학교는 홍동 지역에서 끊임없이 새로운 사업을 실험적으로 추진하고 있다. 태양열 전기, 원예 및 목축업, 미생물 배양, 목공, 제빵 등으로부터 토양 및 논생물 조사, 토종 종자, 마을도서관, 마을 돈에 이르기까지 공동체의 삶의 질을 높일 다양한 가능성을 타진한다.[51] 끝으로, 이러한 활동의 중심에 기독교신앙이 자리하고 있다는 점이다.[52] 풀무학교가 추구하는 고양된 삶은 하나님을 중심으로 삼는다. 근본적인 의미로, 이 모든 활동은 하나님 나라를 실현하기 위한 방편인 것이다.

이찬갑의 후계자 홍순명은 풀무학교 중심으로 이룩되는 사회개혁 운동에 관해 다음과 같이 말하였다. 그의 진술에서 우리는 20세기 초 평안도 정주의 오산학교에서 시작된 이상촌 운동이 시대 변화에 걸맞게 새로운 차원으로 이행하고 있음을 본다.

유기농업이 기초가 되어 사람과 생명을 살리고, 자치의 정신과 협동 공동체의 실현, 소구모 경제 단위와 생태계 보존, 농업과 공업의 결합, 새 시장 구조, 생명 문화 창출, 대체 에너지 개발, 청빈과 높은 지적 창조, 국내와 전지구적 교류를 공통의 목표로 갖는 자치적 지역 공동 사회 건설, 그것은 조용히 진행되는 사회변혁이라고 생각합니다. 거기에는 시대의 부름을 받은 일꾼이 많이 필요합니다. 이찬갑 선생은 거기에 새 시대의 희망이 있다고 보고 그 실현을 늘 염원하셨던 분입니다.[53]

이 글에 드러난 홍순명의 높은 이상은 '생명문화'로 집약된다. 그것은 한반도라는 협애한 공간을 벗어나 '지구적 교류를 공통의 목표로 갖는 자치적 지역공동체'라는 원대한 목표를 추구한다. 이러한 홍순명의 뜻에서 필자는 식민지 조선의 아픔을 견디며 농촌에 이상촌을 건설하고자 노력한 이승훈, 안창호, 조만식, 이찬갑 등의 힘찬 맥박을 느낀다. 그들은 모두 기독교 신앙의 토대 위에 자치와 협동의 공동체, 인류적 평화와 공존공생을 꿈꾼 것이었다.

V. 나가는 말

돌이켜보면, 1907년 평안북도 정주군 오산학교에서 시작된 이상촌 운동은 역사의 잦은 풍랑 속에서도 면면히 그 정신을 이어나갔다. 우리는 오늘날 충청남도 홍성군의 풀무학교에서 그 실체를 본다. 이것이 필자의 결론이다.

이상촌 운동은 본래 안창호가 조직한 신민회 측의 구국 운동 또는 실력 양성 사업의 일환으로 시작된 것이지만, 시대와 함께 진화를 거듭해 왔다. 사업의 주체만 하여도 맨 처음 오산공동체에서는 동회가 중심이었다가 자면회,

특히 그 산하의 청년회와 오산소비조합으로 변해 갔다. 운동의 중심인물이 전기에는 이승훈이었지만, 후기에는 이찬갑으로 바뀌었다.

이상촌 운동은 처음에는 금연, 금주 및 위생/청결 운동이었다. 이것이 문맹퇴치와 소득증대 운동을 거쳐 마을 공동경작과 공동구매를 포함한 조합 운동으로까지 나아갔다. 산업 방면에서도 처음에는 날마다 짚신을 삼고 일용할 양식을 절약하는 소박한 수준에 머물렀지만, 나중에는 농업대학을 설립하고 별도의 공장과 실습지를 운영하려는 야심찬 계획까지 등장했다. 이상촌 운동의 내용과 방법은 점차 풍부해지고 전문화되었던 것이다. 신앙적인 측면에서 보면, 오산공동체는 늘 기독교 중심이었다고 말할 수 있다. 그러나 그 역시 일제말기에 이르면 무교회 성서집회로 그 구심점이 이동하는 등의 변화가 일어났다.

홍동의 풀무학교는 1958년 창립 당시부터 오산학교와 오산공동체의 전통을 뚜렷이 인식하였다. 이러한 역사적 인식 위에서 풀무학교는 조합 중심의 사고를 일층 강화하였다. 아울러 풀무학교가 이끈 홍동공동체는 생태 중심의 평화사상으로 나아갔다. 또한 풀무학교는 오산이 풀지 못한 농업대학과 실습지 등의 문제를 소박한 방식으로나마 해결하였다. 그리하여 홍동공동체는 식민지 조선에서 오산공동체가 일개 모범적 농촌공동체에 머물렀던 것과는 달리, 세계 각국의 농촌공동체와 폭넓게 연대하며 전지구적 차원에서 유의미한 농촌공동체로 발돋움하고 있다.

상당한 성과에도 불구하고, 홍동의 역사는 끝나지 않았다. 홍동공동체와 함께 오산의 기독교신앙, 오산의 이상촌 사업도 여전히 현재진행형이다.[54]

1) 구한말의 사립학교 및 기독교 계통학교의 숫자는 『한국민족문화대백과사전』(한국학중앙연구원, 1991)의 《교육》에 명시되어 있다. 이 사전은 인터넷 검색이 가능하다 (2011년 9월 10일 검색). http://terms.naver.com/entry.nhn?docId=532059

2) 1925년 한 해 동안에도 《동아일보》에는 총 85건의 기사가 실렸고, 1931년에도 61건이 실리는 등 해마다 수십 건의 보도가 쏟아졌다. 일제 시기 《동아일보》에 게재된 오산학교 관련 기사는 수백 건을 상회했던 것이다. 하지만 그 가운데 오산학교를 비판하는 기사는 거의 없었다.

3) 여기서 말하는 '이상촌 운동'이란 모범농촌 만들기와 본질적으로 다른 것은 아니다. 다만 그 운동의 주창자들은 저마다 사회 운동의 일환으로 이 사업을 추진했다고 볼 수 있다. 또한 운동의 추진과정에서 그 뉘앙스가 조금씩 다르기는 했다.

4) 물론 이 글은 내용이나 형식면에 있어 볼품없는 것에 불과하다. 하지만 이것이 지난 100년 동안 학교와 지역의 연대를 위해 헌신해 온 많은 분들의 피어린 열정과 수고에 대한 작은 기념비가 될 수 있다면 큰 다행이겠다.

5) 이승훈은 한때 오산학교에서 교편을 잡은 이광수에게 자신의 일대기를 구술한 적이 있었다. 이광수는 이를 회상하여 이승훈의 생애를 약술하였다. 이승훈의 젊은 시절에 관한 필자의 설명은 그것을 요약한 것이다. 이광수, 『이광수 전집』 13권(삼중당, 1968, 초판은 1962), p.197 참조.

6) 신민회와 이승훈의 관계를 다룬 논문으로는 윤경로, "신민회와 남강의 경제활동 연구", 『남강 이승훈과 민족운동』(남강문화재단, 1988), pp.74-117이 참고된다. 이 논문에서는 신민회의 조직과 이념이 이승훈의 경제활동과 불가분의 관계에 있다는 점이 명쾌하게 논증되었다.

7) 평안도의 신민회원은 과거에 안창호와 함께 독립협회 운동을 하던 사람들이 주축이었다. 그러나 이승훈과 같은 사업가는 아마도 새로 영입된 인물이 아닐까 한다.

8) 최근 김홍량은 일제 말기 친일 행적이 있다 하여 친일 반민족주의자로 취급되고 있다.

9) 함석헌, "남강 이승훈 선생의 생애", 『남강 이승훈과 민족운동』(남강문화재단, 1988), p.52. 함석헌은 오산학교 출신이자 1928년 동경 유학을 마친 뒤 모교에 교사로 부임하였다. 그는 1938년 학교에서 한국어 사용이 금지되자 사직하고 과수원 농사를 지으며 오산의 정신적 지주 역할을 하였다. 그는 1928년 오산에 부임할 때부터 줄곧 성서모임을 지도하였는데, 이찬갑을 비롯한 오산의 청년들과 오산학교 학생들이 그 모임에 적극 참가하였다.

10) 위의 책, p.53.

11) 백승종, 『그 나라의 역사와 말(일제시기 한 평민 지식인의 세계관)』(서울: 궁리, 2002), pp.94-104 참고.

12) 이찬갑, "남강은 신앙의 사람이다", 《성서조선》(1934. 3): 이찬갑, 『새 날의 전망』(시골출판사, 1974), p.235. 후술하듯 이승훈은 1929년부터 김교신과 함석헌이 이끄는 《성서조선》 그룹, 즉 무교회 측 인사들과 급속도로 가까워졌다. 거기에는 이찬갑의 기여가 있었다. 그래서 김교신 등은 이승훈 사후 이찬갑에게 그를 회상하는 글을 쓰도록 부탁했던 것이다.

13) 용동마을의 유래와 가가호호에 관하여는 백승종, 『그 나라의 역사와 말 (일제시기 한 평민 지식인의 세계관)』(서울: 궁리, 2002), pp.122-139 참조. 특히 이기백 교수가 그 린 그림(p.123, 129)에 유의할 것. 이기백 교수는 이찬갑의 장남으로 용동에서 성장 하였기 때문에 2002년 필자의 부탁을 받고 자신의 옛 기억에 의지해 이러한 그림을 손수 그려 주셨다.

14) 김기전, "농촌 개선에 관한 도안", 《개벽》 6(1920), pp.872-879.

15) 차재명, 『조선예수교장로회 사기』(조선기독교 창문사, 1928), p.209.

16) 김기석, 『남강 이승훈』(현대교육총서, 1964), p.64. 김기석 교수는 오산 출신으로 유달 리 이승훈을 존경했던 것 같다.

17) 김기석, 같은 책, pp.341-342.

18) 이찬갑, "풀무학원 개교를 맞이하면서"(1958), 이찬갑, 『산 믿음의 새 생활』(증보판)(시골문화사, 1994), p.69.

19) 《중외일보》, 1930년 5월 11일; 『남강 이승훈과 민족운동』(남강문화재단, 1988), p.609.

20) 윤치호의 구상은 웰스 K. 김인수 역, 『새 하나님 새 민족(New God New Nation)』(한국 장로교출판사, 1997), pp.106-112에 자세히 소개되었다. 흔히들 윤치호라면 무조건 친일파로 여겨 단죄하는 경향이 있다. 필자는 이것이 무척 편파적인 태도라 생각한 다. 젊은 시절부터 윤치호는 개화파 지식인으로서 또는 기독교계의 지도적 인물로서 민족의 독립과 발전을 위해 노심초사하였다. 일제 말기의 변절을 이유로 그의 애국적 면모를 망각하는 것은 잘못이다.

21) 이광수, 『이광수 전집』 9권(삼중당, 1968, 초판은 1962), p.310.

22) 홍순명, 『더불어 사는 평민을 기르는 풀무학교 이야기』(서울: 내일을 여는 책, 1998), pp.38-40.

23) 김도태, 『남강 이승훈전』(서울시 교육회, 1950); 『남강 이승훈과 민족운동』(남강문화 재단, 1988), pp.240-241. 김도태 역시 오산 출신으로 1919년 3 · 1운동 당시 이승훈의 측근으로 활약하였다. 평소 역사와 지리에 조예가 깊은 민족지사였다.

24) 이성환, "조선의 농민이여 단결하라", 《개벽》 33(1923), pp.489-500.

25) 서굉일, "1920년대 사회운동과 남강", 『남강 이승훈과 민족운동』(남강문화재단, 1988), p.259; 함석헌, "남강 이승훈 선생의 생애", 『남강 이승훈과 민족운동』(남강문 화재단, 1988), p.51.

26) 김도태, 『남강 이승훈전』(서울시교육회, 1950), p.240 참조.

27) 서굉일, "1920년대 사회운동과 남강", 『남강 이승훈과 민족운동』(남강문화재단, 1988), p.280.

28) 장리욱, 『도산의 인격과 생애』(흥사단 출판부, 2010), p.150. 그밖에 101, 109, 145,

147, 148쪽도 참고할 것. 장리욱은 1920년대부터 안창호의 측근으로 많은 활동을 하였으며, 함께 옥고를 치르기도 하였다.

29) 정재윤, "조산 사람의 말", 《농민생활》 3-3, 1931, 3-4; 장규식, 『일제 하 한국 기독교민족주의 연구』(도서출판 혜안, 2001), p.275.

30) 조만식, "조선 기독교 학생의 태도와 사명', 《청년》 9-8, 1929, pp.4-5. 조만식은 오산학교 시절 이찬갑에게 야구를 가르쳐 주었다. 그로 인해 이찬갑은 청년 시절 한국 최고의 명투수로 이름을 날렸다.

31) 서굉일, 앞의 논문, 1988, p.275.

32) 서굉일, 앞의 논문, 1988, pp.285-286.

33) 이찬갑, 《마음의 세계》, 1955; 이찬갑, 『산 믿음의 새 생활』(증보판)(시골문화사, 1994), p.180.

34) 최태사, "믿음 애국 겸손 철저", 『새 날의 전망』(시골출판사, 1974); 이찬갑, 『산 믿음의 새 생활』(증보판)(시골문화사, 1994), p.391. 최태사는 이찬갑의 오산학교 후배로 두 사람은 누구보다 가까운 사이였다. 그는 훗날 함석헌을 위해 물심양면으로 많은 노력을 기울이기도 했는데, 풀무학교의 발전을 위해 많은 노력을 하였다.

35) 김봉국, "최태사 선생과의 사귐", 『나의 소원은 평화』(시골문화사, 1986), p.297.

36) 김정환, 『김교신. 그 삶의 믿음과 소망』(한국신학연구소, 1994), p.315.

37) 이찬갑, "풀무학원 개교를 맞이하면서", 1958; 이찬갑, 『새 믿음의 새 생활』(증보판)(시골문화사, 1994), p.69. 이찬갑이 풀무학교 개교식에서 읽은 이 글은 한국교육사에 오래도록 기억될 만한 글이다. 이 글에서 그는 한국의 현실을 냉철하게 비판한 다음, 기독교신앙에 기초한 새로운 교육의 가능성을 탐구하였다.

38) 이찬갑은 1920년대 초반부터 오산학교가 총독부 시책에 순응하고 있다며 이승훈에게 비판을 가했다. 이승훈은 그의 비판을 완전히 묵살하지 않았기 때문에, 오산학교와 오산공동체는 어느 정도 보조를 맞춰 갔다고 생각한다. 하지만 이승훈의 사후에는 사정이 달라진다. 이찬갑은 새로 오산학교를 운영하게 된 사람들과 노골적으로 대립하였다. 그리하여 1937-8년을 분수령으로 오산학교를 중심으로 운영되어 온 오산공동체는 사실상 쇠퇴기에 접어드는 것이 아닌가 짐작된다. 이 문제는 차후의 연구과제로 미뤄둔다.

39) 이찬갑, 《신문스크랩북》 4권, p.41. 1930년대와 1940년대 초반, 이찬갑은 자신이 구독한 《동아일보》와 《조선일보》의 주요기사를 스크랩하고 그에 관한 자신의 견해를 덧붙였다. 일곱 권짜리 이들 스크랩북을 바탕으로 필자는 『그 나라의 역사와 말(일제시기 한 평민 지식인의 세계관)』(서울: 궁리, 2002)를 저술했다. 그 스크랩북에는 식민지 현실에 대한 이찬갑의 날카로운 비판과 새 날을 향한 염원이 기록되어 있다.

40) 1963년 3월 9일에는 고등학교 과정인 풀무농업고등기술학교가 출범하였다. 이후 중고등학교 과정이 공존하다가 1979년 2월 15일 고등공민학교는 폐교된다. 한국 사회의 변화에 따라 2001년 3월 28에는 2년제 전공대학인 '환경농업과 전공과정'이 문을 열게 됨

으로써 1926년 이승훈이 오산에서 설치하고자 하였던 농과대학의 꿈을 이루게 되었다.

41) 홍순명, 『더불어 사는 평민을 기르는 풀무학교 이야기』(서울: 내일을 여는 책, 1998), pp.38-40. 이 책은 저자가 오랫동안 풀무학교에 근무하면서 여기저기 발표한 글을 묶어서 정리한 것인데, 이른바 대안교육의 이념과 방향을 제시한 것으로 정평이 있다.

42) 이찬갑, "풀무학원 개교를 맞이하면서"(1958년); 이찬갑, 『새 믿음의 새 생활』(증보판)(시골문화사, 1994), p.68.

43) 주옥로, "한국의 나타니엘—밝맑의 생애", 『새 날의 전망』(시골문화사, 1974), p.23. 주옥로는 이찬갑을 도와 풀무학교를 개교한 홍성군 홍동면 출신의 교육자다. 본래는 독립전도를 희망하였으나 풀무학교의 정신적 지주였던 이찬갑이 불의에 쓰러지자 어쩔 수 없이 학교경영의 책임을 맡게 되었다.

44) 이찬갑, "풀무학원 개교를 맞이하면서"(1958년); 이찬갑, 『새 믿음의 새 생활』(증보판)(시골문화사, 1994), pp.81-82.

45) 이찬갑, "풀무학원 개교를 맞이하면서'(1958년); 이찬갑, 『새 믿음의 새 생활』(증보판)(시골문화사, 1994), pp.56-83; 홍순명, 『더불어 사는 평민을 기르는 풀무학교 이야기』(내일을 여는 책, 1998), p.96.

46) 홍순명, 『더불어 사는 평민을 기르는 풀무학교 이야기』(내일을 여는 책, 1998), pp.94-95.

47) 이찬갑, "다시 새 날의 출발"(1951); 이찬갑, 『새 믿음의 새 생활』(증보판)(시골문화사, 1994), p.52.

48) 2001년 풀무학교는 이른바 "전공부"(전문대학에 해당)를 설립하게 됨으로써 역사의 새 장을 연다. 이후 풀무학교와 지역과의 연대에서 전공부가 차지하는 비중이 점차 커진다. 그러나 이 글에서는 고등부와 전공부의 역할을 따로 구별하지 않은 채 "풀무학교"라는 이름으로 통론한다.

49) 1975년 9월, 일본 애농회의 고다니 준이찌 회장이 풀무학교를 방문하여 유기농업에 관해 강연한 것을 계기로, 풀무학교 출신들이 이곳에서 유기농 벼농사를 시작하였다. 현재 홍동은 전국 최고 규모의 유기농 벼농사단지를 구축하였다. 한국의 유기농업을 대표하는 정농회(회장 : 임낙경, 풀무학교 명예졸업생, 부회장 : 주형로, 풀무학교 출신) 역시 홍동에 자리 잡고 있다.

50) 학교에서 시작한 신용협동조합, 생활협동조합이 마을로 나가 발전을 거듭하고 있다. 홍동에서는 유치원(갓골어린이집)도 조합 방식으로 운영된다. 현재 홍동에는 서른 개도 넘는 각종 형태의 조합들이 있다.

51) 풀무학교가 시도한 사업이 모두 지속적으로 발전하지는 못했다. 목축업과 화훼 등은 일시적으로는 큰 수익을 안겨 주었지만 계속되지 못하였다. 그러나 중요한 사실은 풀무학교가 농촌공동체의 자치와 경제적 자립을 위해 늘 새로운 시도를 하고 있으며, 거기서 얻어진 좋은 결과는 개인의 이익을 위해서가 아니라 공동체의 몫으로 환원된다는 점이다.

52) 홍동의 대다수 주민이 기독교 신자는 아니지만 풀무공동체를 이끄는 지도자들은 기독교정신에 입각해 모든 일을 기획한다고 볼 수 있다. 그러나 필자는 풀무의 기독교정신을 지나치게 과장하고 싶지는 않다. 만일 기도가 줄어든다면 신앙공동체는 하루 아침에 붕괴될 수도 있기 때문에 늘 겸손하고 깨어 있어야 될 것이다. 또한 향후 세대교체의 성패도 중요한 과제일 것이다. 어쩌 보면 풀무는 독실한 신앙과 인문정신의 기초 위에 학교의 역사적 전통을 옳게 이어받을 새로운 세대의 출현이 매우 중요한 과제일 수 있다.

53) 홍순명, 『더불어 사는 평민을 기르는 풀무학교 이야기』(내일을 여는 책, 1998), pp.78-79.

54) 이찬갑은 덴마크의 농촌운동에서 많은 영감을 받았다. 이승훈 역시 덴마크의 역사를 염두에 두고 있었다. 그러나 이 글에서는 논지를 거기까지 확대하지는 않았다. 이찬 갑의 덴마크 인식에 관하여는 백승종, 『그 나라의 역사와 말(일제시기 한 평민 지식인의 세계관)』(서울: 궁리, 2002), pp.294-321 참조.

[참고문헌]

1. 단행본

『남강 이승훈과 민족운동』(남강문화재단, 1988)
『한국민족문화대백과사전』(한국학중앙연구원, 1991)
김기석, 『남강 이승훈』(현대교육총서, 1964)
김도태, 『남강 이승훈전』(서울시 교육회, 1950)
김봉국, "최태사 선생과의 사귐", 『나의 소원은 평화』(시골문화사, 1986)
김정환, 『김교신, 그 삶의 믿음과 소망』(한국신학연구소, 1994)
백승종, 『그 나라의 역사와 말(일제시기 한 평민 지식인의 세계관)』(서울: 궁리, 2002)
웰스 K. 김인수 역, 『새 하나님 새 민족(New God New Nation)』(한국장로교출판사, 1997)
윤경로, "신민회와 남강의 경제활동 연구", 함석헌, "남강 이승훈 선생의 생애", 『남강 이승훈과 민족운동』(남강문화재단, 1988),
이광수, 『이광수 전집』13권(삼중당, 1968, 초판은 1962)
이찬갑, "다시 새 날의 출발"(1951); 이찬갑, 『새 믿음의 새 생활』(증보판)(시골문화사, 1994),
이찬갑, 『산 믿음의 새 생활』(증보판)(시골문화사, 1994)
이찬갑, 『새 날의 전망』(시골출판사, 1974)
장규식, 『일제 하 한국 기독교민족주의 연구』(도서출판 혜안, 2001)
장리욱, 『도산의 인격과 생애』(흥사단 출판부, 2010)
주옥로, "한국의 나타니엘─밝밝의 생애", 『새 날의 전망』(시골문화사, 1974)

차재명, 『조선예수교장로회 사기』(조선기독교 창문사, 1928),
최태사, "믿음 애국 겸손 철저", 『새 날의 전망』(시골출판사, 1974)
홍순명, 『더불어 사는 평민을 기르는 풀무학교 이야기』(서울: 내일을 여는 책, 1998)

2. 신문, 잡지

《동아일보》
《중외일보》, 1930년 5월 11일

김기전, "농촌개선에 관한 도안", 《개벽》6(1920)
이성환, "조선의 농민이여 단결하라", 《개벽》33(1923)
이찬갑, "남강은 신앙의 사람이다", 《성서조선》(1934. 3)
이찬갑, 《신문스크랩북》4권
정재윤, "조산 사람의 말", 《농민생활》3-3, 1931.

3장 구한말 기독교학교/신식학교의 설립에서 내한(來韓) 선교사와 토착(土着)인 교육자의 상호관계 고찰

임희국

임희국

계명대학교 인문대학 독어독문학과(B.A.)
장로회신학대학교 신학대학원, 대학원
(M.Div., Th.M)
스위스 바젤(Basel)대학교 신학부(Dr.theol)
현 장로회신학대학교 교수(교회사)

제3장

구한말 기독교학교/신식학교의 설립에서
내한(來韓) 선교사와 토착(土着)인 교육자의 상호관계 고찰

I. 들어가는 말

이 글의 주된 주제는 19세기말부터 20세기 초반에 우리나라 기독교학교 설립과정에서 내한 선교사와 토착인 교육자의 상호관계를 살펴보는 것이다. 지금까지 우리는 이 시기의 '기독교학교'를 떠올리면 대부분 '선교사가 세운 학교'를 많이 생각해 왔는데, '토착인(한국인) 교육자도 기독교학교를 설립했다.'는 사실을 의식하게 되면서 뭔가 새롭게 살펴보아야 한다고 생각했다.

기독교학교가 설립되던 당시의 우리나라는 정치적으로 조선 왕조가 몰락해 가던 상황이었고, 이와 더불어 기존 사회 경제질서는 물론, 전통 종교와 정신문화까지 그 뿌리째 흔들렸다. 이러한 상황에서 의식이 깨어 있어 앞을 내다보는 지식인들은 소위 "신(新)문명"이라 일컫는 서양 문명을 받아들여서 무너져 가는 나라를 다시 일으켜 세워보고자 했다. 그들은 또한 신문명을 받아들이는 통로가 소위 "신식학교"라고 파악했다. 그런데 신식학교를 세운 선교사에게는 이 학교가 그냥 신문명의 서양 문물을 소개하고 가르치는 학교가 아니라 기독교학교였다. 이 학교가 서양의 과학기술과 학문을 가르치는 한편, 학교의 정체성을 기독교의 복음 전파에 더욱 크게 의식했다고 본다. 그런데 토착인 교육자들 일부는 선교사들이 세운 기독교학교를 신문명을 소개하고 서양 문물을 가르치는 신식학교로만 이해했을 수도 있다. 그렇다면 동일(同一)한 학교를 놓고서 한편은 기독교학교라 불렀고 또 다른 한편은 신식학교라 불렀을 개연성이 있다. 우리는 이 점을 짚어 보면서 이 글을 시작하고자 한다.

II. 수용과 전파, 혹은 전파와 수용

우리가 만일 신식학교에다 방점(傍點)을 둔다면 서양 문명의 '수용'을 위한 학교 설립을 먼저 생각해 볼 수 있다.[1] 그러나 만일 기독교학교에다 방점을 둔다면 기독교의 복음 '전파'를 위해 선교사들이 설립한 학교를 우선적으로 생각해 볼 수 있다. 문명 수용, 혹은 복음 전파. 물론 이런 착상은 양자 가운데 하나를 선택하여 그 쪽으로 편들자는 뜻이 아니다. 그런 생각은 바람직하지 않고 또 타당하지도 않다. 이것은 양자(신식학교—토착인 교육자와 기독교학교—선교사)의 관계를 규명해 보자는 발상에서 비롯되었다. 역사적 사실을 살피며 이 점을 파악해 보고자 한다.

먼저, 서양 문명의 수용을 위한 신식학교 설립에다 초점을 맞추어 살펴보고자 한다. 1876년 조선 정부가 쇄국정책을 풀고 문호를 개방했는데, 이것은 조만간 서양 문물이 우리나라로 들어온다는 점을 예견하게 하는 개방이었다. 이 정책을 반대하는 위정척사론자들이 거세게 상소를 올렸다. 그러나 그 결정을 뒤집을 수는 없었고 이제는 서양 문물을 받아들이는 방안을 이야기해야 했다. 문호개방정책은 서양 문물을 총체적으로 수용하는 것이 아니라 부분적으로 받아들이되 유교 국가의 약점을 보완하자는 것이었다. 이것은 서양의 동점(東漸) 이래 실용주의적 관점에서 서양의 자연과학·군사·기술의 우수성과 유용성을 인정하고 이를 수용하는 방안인데, 이 방안을 동도서기론(東道西器論)이라 불렀다.[2]

조선 정부는 서양 문물을 받아들이되 서양의 종교는 수용하지 않는 정책을 정했다. 그런데 급진개화파는 서양 문물을 받아들이는 방편으로 개신교(야소교耶蘇敎, 기독교)를 이용하고자 했다.[3] 이 구상은 일본 동경 주재 중국(청)공사관 참찬관이었던 황준헌(黃遵憲)이 지은 『조선책략(朝鮮策略)』을 통해 착안되었다. 이 책은 일본에서 수신사(제2차)로 일하던 김홍집(金弘集)이 1880년에 국내로 가져와서 소개했는데, 이 책에는 서양의 제도와 기술을 받아들여서 부국강병을 이루고 친중국·결일본·연미국(親中國·結日本·聯米國)하여 러시아의 남하를 막아야 한다는 주장이 담겨 있었다. 그러면서 개신교와 천주교를 구분하고 개신교의 신앙은 무해유익(無害有益)하다고 덧붙였다.[4] 이 책은 오랜 세월 동안 조선의 지배층이 갖고 있던 관점, 즉 천주교와 개신교를 동일시 해온 관점을 바꾸게 했다. 게다가 중국의 이홍장(李鴻章)이 조선 정부에게 (개신교의 나라인) 미국과 통상관계를 맺도록 권유했다. 이를 받아들인 조선 정부는 1882년 미국과 통상조약(조미조약 朝美條約)을 맺었다. 이와 더불어 천주교를 앞세운 프랑스 등 유럽의 제국들을 멀리했고, 개신교의 나라인 미국을 호의적으로 평가하게 되었다.

한편, 일본에서는 김옥균이 미국 개신교 선교사들과 접촉하여 이들에게 조선 선교를 요청했다. 이것은─기독교의 신앙적 관심이 아니었고─오로지 조선의 개화를 효과적으로 추진하려는 방안에서 비롯되었다. 우여곡절 끝에 미국 감리교회는 일본에서 사역하는 선교사 맥클레이(Robert S. Ma-clay)에게 조선 왕실을 방문하도록 했다. 맥클레이는 1884년 6월에 조선으로 갔고 고종으로부터 학교사업과 병원사업의 윤허를 얻었다. 그리고 1885년에 미국의 개신교(장로교회, 감리교회)가 첫 선교사 여섯 명을 조선에 파송했다. 아펜젤러(Henry G. Appenzeller) 부부, 스크랜튼(William Bention Scranton) 부부 및 스크랜튼 모부인(M.F. Scranton, 스크랜튼의 어머니), 그리고 언더우드(Horace G. Underwood)였다. 이들은 그해 4월 5일(부활절)에 조선의 제물포(인천)에 도착했다. 조선 정부가 허락한 선교활동의 범주는 교육과 의료 부문으로 제한되었으며 공개적인 포교는 금지되었다.[5] 비자에 명시된 이들의 신분은 선교사가 아닌 의사나 교사였다.

이렇게 조선 정부의 문호개방(1876년)에서부터 미국 선교사들의 조선 입국(1885년)까지 약 10년의 과정을 정리해 보면, 조선 정부는 동도서기론의 차원에서 '신문명'이라 일컫는 서양 문명을 수용하고자 미국 선교사의 입국을 허락했다. 미국 개신교 파송 내한 선교사들은 이제부터 (조선 정부의 입장으로는) 서양 문명을 소개하고 전달하는 노릇을 하게 된다.

선교사 아펜젤러가 1885년에 배재학당(培材學堂, 배재중고등학교)을 세웠고, 그 이듬해에 스크랜튼 대(母)부인이 이화학당(梨花學堂, 이화여자대학교)을 세웠다. 언더우드가 언더우드학당을 세웠다. 1884년 9월에 입국한 알렌(Horace N. Allen)은 주한미국 공사관 공의(公醫)의 자격으로 활동하였는데, 그는 서양식 병원 광혜원(廣惠院, 1885.4.3)/제중원을 설립했다. 스크랜톤은 1886년 시병원(施病院)을 설립했다.

선교사들의 활동에 대한 왕실의 격려 또한 매우 컸다. 고종황제는 손수 배재학당(培材學堂)의 이름과 시병원(施病院)의 이름을 지어 주었다. 명성왕후도 첫 여학교의 이름을 이화(梨花)로 지어 주었고, 첫 부인병원의 이름을 보구여관(保救女館)으로 지어 주었다. 이런 식으로 왕실의 입장 역시 선교사들이 세운 학교는 신문명을 소개하고 가르치는 신식학교였다.

그 다음, 복음 전파를 위한 선교사들의 기독교학교 설립에 초점을 맞추어 놓고 살펴보고자 한다. 조선 정부가 선교사들에게 요청한 학교 설립은 신문명을 소개하고 가르치는 신식학교였지만, 선교사들은 이 학교의 정체성을 복음을 전하고 가르치는 기독교학교에 두었다. 방금 살펴본 대로, 내한(來韓) 선교사들은 서양식 병원과 학교를 설립했다.[6]

그런데 선교사들은 그들이 세운 기독교기관에서 예배도 드릴 수 없었다. 그만큼 조선 정부의 입장이 강경했다고 본다. 신식병원 제중원이 개원된 지 두 달만에(6월 21일) 비로소 알렌의 주관으로 몇몇 선교사들이 이곳에서 예배를 드렸다. 첫 번째 공식예배였다. 이 날은 의료선교사 헤론(Heron) 부부가 서울에 도착한 날이었다. 그날 이후 매주일 제중원에서 선교사들이 예배드리는 '예배공동체'가 성립되었다. 이 예배에는 선교사 언더우드와 아펜젤러, 그리고 미국 공사관의 대리공사 포크 등이 참석했다. 이것은 언더우드와 아펜젤러 역시 선교사인데도 드러내놓고 예배드리기가 어려운 상황이었다는 점을 방증한다. 제중원은 조선(한국)의 법에 적용되지 않는 치외법권(治外法權) 구역이므로, 국법으로 금지된 종교행위인 기독교 예배를 이곳에서는(만) 드릴 수 있었다.

외국인만이 예배드리던 제중원 예배공동체에 커다란 사건이 일어났다. 내한 선교사들의 입국 이후 일 년 수개월만에 한국인(조선인)이 최초로 세례를 받은 것이다. 1886년 7월 11일, 노춘경(盧春京, 일명 "노도사")이 스스로 자원하여 자발적으로 나서서 세례를 받았다. 언더우드가 그의 세례를 집례했고 아펜젤러가 보좌했다. 서양의 문명과 종교에 호기심을 갖고 있던 그는 1884년 가을에 선교사 알렌을 만나서 한문성경 쪽복음(누가복음 등)을 빌려

갔다. 물론 한국인이 성경을 읽거나 소지하는 일은 자기 목숨을 걸어야 하는 위험한 짓이었다. 그는 알렌의 두 번째 어학선생으로 일하면서 알렌의 방에 있는 기독교 서적을 열심히 읽고 자습했다. 어느 날 노춘경은 알렌의 방에 있던 기독교 서적을 훔쳐서 선교사 언더우드와 아펜젤러를 찾아갔다. 알렌과 달리 적극적으로 복음을 전하며 선교하고자 했던 언더우드는 노춘경과 기독교의 신앙진리에 관하여 담론했다. 노춘경은 언더우드에게서 한문으로 기록된 신약성경 사복음서를 비롯하여 성경주석과 전도 서적을 읽으며 해독했고, 이 가운데서 『야소교 교리이지(耶蘇敎 敎理易知)』를 깊이 읽으며 기독교 신앙을 고백하게 되었다. 그는 이제 외국인들의 제중원 예배에 참석하였다. 그리고 스스로 자발적으로 세례를 받기 원했다. 그의 세례식에 관하여 기록으로 남긴 김양선에 따르면(《백산학보》 제3호, 1967) 노춘경의 "세례식은 헤론의 집에서 (이루어졌는데) 일하던 사람들을 모두 다 바깥으로 내보낸 뒤, 문을 굳게 걸어 잠그고 커튼을 내리고 비밀리에 거행했다. 노춘경은 상투 끈까지 풀고 맨머리로 세례를 받았다. 그는 장로교회 선교사 언더우드에게 세례를 받았고, 그 이후에 감리교회의 첫번째 교회인 정동감리교회의 창립에 참여했다." 노춘경의 세례는 실로 목숨을 건 그의 결단에서 비롯되었다. 언더우드 역시 추방될 위험을 감수한 결단이었다.

기독교 포교가 여전히 금지된 상황에서, 1886년 7월 23일 선교사들은 앞으로 매주일 11시에 서울의 외국인들이 미국 공사관 사무실에서 예배드린다고 한국 정부에 통보했다. 그리고 11월 6일에 외국인을 위한 연합교회(The union church in Seoul)가 설립되었다. 그 이듬해(1887년) 2월부터는 외국인 예배공동체에 선교사들이 세운 신식학교(배재학당, 언더우드 학당, 이화학당 등)의 학생들과 직원 등 한국인들이 참석하게 되었다.

1887년 1월 23일 주일에 세례를 받고자 황해도 소래에서 서울로 온 교인 세 명이 언더우드에게 세례를 받았다. 이 가운데서 한 명은 서상륜의 동생이자 소래 신앙공동체의 지도자인 서경조였고, 훗날 그는 한국 장로교회 첫 일곱 명 목사 중 한 명이 되었다.[7] 언더우드는 스스로 자원하여 세례받고자 자기를 찾아온 한국인들에게 세례를 베풀었다. 이 세례가 수개월 뒤에 최초의 한국 장로교회가 조직되는 결실을 낳았다. 즉 그해 9월에 새문안교회가 창립되었던 것이다. 이렇게 내한 첫 선교사들의 조선입국(1885년)에서부터 조선인(한국인)들의 첫 세례와 새문안교회의 설립(1887년)과정을 살펴보면, 선교사들은 때를 얻든지 못 얻든지 어떤 때는 위험을 감수하고 복음을 전파하고 교회를 설립하고자 했다. 특히 언더우드가 적극적이었는데, 이 점은 알렌의 소극적이고 조심스런 자세와는 대조적이었다. 이것은 선교사들의 병원사역과 학교사역이 조선 정부의 요청에 따라 신문명을 소개하고 가르치되, 그 사역의 우선적이고 궁극적인 목적은 복음 전파에 있었음을 말해 주는 것이다. 이런 맥락에서 생각하면 선교사들이 세운 신식학교는 복음을 전하고 가르치는 데 정체성을 둔 기독교학교였음이 분명하다.

이로써, 수용과 전파 혹은 전파와 수용은 둘로 나뉘어(분리)지는 것이 아니라 각자의 입장에 따라 신식학교였거나 기독교학교였다고 본다. 다수의 토착인 교육자는 신문명의 수용이 우선인 신식학교였을 것이고 내한 선교사들은 복음 전파를 위한 기독교학교였을 것이다.

III. "신(新)문명의 빛"으로 대중에게 다가온 기독교(개신교)

구한말에 신식학교 내지 기독교학교가 설립된 시기는 우리나라에서 근대화가 시작된 시기와 겹쳐 있다. 고미숙에 따르면,[8] 청일전쟁(1894년) 직후부터 대략 10년 동안은 우리나라에서 근대(화)가 시작된 '기원의 공간'이었다. 이때의 근대는 외형의 체제변화(정치, 경제)를 넘어 "사유체계와 삶의 방식, 규율과 관습 등 개인의 신체를 변화시킨 것이었다."고 한다.[9] 이 전쟁 이래로 근대화의 담론이 본격적으로 쏟아져 나왔는데, 여기에 《독립신문》과 독립협회가 담론의 형성에 기폭제 역할을 했다.

첫 번째 담론은 "충군애국"이었다.[10] '황제폐하'라는 용어가 여전히 공공의 영역에서 사용되기는 했지만 이제는 더 이상 봉건 전제군주(專制君主)의 의미가 아니었고 근대 입헌군주제(立憲君主制)의 군주로 이해되었다. 즉 백성이 군주에게 위임해 준 권력을 행사하는 역할과 기능을 뜻했다. 재미있는 사실은 이러한 국가이해와 국민의식을 불어넣어 준 인물들이 서양 선교사로 설정되었다는 점이다.[11] 청일전쟁 이후에 이처럼 중화주의(中華主義) 질서에 속해 있던 전제군주적 표상들이 거의 대부분 소거되었고, 또 그 질서가 실제로 쇠퇴해졌다. 이제는 빈 공백으로 남겨진 그 자리가 입헌군주제로 채워지게 되는데, 이 자리로 서양 문명이 새로운 대안으로 다가왔다는 것이다. 그리고 "서양 문명이 기독교(개신교)의 나라로 표상되었다."[12] 나라의 독립과 개인의 자유가 하나님(하느님)이라는 초월적 존재에 대한 복속으로 나아갔다.

이 무렵에 일부 지식인들이 애국과 부국강병(富國强兵)을 위하여 기독교를 변증하였다. 1903-4년에 간행된 감리교 신문인 《신학월보》에 "부자되는 법"이라는 글이 실렸는데, 이 글에서는 "우리 나라의 우상 섬김, 미신, 타락한 전통종교야말로 개인과 국가의 경제를 거덜내고 백성의 정신을 썩게 만든다."고 질타하였다. 반면에 오늘날 서양이 부강한 이유는 무엇보다도 "그 나라의 종교에 있다."고 전제한 다음, 서양의 정치질서와 법제도, 사회도덕과 풍습이 기독교 정신에 그 바탕을 두고 있다고 주장하였다. 또한 "우리나라 사람들 가운데는 지난날 주색잡기와 미신에 빠져 있다가 예수 믿고 새로운 삶을 시작한 다음부터 삶이 달라져서 지금은 경제적으로 윤택하고 도덕적으로 모범이 된 사람들도 있다."고 강조했다.

한국 개신교의 초창기 이래로 활발한 전통으로 확립된 사경회(성경공부)는 "계몽"에 강조점이 있었다. 어둠 속에 있던 백성이 성경의 '빛'을 통하여 '밝은 백성'이 되었다는 뜻이다. 여기에는 이중적인 뜻이 있다. 문맹인이 한글을 깨우치고 글을 읽게 됨으로써 지식을 깨우쳤다는 뜻이 먼저이고, 그 다음엔 성경을 읽으면서 참 하나님을 섬기고 미신과 우상을 버렸다는 뜻이다. 성경의 빛을 통한 계몽은 간혹 낡은 관습 타파와 세습 신분제 폐지 등의 사회변혁도 시동(始動)되었다.[13] 의식이 깨어난 신앙인들은 성경을 통하여 우리나라 국민이 '어둠에서 밝음으로, 어리석음에서 지혜로, 악함에서 선함으로' 나아가야 한다고 확신하고 이를 위하여 "모든 사람의 손에 성경이 전해져야 한다."고 주장하였다.[14]

계몽의 성격이 짙은 사경회는 때때로 '대중의 의식각성'을 촉구하였다. 특별히 《신학월보》에 실린 논설이 눈에 띈다.[15] 1904년 러일전쟁이 한창일 때, 이 논설은 우리나라가 외국 군대의 싸움터가 된 서글픈 현실을 개탄하면서 "우리나라의 실낱같은 혈맥은 다만 예수교회에 달려 있다."고 보았다. 왜냐하면 성경의 모세나 예수께서 보여 주신 사람의 길은 "남을 위하여 목숨을 버리며 영원한 복을 위하여 목전에 좋은 것을 물리치신 것인바 지금 우리나라에서 이런 이치를 아는 자는 (오직) 예수교인뿐이요 이런 사정을 근심할 자도 (오직) 예수교인뿐"이라고 보았기 때문이다. 이와 함께 이 논설은 "예수교인은 성경의 이치를 전국에 전파해서 (…) 나라와 동포를 구하는 길은 정치 법률에 있지 아니하고 교화로써 사람의 마음을 풀어놓음에 있는 줄로 깨우치게 해야 한다."고 주장하였다. 그리고 "예수교인들이 이천만 잠자는 동포들을 깨우쳐야 할 사명이 있다."고 강조하면서, "(예수교인들이) 내 나라 내 동포의 건짐(구원)을 모른 체하면서 제 영혼 하나 구원을 얻고자 한다면 이 것은 하나님의 참 이치와 예수의 근본 뜻을 알지 못하는 것이라."고 지적하 였다. 여기에서 '잠자는 동포를 깨우치는 일'이 곧 대중의 의식을 각성케 하는 일이었다고 볼 수 있다.

　계몽담론 안으로 깊이 들어온 개신교는 이 담론에서 매우 중요한 의 미를 가진 '서호문답'(《대한매일신보》, 1908년 3월 5일부터 3월 18일까지의 연재) 에서 "지금 예수교로 종교를 삼는 영미법덕국의 진보된 영관이 어떠하뇨. 우리 동포들도 이것을 부러워하거든 그 나라들의 승봉하는 종교를 좇을 지니라."라고 강조했다.[16] 이 신문은 유, 불, 선도를 모두 가치 없다고 비판 한 뒤, 예수교야말로 민족 구원의 유일한 길임을 선포하는 기치를 내걸었 다. 이것은 '예수교(개신교)'와 민족담론의 결합이었다. 개신교는 이런 점 에서 천주교와 그 담론의 층위를 달리했다. 18세기부터 조선에서 포교된 천주교는 서양을 표상하기는 했으나 대체로 교리로 받아들여졌고 조상제 사를 거부하면서 충돌을 빚으며 정치적 박해를 받아왔다.

　이와 달리 근대 계몽기에 등장한 개신교는 서구 문명을 등에 업고서 '문 명의 빛'으로 다가왔다.[17] 오랫동안 조선 정부와 갈등관계에 있던 천주교와 는 달리, 개신교는 정치에 직접 개입하는 일을 자제하면서 의료 · 교육 등 의 간접선교를 통해서 구한말 계몽기에 기여했다. 이를 통해서 개신교는 근대 문명을 상징하는 종교로 비쳤고 또 근대 문명과 동일시되었다. 세계 에서 가장 부강하고 문명한 나라는 모두 개신교를 믿는 나라이고 또 개신 교가 문명을 이루게 한 근본이므로 개신교를 믿어 문명을 이루어야 한다 는 인식이 널리 퍼져나갔다. 문명개화를 열망하는 한국인들에게 선교사들 이 살고 있는 근대식건물, 과학기구, 생활용품 등이 개신교와 서양 문명을 동일시하게 했다. 그리해서 여기에 눈을 뜬 사람들은 개신교를 받아들임으로써 서양의 부강한 나라와 같은 수준의 문명을 달성할 수 있다는 기대감을 갖게 되었다.[18]

IV. 신식학교 내지 기독교학교의 설립 유형

개신교가 대중에게 신문명의 빛으로 다가오자, 그 빛의 눈부심에 매료되어 기독교에 호감을 갖고 교회를 다니며 성경을 읽고 배우는 사람들이 날로 늘어났다. 교인들 다수가 기독교를 신문명으로 이해하면서(기독교와 서양문명을 동일시함) 교회에 발을 들여놓았기에 그들은 자연스럽게 신문명의 서양 문물을 가르치는 신식학교에도 관심을 가졌다고 본다. '교회 곁에 학교'는 칼뱅 개혁교회의 전통유산이기도 하다. 그런데 선교사나 토착교인이 설립한 신식학교의 정체성은 기독교학교였다. 이런 생각을 하면서 구한말에 설립된 신식학교 내지 기독교학교의 유형을 살펴보고자 한다.

1. 기독교학교, 내한 선교사 혹은 토착교인이 설립

앞에서 살펴본 대로, 1885년에 입국한 선교사들이 여러 학교를 설립했다. 그런데 처음에는 선교사들이 세운 학교에 학생이 좀처럼 입학하지 않았다. 이것은 조선 정부의 문호개방정책이 제대로 시행되지 않았다 점을 이야기한다. 일반 대중에게는 외국인 선교사들이 매우 낯선 소위 "양귀자(서양귀신)"로 비치었는데, 어느 부모인들 자기 자식을 그들이 세운 학교에 보내고자 했겠는가? 그러나 선교사들이 해마다 여름철이면 사망자가 속출하는 전염병(콜레라 등)에 맞서서 목숨 걸고 환자를 돌보며 치료하자 그 희생적 돌봄에 감동을 받은 사람들로 말미암아 선교사에 대한 인식이 바뀌어졌다. 또한 결정적으로, 서양 문명을 통해 근대화를 이룬 일본이 세계를 지배하던 중국(청)을 군사력으로 물리친 청일전쟁의 결과에 충격을 받은 대중이 기독교에 대한 거부감에서 호기심으로 돌아섰다. 여론이 바뀌었다.

1895년에 서울의 새문안(신문내)교회가 기독교학교인 영신학당(永信學堂)을 세웠다.[19] 이 학교의 설립은 1887년에 미국 선교사들이 교회 안에 세운 구세학당(救世學堂)의 발전에 힘입었다. 구세학당의 학생이었던 송순명(松淳明)이 영신학당의 선생으로 가르쳤다. 이리하여 이제부터는 선교사들이 운영하는 기존의 기독교학교와 토착인(한국인) 교인들이 세운 기독교학교가 나란히 양립하였다. 같은 해에 평안도 용천군의 신창(新倉)교회, 정주군의 정주읍(定州邑)교회, 박천(博川)군의 남호(南湖)교회도 각각 사숙(私塾)을 설립하였다. 사숙 혹은 학당은 정부(학부)의 인가와 함께 정식 학교로 발전하였다.

기독교학교의 설립이 활발하게 확산되었고, 1897년 8월에 미국 북장로교회 선교부 연례회의가 열렸다. 여기에서 선교사 배위량(Baird)이 입안한 교육정책("우리의 교육정책 Our educational policy")이 채택되었다. 그 내용을 요약해 보면 다음과 같다. "기독교학교 설립과 운영의 기본이념은 학생들에게 유용한 지식을 다양한 방법으로 가르쳐서 실제생활에 기여하고 더 나아가서 이들이 장차 책임 있는 일꾼으로 자라게 하는 것이다. 이를 위하여 학교는 학생들의 신앙증진과 정신함양을 위해 교육시켜야 할 것이며, 그 무엇보다도 이 학생들이 교회의 주류가 되어서 토착교회(native church)를 형성하게 해야 한다." 이 학생들이 장차 "농부나 대장공이 되거나 의사나 교사가 되거나 혹은 정부의 관리가 되건 간에 복음을 전하는 능동적인 복음전도자가 되어야 한다."고 마무리지었다.[20] 이 교육정책 아래, 한걸음 더 구체적인 방안이 마련되었다.

"1) 각 지교회 지역구의 초등학교를 발전시키고, 2) 이 초등학교 교원의 확보를 위하여 특별 단기사범과를 두어서 재직교원(在職敎員)과 기타 유망한 사람들을 모아 교원을 양성하며, 3) 특별히 선발한 학생들을 중학교와 나아가서는 전문학교에서 철저한 교육을 받도록 할 것이며, 4) 부대적으로 교과서를 준비한다."[21]

이어서 선교부는 배위량을 평양선교지부로 전임(轉任)시키기로 결의했고, 그는 그 해 10월에 평양으로 이주했다. 평양의 선교사역은 이 무렵에 비약적인 성장을 거듭하고 있었고, 이 사역은 평안도 지역과 황해도의 북부 지역으로 확산되어 나갔다.

1898년 서울 연동교회가 연동소학교를 설립했다. 또한 평안도에서는 평양의 장대현(널다리골, 장대재)교회와 의주군의 남산교회가 각각 사숙을 설립하였다. 1900년에는 의주읍교회, 선천읍교회, 황해도 황주군 용연교회가 각각 사숙을 설립하였다. 교회들이 학교를 설립한 동기는 하나같이 "교인 자녀들을 교육하기 위함"이었다. 경건교육(성경 · 기도)과 지식교육(영어 · 산수 등의 신(新) 지식교육과 전통 한문교육)을 병행한 기독교교육이었다. 많은 경우, 토착교인들이 직접 학교를 운영하면서(재정 부담) 가르치는 선생으로 일하였고, 선교사들은 그 곁에서 협조하였다.

1900년에 경상도 대구에서도 남문안교회(지금의 제일교회) 교인들이 남자 소학교를 설립했다. 대구의 첫 장로교회인 남문안예배당이 설립된(1897년) 지 불과 만 3년만이었다. 교회가 지역의 첫 기독교학교를 설립했다. 학교의 공식 이름이 사립 대남학교(私立 大南學校) 또는 예수교 대남소학교(耶蘇敎 大南小學校)였다.[22] 여자 소학교도 이 무렵에 설립되었고, 그 이름이 신명여자소학교였다. 학교 설립에 필요한 재원의 절반을 한국 교인들이 마련했고 나머지 절반의 재원을 선교사들이 개별적으로 헌금하였다. 계속해서 학교 운영을 위하여 교인들 스스로 헌금했고, 이들이 운영비 절반 정도를 담당했다. 학생 수가 기하급수적으로 늘어나서 1904년에는 28명이던 학생 수가 1905년에 47명, 1908년에 167명이 되었다.[23]

2. 1904년 무렵에 일어난 신식학교(사립) 설립 운동

대략 러일전쟁 직후부터(1904년) 교육 구국 운동이 서울에서 시작되어 전국적으로 파급되었다. 이 운동은 애국 계몽 운동의 차원에서 시작되었고 구체적으로 신식학교(사립) 설립을 통해 추진되었다.[24] 이 운동의 목적은 교육으로 위기에 빠진 나라를 구하고 살리자는 데 있었다. 러일전쟁(1904년)에서 승리한 일본이 조선에 대한 식민지 야욕을 노골적으로 드러낸 상황에서 나라를 구하기 위해 대중들을 깨우치려는 교육에 초점이 있었다. 이 운동은 몇 가지 점에서 그 이전까지의 계몽 운동과 달랐다. 이전의 계몽 운동은 대체로 정치개혁을 통한 사회 계몽에 초점이 맞춰졌고, 정부의 보조와 지원을 자주 받았던 반면에, 지금의 애국 계몽 운동은—정치활동이 법적으로 봉쇄된 상황에서—정치적인 색채를 띨 수 없거니와 정부의 힘을 입을 수도 없게 되었다. 그 까닭은 러일전쟁에서 승리한 일본이 대한제국과 '한일의정서'를 체결해서 내국인의 정치활동을 법적으로 금지시켰기 때문이었다. 더구나 대한제국은 을사늑약(1905년)과 함께 외교권을 박탈당한 무력한 정부였다. 이러한 상황에서 애국 계몽 운동은 국권회복(國權回復)과 구국(救國)에 그 목적을 두었고, 신식교육제도의 설립과 산업진작을 통해 이 목적을 이루고자 했다. 이 운동은 실력양성(實力養成)을 통해 나라를 구하고 자력신장(自力伸張)을 통해 나라의 주권을 회복하고자 했다. 이렇게 교육 구국 운동의 차원에서 전국적으로 사립 신식학교가 설립되었다.

3. 신식학교, 경상북도 안동 유생들이 설립

교육 구국 운동을 위해 경상북도 안동에서 신식학교의 설립을 추진한 유인식(柳寅植)을 소개하고자 한다.[25] 그는 서울에서 이제 막 시작된 애국 계몽 운동을 관찰하고 귀향했다. 이제부터 고향에서 젊은이들에게 새로운 문물을 소개하고 신식교육을 시켜서 애국 계몽 운동에 참여하게 하려 했다. 그의 계획은 그에게서 일어난 변화를 대변하는 것인데, 이것을 설명하기 위하여 안동 지역의 유림과 유인식의 변화를 엮어서 이야기하고자 한다.

안동의 유림은 본디 위정척사론을 강하게 붙잡고 있었다. 그들은 18세기 말 위정척사론에 근거해 천주교를 배척했다. 특히 1791년에 진산사건(珍山事件)을 계기로 척사론은 정치적 쟁점으로 선명하게 부각되었고, 이때 안동의 (척사)유림은 도산서원 근처에 있는 시사단(試士檀), 곧 과거시험을 보던 곳에 비석을 세우고 위정척사에 대한 내용을 비문으로 새겨 넣었다.[26]

1876년 정부가 문호개방을 결정하였을 때, 안동 유림은 왜양일체론(倭洋一體論) 논리로 정부가 일본과 외교관계를 맺는 것에 반대했다. 정부가 1880년 이래로 『조선책략(朝鮮策略)』(황준헌 지음)의 권면을 받아들여서 서양의 문물을 받아들이고자 했을 때, 안동 유림은 같은 해 11월 '영남만인소(嶺南萬人疏)' 운동을 일으켜서 이 정책을 반대했다. 영남만인소는 조선 책략에서 주장된 외교정책을 강하게 비판하면서, 조선에는 예로부터 훌륭한 법규가 있으므로 서학을 수용할 필요가 없다고 주장했다.

이 상소 운동이 반정부 운동으로 발전해서 민씨 정권과 개화파를 공격했고, 이에 정부는 강경책을 써서 탄압했다. 또한 이 운동은 점차 반외세투쟁의 성격으로 바뀌어 갔다. 위정 척사 운동의 바닥에 깔려 있는 기본적인 생각은 복고적 보수주의였다. 여기에 가담한 유생들은 기존 봉건사회체제를 옹호했다. 그런데 동시에 이것이 자주의식을 고취했으므로 대중의 지지를 얻고 있었다. 이를 바탕으로 하여 위정 척사 운동은 나중에 의병 운동으로 발전했다.

명성황후 시해사건(을미사변, 1895년)으로 전국의 여론이 들끓었다. 유생들은 국모(國母)인 황후를 시해한 일본에 대하여 크게 격분하며 이에 대한 대책을 논의했으나 적절한 대책방안을 마련하지 못하고 있었는데, 그러던 차에 또다시 단발령이 공포되자(을미개혁, 1895. 11. 15(음)) 전국에서 일제히 의병이 일어났다(을미의병). 이 을미의병을 척사유림이 주도했다. 유생 유인식은 을미의병 때 청량산에서 의병을 일으켰다. 그러나 그는 빠르게 변하는 국내외의 상황을 직시하게 되었다. 특히 그는 왕이 러시아 공관으로 피신한 아관파천(俄館播遷, 1896년)의 난감한 나라 현실을 목도했다. 그 직후에 정부가 국호를 대한제국(大韓帝國)으로 바꾸고(1897년) 황제즉위식을 가진 상황, 독립협회(獨立協會)가 개화 개혁 운동을 위해 계몽강연회·언론활동·정치 운동을 펼치는 상황, 그리고 일본의 국권침탈과정을 직시했다. 이러한 변화가 유인식으로 하여금 자기를 성찰하게 했고, 이를 통해 그는 위정척사사상과 무력항쟁만으로는 외세의 침략을 막아내기에는 어림도 없음을 파악하게 되었다.[27] 이와 함께 그는 개화파의 주장인 자력신장과 실력양성론을 조금씩 받아들이게 되었다.

유인식은 서울의 성균관으로 와서 학문을 닦았다. 새롭게 달라진 성균관의 학제와 교과과정을 통해[28] 그는 세상의 변화를 체득하게 되었다. 당시 지식인의 필독서인 양계초(梁啓超)의 『음빙실문집(飮氷室文集)』을 읽었고, 그는 사회진화론적 계몽주의사상과 개화파의 생각을 잘 이해하게 되었다. 그는 또한 신채호·장지연·유근 등의 혁신유림들과 사귀면서 생각과 사상에 큰 변화가 일어나기 시작했다. 이제, 유인식과 안동의 몇몇 유생들은(이상룡, 김동삼 등) 조선이 외세의 부당한 간섭과 침략 야욕을 막아내고 독립국가로 남아 있기 위해서는 나라의 힘을 길러야 하는데 이를 위해서 인재 양성에 최우선적으로 힘을 쏟아야 한다고 보았다. 이것은 신문명(서양 문물)을 가르치는 학교교육을 통해서 새 시대에 필요한 인물을 양성함으로써 가능하다고 예견했다. 이러한 인식과 의식은 당시에 전국적으로 활발하게 일어난 교육 구국 운동(敎育救國運動)에 상응하는 것이었다.[29]

그러나 고향의 정서는 유인식의 뜻에 선뜻 호응해 주지 않았을 뿐만 아니라 거세게 반대했다. 대다수의 유생들은 위정척사 사상을 굳게 지키는 배타적인 자세로 일관해 있었고, 또 이들 가운데서 많은 이들이 서당을 운영하며 후진을 양성하고 있으므로 신식교육을 거부했다. 유인식이 교육 구국 운동에 관하여 그들에게 아무리 설명해도 먹혀들지 않았다. 심지어 그는 스승 김도화로부터 파문을 당하고 아버지 유필영으로부터 부자의 인연을 끊기는 고통을 겪어야 했다. 이리해서 척사유림과 혁신유림 사이에는 사립학교 설립을 놓고 의견 대립이 서로 팽팽했다.

유인식과 혁신유생들의 사립학교 설립 운동이 벽에 부딪쳐 있을 때, 이 상황을 타개할 수 있는 좋은 기회가 왔다. 경상북도 관찰사 신태휴(申泰休)가 사립학교의 설립을 독려하는 '흥학훈령(興學訓令, 1906년)'을 반포해서 관내 41개 군에 사립학교가 설립되도록 장려했다. 관찰사는 각지의 서당을 모두 폐지하게 하고 그 세 수입으로 들어오는 곡식과 서당 토지를 신식학교의 재원으로 활용하게 했다. 이 훈령은 신교육체제를 거부하고 있던 안동의 유림들에게 커다란 타격을 주었다. 때마침 고종황제도 흥학조칙(興學詔勅)을 반포해서 사립학교의 설립을 지원했다. 이 조칙은 학부-관찰사-군수를 통해서 전국적으로 면 단위까지 전달되었다.[30] 황제는 경북의 관찰사가 학교 설립을 위해 노력한다는 소식을 전해 듣고 그에게 칙유문(勅諭文)을 보내 격려하면서 경상도 관찰부에 학교 설립 자금으로 일천 원을 지원했다. 1906년 6월경에 경상북도 지역 41개 군에 370개의 사립학교가 설립되었고 학생의 수는 4,500명에 이르렀다.

이 같은 정부의 지원에 힘입은 혁신유생들의 노력으로 1907년 봄에 안동 최초의 신식학교인 사립 협동학교(協東學校)가 문을 열었다.[31] 이 학교는 유인식 외에 김후병(金厚秉)·하중환(河中煥)·김동삼 등이 발기해 설립되었다. 학교의 명칭은 나라의 지향(志向)이 동국(東國)이며, 면의 지명이 임동(臨東)이어서 '동(東)'을 선택했고, 또한 일곱 개 면이 힘을 합쳐 설립했다는 뜻에서 '협(協)'을 선택했다. 이 학교는 임하천 앞에 있는 김대락(金大洛)의 사랑채를 임시교사로 사용하면서 가산서당(可山書堂)을 수리해 학교 건물로 만들었다. 협동학교는 당시 일반 사립학교가 초등교육과정이었던 데 비해서 3년의 고등교육과정으로 시작했다. 따라서 이 학교는 당시에 지역의 최고학부였으며 학생들의 나이가 평균 이십 세를 웃돌았다. 이 학교는 애국 계몽 운동을 통한 국권회복을 지향하는 교육을 시켰다. 이러한 맥락에서 이 학교는 신민회의 교육 구국 운동과 호흡을 함께했다. 이 학교의 제1회 졸업생은 1911년 3월에 배출되었다.[32] 협동학교는 경북 북부 지역 첫 번째 사립 신식학교였다. 이처럼, 이 지역에서 설립된 사립 신식학교는 기독교와 하등의 상관이 없는 신식학교였다.

4. 기독교학교, 북간도 명동촌에 이주한 선비들이 설립

문재린 목사의 회고록에 따르면,[33] 함경도 종성과 회령 일대에 살던 사람들이 1899년 2월 18일 두만강을 건너 북간도(오늘의 중국 연변조선족자치주)로 이주했다. 종성에서 문병규 가문과 그의 외손인 김정규, 김민규 형제 가족, 김약연 가문, 남종구 가문, 회령에서 김하규 가문 등 4개 가문 25세대와 통역일을 해주던 김항덕까지 142명이 약속하고 이날 하루에 두만강을 건넜고, 북간도 화룡현의 부걸라재(지금의 명동촌)에 정착했다. 이듬해인 1900년에는 이미 간도의 자동에 와서 살던 윤하현 일가도 이곳으로 옮겨 왔다. 이들은 함북 오룡천 일대의 유명한 다섯 학자(일명 오룡천 5현 : 최학암, 한봉암, 한치암, 남오룡재, 채향곡)의 후손이거나 문하생이었다. 이들이 북간도로 대이동을 감행한 목적은 대략 세 가지였다고 한다.

1) 조상들의 옛 땅을 되찾는다.
2) 북간도의 넓은 땅으로 들어가서 농사지으며 이상촌을 건설한다.
3) 나날이 추락하는 조국의 운명 앞에서 인재를 교육한다.

그래서 그들은 북간도에서 구입한 토지 가운데 가장 좋은 땅 일만 평을 교육을 위한 학전(學田)으로 떼어 놓았다. 북간도의 새로운 개척지를 제2의 오룡천으로 만들려는 뚜렷한 계획과 포부를 품고 두만강을 건넜다. 고향에서 선비 학자요 교육자였던 이주민 집안 어른들은 북간도에 정착하자 서당을 차려 자녀들의 교육에 힘을 쏟기 시작했다. 김약연 선생은 용암촌에 규암재라는 서당을, 김하규 선생은 대룡동에 소암재라는 서당을, 남위언 선생도 중영촌에서 남오룡재라는 서당을 열었다. 서당에서 한학을 가르치고, 천자문을 떼고 나서 『사략』, 『통감』, 『사서삼경』 등을 가르쳤다.

그런데 북간도에서 1906년 신교육 운동이 일어났다. 신민회 회원인 이상설이 여러 회원들을 참여케 하여 용정촌 서전 벌판에 서전서숙(瑞甸書塾)을 세웠다. 이때 나라의 기세가 기울어져 일본에게 합병되어 가니 뜻 있는 이들이 국외(만주)에 나와서 인재를 길러 광복의 기틀을 세우려 했던 것이다. 이상설과 뜻을 함께한 지사(志士)들은 이동녕(이량), 박정서(박무림), 황달영(황공달), 정순만(왕창동), 여조현(여준), 김우용(김동환), 유기연 등이었다.[34] 이 학교에 스무 살 남짓 되는 청년들 백여 명이 만주 곳곳에서 모여와 서 신학문을 배웠다. 이렇게 많은 청년들이 모여든 까닭은 김하규 선생을 통해서 함북흥학회 취지문이 동네마다 배포되었기 때문이다. 지사들은 뜨거운 열정으로 지성을 다해 교육했다. 서전서숙의 교육내용은 역사, 지리, 수학, 정치학, 국제공법, 헌법 등 근대교육의 신학문이었다.

그러나 서전서숙은 일 년도 채 못 되어 문을 닫았다. 1907년 3월, 숙장 이상설 선생이 이준 열사와 함께 헤이그에 열린 만국평화회의에 참석하려고 떠났다가 돌아오지 못한 것이 가장 큰 이유였고, 조선 총독부의 출장소가 용정에 자리잡으면서 방해와 감시가 심해졌기 때문이었다. 학교가 문을 닫자 학생들이 더러는 서울로 유학을 가기도 했고, 일부는 자기 동네에 돌아가서 학교를 세운 것도 이유 중 하나였다. 비록 학교는 일 년도 채 되지 못해 문을 닫았으나 그 정신만은 불 붙어 있었다.

서전서숙의 불씨를 나눠 가진 사람들이 있었다. 김학연이 명동에 돌아와서 새로운 교육의 필요성을 역설했다. 동네 어른들이 여기에 깊이 공감하고 학교 설립을 추진했다. 1908년 4월 27일 명동서숙이 세워졌다. 이 학교는 사실상 김약연 선생의 규암재가 발전한 것이었다. 김약연은 규암재에서 한학의 구식교육을 했는데, 서전서숙의 영향으로 1908년 봄, 규암재를 폐하고 신교육을 시키는 명동서숙을 창립했다. 박무림 선생이 이 학교의 명예 숙장(교장)으로서 외부와 연락하고 교사 모셔오는 일을 맡았다. 김약연 선생은 숙감으로 학교의 실무를 담당했다. 학교 재정은 문치정이 담당했고, 교사는 김학연, 남위언이었다. 학생은 42명이었다.

그런데 문제는 교사를 모셔오는 일이었다. 백방으로 교사를 찾았으나 구할 길이 없어서 학교 당국이 걱정이 태산이었다. 1909년 4월에 명동서숙의 이름이 명동학교로 바뀌었다.[35] 그리고 5월에 박무림 숙장의 추천으로

25세 청년 지사 정병태(본명 정재면) 선생이 왔다. 그는 서울 상동청년학원에서 기독교와 민족의식을 바탕으로 근대 학문을 익혔다. 그는 안창호 등의 지사들이 1907년에 만든 신민회에서 북간도 용정으로 파견되어 서전서숙을 다시 일으키려 했으나 불가능하게 되자 명동학교를 주시하고 있었다. 그런데 이 학교의 교사가 되어 달라는 간청을 받고서 정 선생은 어려운 조건 하나를 내걸었다. "나는 예수 믿는 사람인데 학생들에게 성경을 가르치고 함께 예배 보는 것을 허락하면 교사로 부임하겠다."는 조건이었다. 이것은 학교 당국으로서 참으로 난감한 문제였다. 명동촌의 유지들은 모두 한학의 대가들이었는데, 정 선생의 조건을 받아들이게 되면 조상제사를 폐지해야 했다. 이것이 가장 큰 난제였다. 정재면 선생의 조건을 따르자니 제사를 없애야 하겠고, 따르지 말자니 이 선생을 모시지 못하면 학교를 유지하지 못할 노릇이었다. 며칠을 두고 회의를 거듭한 끝에 드디어 용단을 내렸는데 마을 어른들은 "기독교와 함께 들어오는 신문명에다 민족의 앞날을 걸어 보기로 한 것"이었다.[36]

1909년 5월 23일부터 명동학교 학생들은 모두 다 기독교인이 되었다. 이로써 명동학교는 기독교학교가 되고 동시에 명동교회도 창설되었다. 학생들은 신약성서와 찬송가를 한 권씩 구입했다. 교실에서 첫 예배를 올렸다. 설교가 너무나 생소했고, 도무지 무슨 말인지 알아들을 수가 없었고, 찬송도 귀에 설었다. 그러나 차츰 예배에도 익숙해지고 성경공부도 취미를 붙이게 되었다. 이렇게 기독교학교를 만들어서 신식교육을 시키자는 이면에는 정재면 선생의 속셈이 있었다. '학교와 교회가 불가분의 관계를 맺어야 민족을 구원하는 사업을 이룰 수 있다는 점'에 소신을 가졌기 때문이다. 북간도에서 '교회와 학교는 이신동체(二身同體)로 활동'했다. 교회가 설립되면 곧이어 학교가 병설되고 학교가 설립되면 교회가 세워졌다.

정재면은 유능하고 의식 있는 선생들을 모셨다.[37] 상동파의 한글학자 박태환, 역사학자 황의동, 한글학자 장지영, 법학사 김철을 교사로 초빙했고, 김영구 · 김홍일도 교사로 초빙했다. 이리해서 명동학교는 민족이념이 투철한 교사진으로 구성되었다. 정재면은 신앙과 애국심(기독교정신과 민족 의식)을 함께 교육하는 방침을 세웠다. 이를 위해 그는 교과서 편찬위원회를 조직해서 이 방침이 반영되는 교재를 만들었다. 이 가운데서 그는 애국심을 키워 주는 역사교육을 중시했고 저항정서를 고취시키는 창가교육에도 공을 들였다. 이와 함께 그는 실업 · 정치 · 법률 · 과학 등의 근대교육도 충실히 시행했다. 그는 또한 체육을 중요시했는데, 가끔 연합대운동회를 개최하여 군사행진을 방불케 하는 무장시위를 실시하여 북간도 한인들을 정신적으로 단결하게 했다. 그는 학교교육을 독립전쟁대비과정으로 이해해서 교과과정에 목총을 이용한 병식체조교육을 포함시켰다. 그래서 그는 군사훈련과 체력단련을 교육의 우선순위에 두었다. 정재면 교육단이 이렇게 1908년부터 북간도에 씨를 뿌리고 심혈을 기울여 가꾼 성과는 1920년에 북간도 전 지역에 수백 개의 학교와 교회와 다수의 독립군 부대편성으로 드러났다.

정재면은 명동촌을 근거로 하여 1911년부터 1914년까지 3년 동안 간도 각 지역 70여 군데에 학교와 교회를 설립했다. 그의 영향력으로 간도에는 반드시 '교회 곁에 학교'를 세웠다. 북간도 기독교학교들의 교육목표는 근대지향(近代指向)과 민족지향(民族指向)이었다. 근대지향을 위한 교육내용은 인간덕성교육(人間德性教育) · 실업교육(實業教育 : 通譯, 習字, 農業, 珠算, 簿記, 手工, 陶畵) · 민주시민교육(民主市民教育 : 討論, 演說, 地理, 外交, 東西각국사) · 법률경제교육(法律經濟教育 : 經濟學, 法制, 內外地誌) · 과학교육(科學教育 : 理化, 生梨, 衛生, 植物, 農林, 數學, 鑛物學, 代數, 幾何, 三角, 物理, 化學, 博物, 身體,

生理)·사범교육(師範敎育: 敎育學)·외국어교육(外國語敎育 : 英語, 支那語)·
한학교육(漢學敎育: 童蒙先習, 痛鑑, 史略, 大學, 小學, 孟子)이었다. 민족지향을
위한 교육내용은 국어교육(國語敎育 : 作文, 讀本, 國文法, 初等小學, 어한文)·애
국심교육(愛國心敎育 : 唱歌, 樂隊, 民族史, 體操, 敎鍊)·신앙교육(信仰敎育 : 聖經,
禮拜(新約舊約), 讚頌)·역사교육(歷史敎育: 신한獨立史, 最新東國史, 오구不忘 등)
이었다. 이 가운데서도 특히 역사교육에 역점을 두었다. 역사교육의 목표
는 지식교육이 아닌 정의교육에 있었다. 이런 차원에서 역사와 체육 두 과
목을 함께 묶어서 가르치기도 했다.

위의 교육과정에서 특이한 점은 민족지향을 목표하고 있는 교육에 신
앙교육을 포함시켰다는 점이다. 이것은 신앙심과 민족의식의 합일이라는
관점에서 나왔다고 본다.

V. 나가는 말

이제까지 우리는 19세기말에서 20세기 초반에 진행된 우리나라의 기독
교학교 설립과정 내지 신식학교 설립과정을 살펴보았다. 동일(同一)한 학교
를 바라보는 관점에 따라 기독교학교라 하기도 하고 신식학교라 할 수 있
다고 본다. 아무래도 신문명 수용의 관점에서는 신식학교로 볼 것이고, 기
독교 복음 전파의 관점에서는 기독교학교라 볼 것이다. 그런데 그 당시 대
중에게 기독교는 신문명의 빛으로 다가왔기에 대중은 새 시대 새로운 사회
를 희망하는 가운데서 몰락하는 민족을 구하고자 신식학교인 기독교학교
로 왔다고 본다.

그런데 우리가 이 글을 통하여 기독교와 전혀 상관없이 신문명을 받아

들이고자 신식학교를 설립한 경우를 살펴보았다. 경상북도 안동의 유생들이 설립한 신식학교(사립)였다. 이 경우는 그냥 신식학교이지 기독교학교는 아니었다. 그런데 북간도의 명동학교는 설립자 유림 선비들이 신식교육을 수행하기 위하여 기독교의 예배와 성경·찬송 교육을 받아들였다. 그리고 이 학교는 신앙교육과 민족교육이 병행되었고 이에 따라 차츰 신앙의식과 민족의식이 합일되었다. 그리하여 선교사가 세운 기독교학교와 나란히 토착인 교육자(많은 경우 유림 선비)가 세운 신식학교는 기독교학교이기도 했고 그냥 신식학교로 머물러 있기도 했다. 물론, 학교의 이름과 무관하게 이 학교에서는 서양 문물을 소개하는 신학문을 가르쳤다. 이런 식으로 계속해서, 그 당시에 우리나라 전국 각처에서 설립된 신식학교 내지 기독교학교의 유형(성격과 특성)을 조사해 보면 아주 재미있는 결과가 나오리라 예상한다.

끝으로 19세기말에서 20세기 초반에 진행된 기독교학교 내지 신식학교의 설립은 우리나라의 근대화 시기에 이루어졌다. 그러므로 이 학교는 서양 문물을 가르치며 과학기술교육을 중시했다. 그리고 앞에서 밝힌 대로 기독교는 대중에게 서양 문명과 동일시되었고, 또한 대중에게는 그 문명을 탁월하게 일궈낸 서양 기독교국가들이 모범적인 국가로 보였다. 이때 우리나라에 소개된 서양의 문명은 근세 이래로 서세동점의 흐름을 타고 세계화되어서 그 문명이 전 세계에 보편화되었다.

그런데 그 문명이 오늘날에 위기에 처해 있다는 징조가 곳곳에서 드러나고 있다. 몇몇 예를 들면, 신자유주의 경제질서가 가져온 국제 금융위기, 환경오염과 생태계의 생존 위기 등이다. 그렇다면 백 년 전에는 빛으로 다가온 그 문명이 어느새 인류의 생존위기를 가져왔다는 뜻이 된다. 신학자들은 오늘의 세계 문명에 위기를 초래한 데에는 기독교도 상당한 책임이 있다고 지적하면서(예 : 구약 창세기 1장 28절에 대한 그릇된 이해) 회개를 촉구하고 있다. 이와 관련하여 기독교학교는 오늘 어떤 교육을 모색해야 할 것인지 생각해 보아야 할 것이다.

※ 위 논문은 『한국 근대화와 기독교의 역할』(현대기독교역사연구소 기획, 이은선 엮음, 두란노아카데미, 2011)에 게재되었습니다.

[미주]

1) '기독교의 수용'에 대한 입장은 이만열 교수가 민족사 관점에서 주장했다. 참고, 이만열, "한말 기독교인의 민족의식 형성과정", 이만열 외 7인, 『한국 기독교와 민족운동』(서울: 종로서적, 1986), pp.11-73.

2) 동도서기론은 "전통(동양) 문명=정신문명=근원적이고, 서구 문명=물질문명=표피적이란 이분법적" 접근방식이었다. 그래서 "서도(西道)는 제대로 보려 하지 않은 채 주로 실용적으로 서기(西器)만을 받아들이고는 서구 문명=물질문명인데 정신(동도)이 상실된 문명이라는 엉뚱한 논리에 빠졌다."는 비판을 받고 있다.

3) 급진개화파에 속한 김옥균은 "외국의 종교를 도입하여 교화에 도움이 되게 하는 것 또한 한 방편이라고 생각"했다. 전정해, "개항기 외래문화의 전래와 전통문화 수호의식", 이범직 · 김기흥 편저, 『전통문화란 무엇인가』(건국대학교출판부, 2000), pp.137-258.

4) 박효생, "한국의 개화와 기독교," 『한국 기독교와 민족운동』(서울: 종로서적, 1986), p.78.

5) 한국 근현대사 연구회 엮음, 『한국 근대사 강의』(서울: 한울, 1997), p.86.

6) 이제부터는 다음의 책을 크게 참조하고자 한다. 정성한, 남대문교회역사편찬위원회, 『남대문교회사: 1885-2008』(서울: 대한예수교장로회남대문교회, 2008).

7) 서정민, 『제중원과 한국 초대교회 형성과정』(서울: 연세대학교출판부, 2003), pp.88-89.

8) 고미숙, 『한국의 근대성, 그 기원을 찾아서-민족 · 섹슈얼리티 · 병리학』(서울: 책세상, 2001), p.9.

9) 그 당시의 우리나라 지배층은 러시아와 일본 사이의 적대적 긴장을 (적절히) 활용하지 못하고 러시아에 완전히 밀착함으로써 위기를 해결할 수 있는 기회를 잡지 못했다. 민비 세력 중심의 조선 정부는 청일전쟁 이후 강화된 일본의 조선 침략을 저지하는 방안으로서 러시아 세력을 적극적으로 끌어들이려 했고, 일본은 이를 저지하기 위하여 민비를 살해하는 을미사변(1895년)을 일으켰다. 그러자 조선 왕(고종)이 러시아 공관으로 피신한 아관파천(1896년)이 일어남으로써 김홍집 내각이 무너지고 전국에 걸쳐 반일(反日) 의병이 일어났다. 이에 따라 한반도에서 일본의 세력이 약화되었고, 러시아의 한반도 진출이 상대적으로 강화되었다. 1900년에 일본은 영국과 동맹을 맺었고 또 미국의 도움을 얻었으며, 결국 러일전쟁(1904년)에서 승리했다. 승전국 일본은 이제 한반도에서 일본군의 군사활동을 인정하는 한일의정서를 체결했고, 조선 정부는 그동안 러시아에게 주었던 모든 이권을 폐기해야 했다. 이로써 "일본의 한반도 강점 1단계가 시작"되었다. 강만길, 『20세기 우리 역사』(서울: 창작과비평사, 1999), p.20.

10) 고미숙, 위의 책, p.30.

11) 위의 책, p.31.

12) 위의 책, p.32.

13) 《신학월보》 3권 7호(1903. 7.): pp.297-298. 여기에는 "우리나라에 드문 일"이라는 제목으로 기사가 실렸다. "강화 읍내에 사는 어느 여인이 한글을 열심히 배워 성경을 읽을 수 있게 되었고, 이를 통하여 낱낱의 모든 사람이 하나님 앞에서 신분에 따른 귀천이 없다는 점을 깨달아서 자기가 부리던 종복(從僕)들을 불러 놓고 마태복음 18장 15-20절을 읽은 후에 그들을 권면하고 종문서를 불사르며 자유인이 되게 하였다."

14) 《신학월보》 4권 4호(1904. 4.): pp.161-162; 《예수교신보》 제6호(1908. 1. 29.)

15) 《신학월보》 4권 8호(1904. 8.): pp.333-340.

16) 인용, 고미숙, 위의 책, pp.46-47. 계속 이어지는 고미숙의 서술은 다음과 같다. 1905년 을사조약 이후 국가권력이 대부분 일본의 통감부로 이양되자 "충군"이 더 이상 힘을 발휘하지 못하게 되었다. 이제 "왕조=국가라는 등식이 사라지게 되었다." 그러면서 이를 대체할 새로운 표상이 등장했는데 그것이 "민족"이었다. 이제부터는 민족이라는 표상이 "모든 개념을 빨아들이는 블랙홀이 되어버렸다." 즉 민족 담론이 새로운 초월자로서 나타났다. 중국과 중화주의에 의지했던 조선이 이제는 서구 문명에 호기심을 갖게 되었고, 이 상황에서 민족 담론은 서구 문명의 위력에 의지하고자 했다. 그리하여서 민족의식에 대한 자각이 강하면 강할수록 근대 서구문명화의 궤도를 따르고자 했다. 민족(我)을 강조할수록 서구 문명(非我)으로 다가서고자 했다.

17) 구한말 조선에서는 천주교가 정부와 갈등하던 프랑스의 종교로 인식된 반면, 개신교는 미국의 종교로 파악되었는데, 이것은 미국 개신교 선교사가 매우 호의적으로 수용되는 데 기여했다고 한다. 장석만, "돌이켜보는 '망국의 종교'와 '문명의 종교'", 역사문제연구소 엮음, 『전통과 서구의 충돌, '한국적 근대성'은 어떻게 형성되었는가』(서울: 역사비평사, 2001), pp.185-187.

18) 문명개화를 위한 개신교의 수용은 곧 바로 사회진화론(적자생존의 논리)에 따라 나라와 민족의 생존을 위한 개신교의 수용으로 나아갔다. 나라의 존속을 이루기 위하여 개신교를 하나의 방편으로 삼으려는 경향까지 띠게 되었다. 이 점이 외국 선교사들과 토착교인들 사이에서 갈등으로 표출되었다. 선교사들이 목적한 선교형태는 개인의 내면에 자리잡은 미국식 개신교인 데 비해서 토착교인들의 신앙영역은 나라의 독립을 위한 정치적 영역으로 나아가려 했다. 참고, 장석만, 위의 논문, pp.188-192.

19) 『朝鮮예수敎長老會史記』(상권)(1928), p.81. 같은 해에 조선 정부가 교육의 근대화를 추진하고자 담당기관인 학부(學部)를 조직했다.

20) 숭실대학교 90년사 편찬위원회, 『숭실대학교 90년사』(숭실대학교, 1987), pp.60-61.

21) 위의 책.

22) 이 학교는 지금의 종로초등학교의 전신이다. 1981년 종로국민(초등)학교 교감 이두수 선생이 교무과에 보관된 기록을 조사한 바에 따르면, 종로초등학교는 대남학교가 회

도학교를 거쳐 지금의 학교로 바뀌었다. 기록을 옮기면, 1900년 11월 1일 제일교회 구
내에서 소학교 남자부 대남학교 여자부 신명여자소학교를 개교하다. 1914년 5월 제
일교회 서회원 등의 헌금으로 학교시설을 정비하였고, 5월 10일자로 대남학교를 희원
(喜媛)학교로 신명여자소학교를 순도(順道)학교로 각각 교명을 바꾸었다. 1926년 4월
1일 남녀 두 학교를 병합하여 희도보통학교로 교명을 바꾸었고, 1938년 4월 1일 희도
심상소학교로, 1941년 4월 1일 희도국민학교로, 1955년 3월 28일 종로국민학교로 바
꾸었다. 이재원, 『대구장로교회사연구:1893-1945』(대구: 도서출판 사람, 1996), p.116.

23) Harry A. Rhodes(ed.), *History of the Korea Mission vol. 1* : 1884-1934(Seoul, 1934), p. 191.

24) 계몽 운동의 시작에 관해서 국사학계 안에 두 가지 견해가 있다. 다수가 1905년 을사
조약의 체결과 함께 국권의 일부가 일제에 빼앗긴 시점에서 계몽 운동이 시작되었다
고 보는 반면에, 조동걸은 1904년에 노일전쟁을 승리로 이끈 일제가 한국을 독점적으
로 지배하게 된 결정적인 시기에 이 운동이 시작되었다고 본다. 조동걸, 『한국 민족주
의의 성립과 독립운동사연구』(서울: 지식산업사, 1989), p.97.

25) 이하의 서술은 글쓴이의 졸저에서 가져왔다. 임희국, 『선비목회자 봉경 이원영 연구』
(서울: 기독교문사, 2001), pp.22-48.

26) 비문에 기록된 내용은 다음과 같다. "西洋邪流出我東 0嶺以南無一人汚染者上0田先
正遺化여云云是故擧科試士以銘爲" 인용 : 한국교회사학회 편, 『조선예수교장로회사
기』하권(연세대학교출판부, 1968), p.386.

27) 김희곤, 『안동의 독립운동사』(안동시, 1999), p.120.

28) 성균관은 갑오경장 이후에 신식교육 제도를 받아 들여서 학제를 수업연한 3년에 1년
2학기제로 개정하였다. 성균관의 교과과정도 개편되어서 유교경전 이외에도 작문·
역사·지리·산술 등의 새로운 교과목이 편성되었다.

29) 참고 : 한자(韓字), "흥학설(興學說)", 《황성신문(皇城新聞)》 1899.1.7.

30) 유한철, "1906년 광무황제()의 사학설립 조직()과 동명학교() 설립 사례", 『한국민족운
동사 연구』(간송 조동걸선생 정년기념논총간행위원회, 1997), pp.132-163.

31) 권대웅, "한말 경북지방의 사립학교와 그 성격", 『국사관논총』58집(국사편찬위원회,
1994), pp.21-48.

32) 이 학교가 1919년 3·1운동을 주도했다는 혐의로 오랫동안 강제휴교 되었다가 끝내 폐
교되고 말았다. 김희곤, 『안동의 독립운동사』(한국사연구휘보 제108호, 1999), p.112.

33) 문재린·김신묵 지음, 문영금·문영미 엮음, 『기린갑이와 고만네의 꿈』(서울: 도서출
판 삼인, 2006), pp.41-52.

34) 서굉일, 『일제 하 북간도 기독교민족운동사』(한신대학교출판부, 2008), p.107.

35) 명동학교는 "우리나라를 밝힐 인재를 키운다."는 의미로 지어졌다. 서굉일·김재홍,
『규암 김약연 선생, 북간도 민족운동의 선구자』(서울: 도서출판 고려글방, 1997), p.103.

36) 문재린, 위의 책, pp.44-45.
37) 이하의 서술은 다음의 책을 크게 참조했다. 정대위 엮음,『하늘에는 총총한 별들이. 북간도 정재면의 '독립운동사'』(도서출판 청맥, 1993), pp.20-29.

[참고문헌]

1. 단행본 및 공저

강만길,『20세기 우리역사』(서울: 창작과비평사, 1999).
고미숙,『한국의 근대성, 그 기원을 찾아서-민족・섹슈얼리티・병리학』(서울: 책세상, 2001).
김희곤,『안동의 독립운동사』(안동시, 1999).
문재린・김신묵 지음, 문영금・문영미 엮음,『기린갑이와 고만녜의 꿈』(서울: 도서출판 삼인, 2006).
서굉일,『일제 하 북간도 기독교민족운동사』(한신대학교 출판부, 2008).
서굉일・김재홍,『규암 김약연 선생, 북간도 민족운동의 선구자(圭巖 金躍淵先生, 北墾島 民族運動의 先駒者)』(서울: 도서출판 고려글방, 1997).
서정민,『제중원과 한국 초대 교회 형성과정』(서울: 연세대학교출판부, 2003).
이재원,『대구장로교회사연구:1893-1945』(대구: 도서출판 사람, 1996).
임희국,『선비목회자 봉경 이원영 연구』(서울: 기독교문사, 2001).
정대위 엮음,『하늘에는 총총한 별들이. 북간도 정재면의 '독립운동사'』(도서출판 청맥, 1993).
정성한, 남대문교회역사편찬위원회,『남대문교회사: 1885-2008』(서울: 대한예수교장로회 남대문교회, 2008).
조동걸,『한국민족주의의 성립과 독립운동사 연구』(서울: 지식산업사, 1989).
한국 근현대사 연구회 엮음,『한국 근대사강의』(서울: 한울, 1997).
숭실대학교 90년사 편찬위원회.『숭실대학교 90년사』(숭실대학교, 1987).
조선예수교장로회,『한국 예수교장로회사기』상권(朝鮮예수教長老會史記)(1928)
한국교회사학회 편,『조선예수교장로회사기』(하권)(연세대학교출판부, 1968).
Rhodes, Harry A. (ed.), *History of the Korea Mission vol. 1* : 1884-1934, Seoul, 1934.
권대웅, "한말 경북지방의 사립학교와 그 성격",『국사관논총』58집(국사편찬위원회, 1994). pp.21-48.
유한철, "1906년 광무황제의 사학 설립 조칙과 동명학교설립 사례",『한국민족운동사연구』(간송 조동걸 선생 기념논총간행위원회, 1997), pp.132-163.
전정해, "개항기 외래문화의 전래와 전통문화 수호의식", 이범직・김기흥 편저,『전통문화란 무엇인가』(건국대학교출판부, 2000), pp.137-258.
장석만, "돌이켜보는 '망국의 종교'와 '문명의 종교'", 역사문제연구소 엮음,『전통과

서구의 충돌. '한국적 근대성'은 어떻게 형성되었는가』(서울: 역사비평사, 2001),
　　pp.185-187.
박효생, "한국의 개화와 기독교", 『한국 기독교와 민족운동』(서울: 도서출판 보성,
　　1986), pp.75-105.
이만열, "한말 기독교인의 민족의식 형성과정", 『한국 기독교와 민족운동』, pp.11-73.

2. 신문, 잡지

《신학월보》 3권 7호(1903. 7.), pp.297-298.
《신학월보》 4권 4호(1904. 4.), pp.161-162.
《신학월보》 4권 8호(1904. 8.), pp.333-340.
《예수교신보》 제6호(1908. 1. 29.)
한자(韓宇), "흥학설(興學說)", 《황성신문(皇城新聞)》(1899.1.7.)

4장 초기 기독교학교에서의 신앙교육

강영택

강영택

고려대학교 경영학과(BBA)
연세대학교 교육대학원 교육행정(M.Ed)
Calvin Seminary 기독교교육(M.A)
Michigan State Univ. 교육행정(Ph.D)
현 우석대학교 교육학과 교수

제4장
초기 기독교학교에서의 신앙교육

I. 들어가는 말

오늘날 기독교학교들은 심각한 위기에 처해 있다. 기독교학교의 설립 동기인 신앙교육이 점차 약화되고 있을 뿐 아니라 신앙을 이해하는 방식이 협소하게 되어 신앙교육이 종교적 영역으로 축소되는 경향이 강하게 나타난다. 그 결과 기독교학교의 차별성은 학교에서 가끔씩 이루어지는 종교행사에 의해서만 확인된다. 이는 과거 초기 기독교학교들이 보여 주었던 신앙과 민족정신이 통합된 신앙교육의 총체적인 모습과는 상당히 다르다고 할 수 있다. 그래서 오늘날 기독교학교는 초기 기독교학교들이 우리 사회에서 보여 주었던 높은 사회적 공헌을 따르지 못하고 있고, 그로 인한 사회적 인정을 향유하지 못하고 있다.

기독교학교들이 오늘과 같은 위기에 처하게 된 데는 어려운 외부적 여건이 작용했음을 부인할 수 없다. 즉 고교평준화제도로 인한 학교의 학생 선발권의 제약이나 최근 들어 더욱 강화되는 학교에서의 종교교육에 대한 법적 규제와 입시교육이 점차 강화되고 확산되는 사회적 분위기는 기독교학교들이 신앙교육을 실시하기에 어려움을 주는 요인임에 분명하다. 그리고 신앙을 삶의 총체적 문제로 인식하기보다는 종교적 영역의 문제로 이원화시키는 경향이 강한 한국교회의 영향이 기독교학교에 미치고 있음을 부인할 수 없다. 이러한 어려운 외부적 상황에 대해 기독교학교들이 적극적으로 대처하여 학교의 정체성을 지키면서 시대에 부합하는 신앙교육을 하기 위해 최선의 노력들을 기울였는지는 의문이다. 그나마 다행스러운 것은 최근 들어 일부의 기독교학교 관계자들이 기독교학교 교육의 정체성 정립을 위해 노력을 기울이고 있고,[1] 법적 제도적 규제 가운데서 신앙교육이 어떻게 이루어져야 하는지에 대한 학문적 논의도 비교적 꾸준하게 이루어지고 있다는 점이다.[2]

이러한 시점에서 기독교학교가 위기적 상황에서 벗어나 시대적 요구에 부응하는 신앙인격을 소유한 인재들을 양성하기 위해서는 다시 한 번 기독교학교의 교육이념과 교육목표를 점검해 볼 필요가 있다. 그리고 현재의 공교육적 상황에서 학교의 교육목표를 실현하기 위해 공식적인 교육과정과 잠재적 교육과정의 면에서 어떻게 교육하는 것이 바람직한지에 대한 깊이 있는 탐구를 필요로 한다. 본 연구는 이러한 필요성에 조금이나마 부응하기 위하여 초기 기독교학교에서의 신앙교육에 대해 살펴보고자 한다.

우리는 국운이 위태로웠던 근대 초기에 우리 민족을 지키고 우리 사회가 나아갈 바를 모색하는 데 선구에 섰던 기독교학교의 자랑스러운 역사를 지니고 있다. 암울했던 일제 강점기에 학교 폐쇄의 위협 속에서도 기독교학교들은 학교의 본질이었던 신앙교육을 지키기 위해 갖가지 노력을 강구하였다. 그러므로 한말 기독교학교들이 처음 시작되었을 때 어떤 설립정신과 교육이념으로 개교하였으며, 신앙교육이 시대적 상황 속에서 어떻게 이해되고 실천되었는지, 일제 강점 하에서 학교가 직면한 내외적인 어려움에 어떻게 대응하였는지를 살피는 것은 오늘날 기독교학교의 신앙교육을 재정립하는 데 중요한 시사점을 줄 수 있을 것으로 생각된다.

본 논문에서는 19세기 말과 20세기 초에 설립된 초기 기독교학교들 가운데 네 개의 대표적인 학교들을 선정하여 고찰해 보고자 한다. 본 논문에서 먼저 살펴볼 학교들은 외국의 선교사들에 의해 설립된, 우리나라 최초의 기독교학교들인 배재학교와 경신학교이다.[3] 그리고 우리나라의 민족지도자들에 의해 설립되어 당시 최고의 사학으로 평가받던 대성학교와 오산학교이다. 배재학교는 감리교 선교사인 아펜젤러(H. G. Appenzeller)에 의해 1885년 우리나라 최초로 설립된 기독교학교이고, 경신학교는 그 이듬해인 1886년 장로교 선교사인 언더우드(H. G. Underwood)에 의해 설립된 학교이다.[4] 감리교와 장로교라는 교단의 차이는 일제 하에서 교육정책에 대응하는 방식의 차이를 가져오는 중요한 요소로 작용했다. 1908년 도산 안창호에 의해 설립된 대성학교는 일제의 탄압으로 인해 1913년 폐교되었고,[5] 1907년 남강 이승훈에 의해 설립된 오산학교는 지금까지 명맥을 유지하고 있다는 점에서 서로 다른 예가 될 수 있을 것이다.

배재, 경신, 대성, 오산학교는 한국 근현대(교육)사 및 한국교회사 연구에서 종종 언급되는 한말 우리나라의 대표적인 학교들이다. 그럼에도 불구하고 기독교교육의 관점에서 이들 학교에서의 신앙교육을 비교·고찰한 연구는 찾기가 어렵다. 더구나 오늘날 기독교학교에 대한 문제의식을 토대로 그 학교들에서의 신앙교육에 대한 역사적 고찰은 거의 이루어지지 않았다. 그러므로 우리나라의 대표적인 네 기독교학교들의 신앙교육에서 어떤 차이점과 공통점을 발견할 수 있는지는 본 연구가 밝혀야 할 중요한 연구 주제가 된다. 그 학교들에서 발견되는 차이점과 공통점에 대한 논의는 오늘날 기독교학교의 다양성과 그 속에서 추구해야 하는 신앙교육의 본질을 탐구하는 데 중요한 시사점을 줄 것으로 기대된다.

본 논문에서 살펴볼 연구문제는 네 개의 학교에서 신앙교육이 어떻게 이루어졌는가에 관한 것이다. 당시 기독교학교에서의 신앙교육은 일반 교과교육과 분리된 형태로 이루어지지 않았다. 즉, 모든 학교교육활동에 신앙교육이 스며들어 있었다. 본 논문에서는 성경교육, 예배 등과 같이 기독교 종교교육으로 분류되는 교육활동을 먼저 고찰하고, 나아가 신앙교육을 위해 전체 학교교육이 어떻게 이루어졌는지 살펴볼 것이다. 논문의 구체적인 연구문제는 다음과 같다.

첫째, 각 기독교학교들의 설립이념과 교육목표는 무엇인가?
둘째, 각 기독교학교들이 신앙교육을 위해 교과과정을 어떻게
　　　편성, 운영하였나?
셋째, 각 기독교학교들의 교과 외 교육활동에서 신앙교육은
　　　어떻게 나타났는가?
넷째, 각 기독교학교들이 신앙교육과 관련하여 내외적 어려움에
　　　직면했을 때 어떻게 대응하였나?
다섯째, 기독교학교들의 신앙교육에서 나타나는 공통점과 차이
　　　점은 무엇인가?

II. 초기 기독교학교의 설립배경

우리나라에서 기독교학교의 설립은 당시 동도서기론(東道西器論)[6]을 토대로 문호개방을 통한 근대화 정책을 추구하던 조선 정부의 입장과 조선에 대한 선교 의지가 있던 미국 선교사들의 목적의식이 부합하여 이루어지게 되었다. 조선 정부는 선교사들에게 공개적인 포교활동을 금하는 대신 교육

과 의료부분에서의 활동은 허용하고 지원하였다. 그래서 1885년 아펜젤러에 의해 첫 기독교학교인 배재학당이 개교하였고, 이듬해 1886년 언더우드에 의해 언더우드학당이, 스크랜턴(M. F. Scranton)에 의해 이화학당이 문을 열게 되었다. 그 이후 일제의 사학에 대한 탄압이 강화된 1908년까지 선교사들은 기독교학교를 활발하게 설립·운영하였다.

선교사들이 설립한 기독교학교들의 건학정신은 기독교신앙을 토대로 민주주의적, 인문주의적, 자유주의적 교육을 실시하여 민족과 국가를 위해 헌신할 수 있는 인재를 기르는 데 있었다. 배재학당의 설립자인 감리교 선교사 아펜젤러는 "우리는 우리 학교에서 통역관이나 기술자를 만들려는 것이 아니고 자유인과 교양인을 만드는 데 그 목적을 두고 있다."고 하였다.[7] 역시 감리교 선교사인 스크랜턴 부인은 이화학당의 교육목적을 설명하는 글에서 "우리는 다만 한국인을 더 나은 한국인으로 만드는 것으로 만족한다.(중략) 나아가서는 그리스도와 그의 교훈을 통하여 완전무결한 한국을 만들고자 희망하는 바이다."라고 말하였다.[8]

이처럼 선교사들이 세운 기독교학교의 건학정신은 사랑과 봉사와 자유를 표방하는 기독교정신을 학생들에게 가르쳐서 이웃과 사회, 나아가 민족과 국가를 위하여 헌신하고 봉건적 사회질서를 개혁하여 민주사회를 건설하는 자주, 자립적인 인재를 만드는 것이었다.[9] 그리고 그 학교들은 우리나라의 역사, 문화, 전통, 풍속 등을 중요하게 가르쳐서 그 토대 위에서 기독교교육을 하기 위해 노력하였다.

우리나라에서 가장 많은 기독교학교를 설립한 미국 북장로교 선교부가 1897년 채택한 교육정책의 내용을 요약하면 다음과 같다. 이는 감리교 선교사들이 세운 기독교학교의 교육목적과 유사하나, 교육을 통해 복음전도자가 되게 하고 교회를 형성할 것을 강조하는 부분이 특징적이다.

기독교학교 설립과 운영의 기본이념은 학생들에게 유용한 지식을 다양한 방법으로 가르쳐서 실제생활에 기여하고 더 나아가서 이들이 장차 책임 있는 일꾼으로 자라게 하는 것이다. 이를 위하여 학교는 학생들의 신앙증진과 정신함양을 위한 교육을 해야 할 것이며, 그 무엇보다도 이 학생들이 교회의 주류가되어서 토착교회를 형성하게 해야 한다. 이 학생들이 장차 농부나 대장장이되건, 의사나 교사가 되거나 혹은 정부의 관리가 되던 간에 복음을 전하는 능동적인 복음 전도자가 되어야 한다.[10]

초창기 기독교학교가 외국의 선교사들에 의해서만 만들어진 것은 아니다. 우리나라 초창기의 토착교회와 성도들은 기독교학교 설립에 강한 의지를 보였다. 1895년 서울의 새문안교회가 영신학당을 세웠고, 평안도 용주군의 신창교회, 정주군의 정주읍교회, 박천군의 남호교회도 각각 사숙(私塾)을 설립하였다. 1898년에는 평양의 장대현교회와 의주군의 남산교회가 사숙을 설립하였다. 이러한 '사숙'은 이후 정부의 인가와 함께 정식 '학교'로 발전하였다. 이처럼 교회를 중심으로 한 기독교학교의 설립은 1908년까지 매우 열정적으로 이루어졌다. 학교 설립에 가장 적극적이었던 장로교파의 경우 1908년에 소학교가 542개, 중학교가 17개나 있었다.[11] 이러한 수치는 교회 수 대비 학교 수가 60%나 되는 것으로 당시 교회가 기독교학교에 얼마나 큰 관심을 갖고 있었는지를 잘 보여 준다. 이들 기독교학교들은 수적으로 당시 학교의 중요한 부분을 차지하고 있었을 뿐 아니라 사회에 미친 영향력의 면에서도 매우 중요한 역할을 차지하고 있었다. 1904년 서울의 상동교회가 설립한 청년학원은 교육 구국 운동의 중심지로서 핵심적인 역할을 수행하였다. 그리고 이동휘의 보창학교, 이준의 보광학교, 이승훈의 오산학교, 안창호의 대성학교 등 애국 구국 운동에서 중심적 역할을 한 이들 학교의 배후에는 상동교회와 안창호의 리더십에 의해 형성된 신민회가 자리잡고 있었다. 그러므로 선교사들과 우리나라 토착교회가 세운 학교들뿐 아니라 이들 애국지사들이 세운 학교들도 기독교적 영향을 강하게 받았다고 할 수 있다.

선교사들에 의해 설립된 기독교학교들이 선교와 더불어 신앙을 토대로 민주 · 자유정신을 함양하여 사회에 공헌하는 인재를 배출하는 것을 목적으로 하였다면 우리나라의 교회와 애국지사들에 의해 설립한 기독교학교들은 신앙을 바탕으로 애국계몽활동을 통해 국권을 회복하는 데 강한 목적을 두고 있었다.

III. 초기 기독교학교들의 신앙교육

1. 신앙교육의 일반적인 형태

근대 초기 기독교학교들이 외국 선교사에 의해 설립되었건, 한국인에 의해 설립되었건 간에 공통적으로 갖는 교육목적은 신앙을 가진 교양인을 양성하여 민족을 위해 봉사하는 지도자를 기르는 데 있었다. 기독교학교에서 가르친 신앙은 전인적 삶의 변화를 내포하는 포괄적인 개념으로 이해되어 사회에 대한 봉사의 정신과 민족 운동에의 헌신으로 나타났다. 그러므로 기독교학교에서의 신앙교육을 성경교육이나 예배의식과 같은 종교적 활동으로만 제한하기는 어렵다. 여기서는 종교교육을 실시한 교과교육과 교과외 교육활동을 중심으로 논의한 뒤 좀 더 다양한 교육활동에 대해 살펴보고자 한다.

기독교학교에서의 신앙교육은 매우 광범위하게 이루어졌지만 가장 직접적으로는 교육과정에 포함되어 있는 성경수업과 예배시간을 통하여 이루어졌다. 성경과목은 대부분 기독교학교에서 가장 중요하게 가르쳐졌는데 성경수업은 학생들에게 기독교신앙과 민족의식을 고취시키는 주요수단이었다. 우리말로 번역된 성경을 읽고 배우는 것은 기독교 신앙을 갖게 할 뿐 아니라 우리나라의 전통문화를 계승ㆍ발전시키는 데 도움을 주었다.[12] 모세가 이스라엘을 해방시키는 출애굽기의 이야기나 다윗과 골리앗의 이야기도 민족정신을 고취시키는 방향으로 가르쳐졌다. 또한 기독교학교에서는 "너희가 열심으로 선을 행하면 누가 너희를 해하리요."라는 베드로전서 3장 13절의 말씀과 "의를 위하여 핍박을 받은 자는 복이 있나니 천국이 저희 것임이라."라는 마태복음 5장 10절의 말씀을 가르침으로 실의에 빠진 우리 민족에 용기를 주기도 하였다.[13] 학교 예배는 대부분의 기독교학교에서 정기적으로 드렸다. 학교에 따라 학생들은 예배에 자율적으로 참석하기도 하고, 혹은 예배 참석이 의무화되기도 하였다.

음악시간 역시 신앙을 가르치는 중요한 과목으로 기능했다. 개화기에 한국 국민들이 즐겨 불렀던 것이 창가인데, 창가는 찬송가를 모방하여 생겨난 것이다. 당시 기독교학교들이 창가를 정식 교과과정으로 채택함으로써 찬송가의 보급이 더욱 활발하게 일어났다. 배재학당이나 이화학당은 존스(George Jones)가 1896년에 편찬한 『찬송가』를 음악시간에 가르쳤다. 당시 기독교학교에서 많이 불렀던 "주의 군대여 앞으로 나가자", "다 깨어라 주의 군대여", "그리스도 군병가" 등의 찬송가들은 신앙의 고백으로서뿐만 아니라 민족정신을 고취시키는 수단으로서도 중요한 역할을 하였다.[14] 당시 창가들이 많이 지어져 불리었는데 자주독립과 충군애국을 노래한 것이 많았다. 1896년 배재학당의 문경호가 지어 《독립신문》에 게재된 '자주독립가'는 민족정신의 고취와 신앙이 결합되어 있는 예라 할 수 있다.

우리나라 독립되니 팔괘긔가 기운나네/
팔괘긔를 높히다니 셰계상에 뎨일일세
죠흘시고 죠흘시고 독립문이 죠흘시고/
독립문에 밍셰ᄒ야 우리나라 힘써보세
사름마다 널리비와 우리나라 힘써보세/
나라돌맘 업스면은 금슈만도 못ᄒᄂ니
우리나라 위ᄒ라면 하ᄂ님끠 긔도ᄒ야/
지혜와 힘을 비러 우리나라 도와보세[15]

　기독교학교의 학생들은 성경과목과 예배시간을 통해 신앙교육을 직접 배우게 되고 음악시간을 통해 기독교적 문화를 접하게 되었다. 그리고 또한 체육활동과 실업교육은 기독교학교에서 실시한 중요한 교육활동으로 기독교정신이 토대가 되었다. 기독교학교에서는 지육, 덕육과 더불어 체육을 강조하여 전인교육을 균형 있게 시키려고 하였다. 교과과정에 체육시간을 포함시킬 뿐 아니라 운동회를 통해 개인의 건강과 더불어 국민들의 협동심을 길러 국권회복의 기틀을 마련하고자 하였다. 실업교육은 오랫동안 한국 사회에서 경시되어 왔던 것인데, 기독교정신에서 볼 때 노동 또는 직업은 하나님의 소명으로 보기 때문에 기독교학교에서는 실업교육을 매우 중요하게 다루었다. 교과과정에 수공, 가사, 재봉 등의 이름으로 편성하여 가르쳤고, 학교 안에 자조부(自助部)를 설치하거나 공장을 두어 일을 하며 학비를 벌고 취업의 준비를 할 수 있도록 하기도 하였다.[16]
　일제의 식민통치 시절 사학에 대한 탄압정책에 기독교학교들은 때로는 강력하게, 때로는 소극적으로 맞섰다. 1915년 3월 총독부의 「개정사립학교규칙」은 사립학교의 설치(2조), 설치인가 사항의 변경(3조), 교과과정(6조 2항),

교과서(9, 10조), 교직원자격(10조 2항) 등을 총독부가 규정한다는 것으로 사학에 대한 대표적인 탄압의 사례라 할 수 있다. 이 법령은 민족 애국운동의 중심적 역할을 해온 다수 기독교학교를 포함한 사립중학교를 고등보통학교로 승격하도록 요구하면서 민족교육을 학교에서 완전히 제거하려는 의도가 강하였다. 개정규칙으로 말미암아 총독부가 통제하기 어려운 외국 선교사 교장들이 다수 교체되었고, 일본인 교사들이 대부분 사립학교들에 채용되어 한국인 교사들을 대신하게 되었다. 교과과정에서 역사와 지리 교과를 가르치는 것을 금지함으로써 민족교육을 못하게 막았고, 성경과목 및 학교행사로서의 종교의식을 금지함으로 민족교육의 근원적인 힘을 차단하고자 하였다. 이러한 총독부의 강압적 억압 속에 사학들은 점차 쇠퇴할 수밖에 없었다. 1910년에 일반 사립학교 1,320개, 종교계 사립학교 778개였던 것이 1923년에는 일반학교 376개, 종교학교 273개로, 불과 13년 사이에 학교의 수가 30% 수준으로 감소하고 말았다.[17]

무엇보다 기독교학교들이 가장 받아들이기 어려웠던 부분은 개정규칙 제6조 2항에 나와 있는 교과과정에 성경과목과 종교의식의 금지에 대한 부분이었다. 이러한 종교교육의 금지 조항은 기독교학교의 존재 자체를 부정하는 것으로 심각한 논란을 불러일으켰다. 기독교학교의 정체성의 위협에 직면한 기독교학교들은 총독부에 항의를 하면서도 정책에 대응하는 방식이 나누어졌다. 배재학당과 이화학당을 비롯한 감리교 계통의 학교들은 개정규칙을 수용하고 정부 인가 고등보통학교로 승격을 선택하였다. 그 학교들은 비록 학교에서 성경교육이나 예배의식을 직접 행하지 못해도 기독교인 교사들의 인격적인 지도로 기독교교육이 실현될 수 있다고 보고 학교의 존속 자체를 중요하게 여겼다.[18] 반면 장로교계 학교들은 종교교육을 하지 못한다면 학교 존립의 의미가 없다는 입장을 가져 이 규칙을 거부한 채 스스로 문을 닫거나 상급학교 진학이 되지 않는 잡종(雜種)학교로 남아 졸업생들이 진학과 취업에 어려움을 겪기도 하였다.[19]

매우 힘들게 이 시기를 지난 기독교학교는 일제 말기에 다시 극심한 핍박을 받게 되었다. 1930년대 중반부터 1945년까지 일제는 한국인에게 일본의 신사에 참배하도록 강압적으로 요구함으로 교회와 기독교학교에 심각한 타격을 주었다. 신사참배를 하든지 그렇지 않으면 학교의 문을 닫으라는 요구였다. 이 문제로 인해 기독교학교들은 다시 심각한 고민에 빠지게 되었고, 대응방식은 1915년 사립학교규칙 때와 유사하게 이루어졌다. 배재학교를 비롯한 감리교 학교들은 신사참배를 종교의식이 아닌 국가의식으로 받아들이고 학교를 폐교시키는 대신 학교교육을 계속하기로 결정하였다. 반면 장로교 선교회에서는 우상숭배가 분명한 신사참배를 절대 받아들일 수 없다고 가결하여 평양의 숭실전문학교와 숭의여학교 등 많은 기독교학교들이 스스로 학교의 문을 닫았고, 광주 수피아여학교와 숭일학교 및 목포 정명여학교와 영흥학교는 신사참배에 참가하지 않았다는 이유로 폐교 처분을 받았다. 신사참배를 거부했다는 이유로 1937년 한해에만 20여 개의 기독교학교가 폐쇄되었다.[20] 그리고 경신학교처럼 외국의 선교회로부터 한국인으로 경영자를 바꾸어 학교를 존속시키는 경우도 있었다.

2. 배재학교

미국 감리교 목사인 아펜젤러는 1885년 한국에 입국하여 동년 8월 3일 이겸나, 고영필이라는 두 학생을 데리고 수업을 시작하였고, 이듬해 6월 8일 고종으로부터 유용한 인재를 배양하는 학교란 뜻의 '배재학당(培材學堂)'이라는 교명을 하사받았다.[21] 당시 조선은 외국과의 통상조약을 체결한 후 전신, 전기 등 새로운 설비의 도입에 따라 영어 사용 가능자가 시급히 필요하였다. 그래서 조선 정부나 학생들은 영어교육을 신속히 받아 관직에 나가 일하기를 희망했다. 그러나 아펜젤러는 배재학당을 학생들에게 단순히 영어를 가르쳐 벼슬에 나가는 발판으로 삼게 하는 것을 원하지 않았다. 아펜젤러가 추구한 배재학당의 교육목적은 성경말씀 "진리가 너희를 자유케 하리라."를 따라 '참 자유자'를 양성하는 데 있었다.[22] 이를 위하여 그는 미국의 기독교대학처럼 배재학당이 기독교 신앙을 기반으로 하는 자유교양교육을 실시하는 학교가 되기를 원했다.[23] 그는 일기에 "배재학당은 이 땅에 기독교적 자유교육을 전파하기 위하여 설립된 전당이다."라고 적었다.[24]

아펜젤러는 학교교육의 바탕에 예수님의 섬김의 정신이 놓이기를 원했다. 그는 성경말씀 가운데 특별히 마태복음 20장의 "너희 중에 누구든지 크고자 하는 자는 너희를 섬기는 자가 되고 너희 중에 누구든지 으뜸이 되고자 하는 자는 너희 종이 되어야 하리라(26-27절)."와 "인자가 온 것은 섬김을 받으려 함이 아니라 도리어 섬기려 하고 자기 목숨을 많은 사람의 대속물로 주려 함이니라(28절)."라는 구절을 좋아하여 학생들이 "도덕적·정신적 자유인"으로 민족을 섬기는 삶을 살도록 교육하였고, 본인이 평생 그렇게 살다가 생을 마쳤다. 이 성경말씀을 한문으로 번역한 '욕위대자 당위인역(欲爲大者 當爲人役)'을 학당훈으로 삼았다.[25]

『배재 100년사』에 나타나는 초기 배재학교의 교과과정은 다음과 같다.

1889년도

(1) 예비부
1학기 / 영어 : 독본 1권, 한문, 언문
2학기/ 영어 : 독본 2권, 철자, 한문, 언문

(2) 일반교양부

1학년 : 영어 기초문법, 산수 초보, 독본 3권, 4권, 철자, 쓰기 및 노래 부
르기, 한문, 언문

2학년 : 영문법, 산수 (10진법까지), '일반과학', 독본 5권, 철자, 번역, 쓰
기 및 노래부르기, 한문, 언문

3학년 : 영문법, 영작문, 산수, 한문, 언문, '일반과학', '지식의 계통', 어
원학, 미술, 노래 부르기

1908년도

학년 시간 과목	교수 시간	1학년	교수 시간	2학년	교수 시간	3학년	교수 시간	4학년
성경	3	인물	2	복음요사	3	성서개론	3	성서개론
국어 (독본)	4	독법, 작문	4	독법, 작문	3	독법, 작문	3	독법, 작문
한문	5	독법, 습자	4	독법, 습자	4	독법, 습자, 작문	4	독법, 습자, 작문
역사	2	한국역사	2	동양역사	2	세계역사	2	한국역사
지리	2	한국지리	2	한국지리	2	동양지리	2	세계지리
수학 (대수)	2	수학	2	대수	3	대수	3	대수
영어	5	독법, 습자	5	독법, 습자	6	독법, 작문,습자	6	독법, 작문, 습자
일어	2	독법, 습자	2	독법, 습자	3	독법, 회화	3·	독법, 회화
물리		미상	2	미상	2	미상	2	미상
화학		-		-	2	미상	2	미상
생물	2	식물	2	식물	2	동물	2	동물
음악	1	단음찬가	1	단음찬가	1	복음찬가	1	복음찬가
미술	1	사생화	1	용기화		-		악리
교련 (체조)	1	체조	1	교련	1	교련	1	교련
계	30		30		34		34	

1880-90년대 배재학교는 영어교과를 핵심으로 하면서 한문교과와 교양교육을 중요하게 실시하였다. 영어교육은 학생들의 입학 목적이기도 하고 조선 정부의 위탁사항이기도 하였다. 한문교육은 초기에는 조선의 전통을 존중하여 유학경서를 교육하다가 점차 유학과 한문을 분리하여 한역성서, 교리서 등을 교재로 삼아 한문을 가르쳤다.[26] 아펜젤러가 매우 중요하게 여긴 교육은 교양교육이었다. 그래서 1888년부터 산수, 지식의 계통, 일반과학, 어원학 등의 과목을 개설하여 가르쳤다. 1896년에는 서재필이 세계지리와 역사, 정치경제, 교회사 등을 강의하였고, 윤치호가 1897년부터 1898년까지 과학개론과 천문학을 가르쳤다. 이들의 강의는 학생들에게 매우 큰 영향을 미쳤다.[27] 1900년대에 들어오면서 교과과정이 다양화, 체계화되었고, 특히 역사와 지리가 중요하게 교육되었다. 이들 과목들은 당시 세계의 정세를 알게 하고 민족의식을 함양시키는 데 크게 기여하였다. 교과서는 교사들이 주로 영어로 된 교과서를 번역하여 사용하였으나 1896년부터 학당장인 벙커(D.A. Bunker)가 『배재교육총서』를 만들어 사용하기도 하였다.[28]

배재학교는 학생들의 영어교육과 교양교육에 주력하면서 그 토대가 되는 신앙교육에 매우 적극적이었다. 학교인가를 받을 때 정부에서 종교교육을 원하지 않는 것을 알았기 때문에 초창기에는 종교과목과 예배시간을 공식적으로 편성하지는 않았다. 대신 정부와 학생들에게 신뢰를 얻기 위해 많은 노력을 기울였다. 그러면서 아펜젤러는 개인적으로 학생들에게 복음을 전하여 1887년 두 명의 학생에게 세례를 주기도 하였다. 그러다가 1889년부터 공식적으로 학교에서 예배를 드리고 성경과목도 가르치기 시작했다. 학생들이 자발적으로 학교예배에 참석하도록 하다가 1895년부터 예배 참석을 의무화하였다. 학교예배는 매일 아침 수업 시작 전 9시에 아침예배가 있었고, 수요일 저녁예배와 주일예배가 드려졌다.[29] 특히 정부와 영어교육 위탁생 계약이 끝난 1902년부터는 영어교과의 시간을 대폭 감소시키고 기독교교육을 강화하였다. 교수어를 영어에서 한글로 바꾸고 기독교 교리교육의 비중을 높였다. 이러한 학교의 정책변화로 인해 신입생의 수가 줄어들었고, 재학생 가운데서도 이러한 정책에 반발하는 학생들이 있었다. 아펜젤러는 학생 수의 감소로 1907년부터 다시 영어를 교수어로 복귀시켰다.[30] 그러나 신앙교육에 대한 강조는 지속되었다. 학교에서 강조하는 신앙교육에 대해 신앙이 없는 학생들 가운데서는 불평하는 학생들도 있었지만 학교의 종교적 분위기에 동화되어 곧 적극적으로 예배에 참석하였다고 한다. 그리고 교사들과의 개인적인 접촉이 학생들에게 신앙적 영향을 더욱 크게 미쳤다고 한다. 이처럼 신앙교육은 성경시간이나 예배시간뿐 아니라 학교의 전체적인 교육활동에서 이루어졌다. 학교에서는 교과서를 기독교적 성격의 것을 채택하거나 기독교적 관점에서 편집하여 사용하기도 하였다.

배재학교에서의 신앙교육은 교과교육을 통하여 이루어졌을 뿐 아니라 학생 자치활동이 학생들의 신앙교육에 중요한 장이 되기도 하였다. 배재학교에서 처음으로 학생회가 조직된 것은 1898년 설립된 배재협성회[31]가 시초였다. 협성회는 토론회와 연설회를 개최하기도 하였고, 회보를 발간하여 언론활동을 통해 국민들의 의식을 깨우치는 역할을 수행하였다. 당시 우리나라에서 중요한 영향력을 발휘하면서 활발하게 활동했던 배재협성회가 일제에 의해 강제 해산된 이후 1910년 기독청년회의 성격을 띠고 새롭게 조직되었다. 새로 조직된 배재학교의 학생회인 '배재학생 기독교청년회'에는 종교부 등 네 개의 부서가 있었는데, 종교부가 가장 활발한 활동을 전개하였다. 종교부를 중심으로 기독청년회는 교회를 개척하고 교회 어린이들을 위한 주일학교를 세우기도 하였다. 학생 전도대를 조직하여 주일마다 서울 시내에서 전도를 하며, 여덟 개의 교회들에 주일학교 교사들을 파송하여 주일학교를 돕는 활동을 하기도 하였다.[32]

초창기 배재 학생들에게 학교에서 배운 것 세 가지를 물으면 삼대학습을 말했다고 한다. 첫째가 예수님을 배운 것이고, 둘째가 영어를 배운 것이고, 셋째가 머리 깎기(상투를 베는 것)를 배운 것이라고 한다. 당시 기독교 신앙을 갖는 것이나 머리를 깎는 것은 모두 전통에 어긋나는 매우 혁신적인 것으로 배재에서 배운 자유의 정신을 소유한 결과라 할 수 있다.[33]

학교에서 민족교육과 종교교육을 금지한 1915년 공포된 개정사립학교 규칙에 대해 배재학교는 심각한 고민을 한 끝에 그 규칙을 받아들이고 배재고등보통학교 인가를 신청하기로 결정했다. 학교를 폐교시켜 학생들을 일본인들이 운영하는 관공립학교에서 교육을 받게 하기보다는 정규시간 외에라도 신앙교육을 시킬 수 있는 학교를 유지하는 것이 좋다는 판단이었다. 실제 배재학교는 고등보통학교로 인가받은 후 정규 교과목에서는 성경 과목이 빠지게 되었지만 방과 후나 저녁에 과외로 원하는 학생들에게 성경을 가르쳤고, 예배는 학교가 아닌 가까운 교회에서 드렸다. 그리고 총독부가 유예기간으로 준 1925년까지는 배재고등보통학교와 함께 기존의 배재학당을 병설 운영하였다.[34] 일제가 1930년대 후반 신사참배를 강요할 때도 배재학교는 학교의 문을 닫는 것보다 형식적으로나마 신사참배를 받아들이고 학교를 유지하여 민족교육을 지속적으로 하기를 원했다. 그러나 1945년 해방을 맞이할 때까지 학교에는 황국신민서사 암송, 신사참배 등으로 고난이 점철되었다.

3. 경신학교

미국 장로회 선교부에 속한 언더우드 목사는 1885년 4월 5일 한국에 입국하여 1886년 고아원을 창설하여 아이들을 맡아 가르쳤는데 이것이 발전하여 경신학교가 되었다. 경신학교는 언더우드학당, 예수교학당, 민로아학당, 예수교중학교 등의 이름을 거쳐 1905년 경신(儆信)이라는 학교명을 갖게 되었다.[35] 예수교학당 때에 학교의 교육목표를 "자기 동족들에게 진리를 간증하게 할 전도사와 교사를 양성한다."라고 정하여 기독교 사역인 배출을 중요하게 삼았다. 그리고 이러한 교육목표와 동시에 학생들의 나태성과 타성을 깨우치고 진취적인 기상을 고양시켜 "자아발견과 자유준수의 인간창조"를 위해 교육을 실시한다고 하였다.[36]

민로아학당 시절에도 교육의 폭이 좀 더 넓어졌지만 학교의 이러한 교육목표는 지속되었다. 학당장 밀러(F.S. Miller)는 "소년들을 가장 유위(有爲)한 그리스도인으로 만들기 위해서 우리는 그들에게 언문과 성경, 그리고 서양학문을 가르치지 않으면 안 된다."라고 선교본부에 보고하였다.[37]

이러한 교육목표 하에 1891년에는 이전에 강조하던 영어를 제외하고, 대신 한문과 성경을 주로 가르쳤다. 한문은 『천자문』, 『동문선습』, 『통감』 등을 교재로 사용하였고, 성경은 기포드(D.L. Gifford) 선생의 『한문성서』를 교재로 사용하였다. 그러다가 1892년부터 작문, 필기, 독서, 받아쓰기, 문법, 철자법, 번역 등 한글, 한문, 영어 등의 어문 계통을 체계적으로 가르쳤고, 아라비아 숫자를 다룬 산술과 한국학 연구에 중점을 두어 한국의 역사와 지리 그리고 체조 등이 교과과정에 포함되었다.[38] 1900년에 성경, 교회사, 국어, 한문, 영어, 산술, 대수, 화학, 물리, 천문학, 박물, 지리, 한국사 등을 가르쳤다. 그리고 1908년 중등과의 교과목은 성경, 사서, 동서양역사, 만국지지, 지문학(地文學), 중등생리, 중등물리, 중등화학, 국가학, 부기, 교육사, 작문, 분수지기하초등(分數至幾何初等), 도화, 영일어, 체조 등이었다.[39] 1920년대 경신학교의 교과목은 학년에 따라 10-14과목이 개설되었다. 성경은 모든 학년에서 배우도록 하였고, 역사 · 지리, 국어(일본어), 조선어 · 한문, 수학, 박물, 이화(물리, 화학), 법제, 영어, 실업, 도서, 체조, 창가, 품행 등의 과목이 개설되었다. 경신학교는 학교 초창기부터 실업부를 운영하였다. 실업부 운영을 통해 학교의 운영경비를 줄이고 동시에 학생들에게 노동의 신성함을 알고 자립정신을 기르는 것이 기독교 정신에 부합한 삶이라는 것을 가르쳐 주고자 하였다. 1913년에는 경신학교 수공부(手工部)를 두고 직조과, 염색과, 자수과, 양말과, 재봉과, 죽물과 등 여섯 개 분과를 두어 체계적인 실업교육을 실시하였다.[40]

경신학교는 신앙교육을 위해 성경과목을 다양하게 개설하여 가르쳤다. 1890년대에는 성경시간에 「한문성서」를 중심으로 '십계명'과 시구로 된 '예수의 생애' 등을 가르쳤다. 1902년 예수교중학교 때에는 성경과목이 '그리스도의 생애', '요한복음', '신구약', '로마인서', '에베소서', '주기도문', '사도신경', '십계명' 등으로 개설되었다. 이러한 성경과목의 교재는 대부분 게일(J.S. Gale) 교장이 번역하여 사용하였다.[41] 그리고 학생들의 신앙교육을 보다 체계적으로 실시하기 위해 1916년부터 교목 혹은 성경교사를 두고 예배를 인도하거나 성경을 가르치게 하였다. 1920년대 초에는 매일 아침 2층 기도실에서 교직원 및 학생 전원이 참석하는 예배를 드렸다. 1926년에는 매주 두 시간씩 성경과목을 두어 1학년 누가복음, 2학년 요한복음, 3학년 고린도서, 4학년 잠언, 5학년 로마서 등을 가르쳤다.

경신학교에서 신앙교육은 학교에서의 성경교육이나 예배뿐 아니라 '경신기독교청년회'라는 클럽활동과 학생회활동 그리고 교회와의 밀접한 관계에서도 활발하게 이루어졌다. 경신기독교청년회(KS YMCA)는 1910년 YMCA에 근거를 두고 조직되었는데 배재, 상동, 한영 등의 기독교청년회와 함께 연합 토론회와 성경반을 운영하였다. 기독교청년회는 전도 강연, 주일학교 및 하기학교 인도 등의 종교활동과 친교, 교육, 체육활동 등을 하다가 1920년대 이후 사회 변화에 깊은 관심을 갖는 기독학생 운동으로 변화되어 갔다. 경신학교 학생회는 농촌마을로 전도활동을 다니고 노회 앞에서 전도현황을 보고하기도 하였다.[42]

마펫(S.A. Moffet)이 학당장으로 있던 예수교학당 시절에는 학교가 일요일에 주일학교가 되었지만, 1901년 경신학교가 재개교 되었을 때는 당시 교장 게일 목사가 초대 담임목사로 있던 연동교회가 경신학교와 밀접한 관계를 형성하였다. 당시 연동교회는 경신학교의 "어머니 품안"과 같았다. 경신학교의 교사, 학생, 졸업생들이 연동교회의 성도였고, 지도자였다. 학생들은 주일 아침이 되면 함께 연동교회에 가서 예배를 드렸고, 연동교회 청년회는 경신학교의 신입생들을 위해 환영회를 열어 주었다. 그리고 연동교회는 경신학교에 성경교사를 파견하기도 하였다.

경신학교에서의 신앙교육의 결실은 다양한 측면에서 나타났다. 먼저, 민족의 지도자가 된 도산 안창호가 청년 시절 경신학교에서 교육을 받고 신앙과 현대문명과 민주주의 사상에 눈을 뜨게 되었다. 안창호는 경신학교에서 기독교신앙을 가진 뒤 자신의 스승인 한학자(漢學者) 이석관과 청년 선각자였던 필대은을 전도하기도 하였다.[43] 이만열은 일평생 지속된 도산의 민족 계몽운동은 기독교정신에 토대하고 있었다고 평가한다.[44] 이 외에도 경신학교를 통해 많은 학생들이 신앙을 갖게 되었는데, 연동교회 당회록에 따르면 1928년부터 1938년 사이 다섯 차례에 걸쳐 세례 및 학습을 실시하였고, 매회 20여 명 정도의 경신학교 학생들이 신앙고백을 하고 세례 및 학습을 받았다고 한다. 1928년에는 졸업생이 24명이었는데 입학 당시 비신자였던 14명 중 9명이 신앙인이 되어 졸업하였다.[45]

1915년의 개정사립학교규칙에 따라 성경과목과 예배시간을 교과과정에서 배제하고 고등보통학교로 인가를 받도록 요구를 받은 경신학교는 이를 끝까지 거부하였다. 다른 많은 사립학교들이 고등보통학교로 인가를 받음에 따라 총독부의 압력뿐 아니라 학생들의 요구도 거세어졌다. 학생들은 학교 인가를 요구하며 동맹휴학을 감행하기도 하였다. 고등보통학교로 인가를 받지 않아 졸업생들이 상급학교 진학이나 취업에 어려움을 겪었기 때문이다. 이러한 위기 속에서 학생 수가 점차 감소하여 1918년에는 졸업생을 한 명도 배출하지 못하는 상황에까지 이르렀다. 그럼에도 학교 당국은 성경과목과 예배시간을 끝까지 고수하였다. 마침내 총독부는 1923년 지정학교라는 제도를 채택하여 경신학교를 "고등보통학교와 동등한 자격을 부여하면서도 성경 및 예배시간을 허락"하는 조선총독부 지정 사립 경신학교로 인가를 내주어 대학 예과 및 전문학교의 입학 자격을 부여하였다.[46]

일제는 1938년 제3차 조선교육령의 개정 이후 사립학교에 대한 탄압을 더욱 가혹하게 하였다. 기독교학교로서는 받아들이기 어려운 신사참배 강요에 맞서 경신학교의 운영주체였던 미국 북장로교 총회는 학교 운영에서 손을 떼기로 결정하고 한국인 경영자를 찾아 인계하기로 하여 1939년 경영권이 미 선교회에서 김홍량, 김원량, 최태영에게 넘겨졌다. 이후 해방까지 경신학교는 성경시간과 예배시간을 공식적으로 갖지 못하는 어려움을 겪었다.

4. 대성학교

대성학교는 평양에서 1908년에 개교하여 1913년에 폐교한 짧은 역사를 지닌 학교임에도 불구하고 우리나라 근대 교육사에서 매우 중요한 위상을 차지하고 있다. 대성학교는 당시 민족운동의 대표적 지도자였던 도산 안창호가 설립한 학교였다는 점 외에도 지덕체(智德體)를 겸비하고 민족의식이 투철한 인재를 양성한, 당대 가장 모범적인 학교였다는 점에서 그 중요성을 평가받고 있다.[47] 도산이 대성학교를 설립한 동기는 민족의식과 독립사상을 고취하고 역사적 자각을 지닌 진실된 인물들을 양성하는 것이었다. 그래서 대성학교의 건학정신을 '점진적으로 대성하는 인물'을 길러내어 민족독립의 중심세력으로 양성하는 것으로 설정하였다.[48] 또한 학교를 모범적인 교육기관으로 충실하게 운영하여 전국 각지에 이 학교를 모방하는 학교들이 많이 생겨나기를 바랐다. 도산의 이러한 의도대로 많은 학교들이 도산과 대성학교의 영향으로 세워졌다. 대성학교와 함께 서북 지역의 대표적인 사립학교였던 오산학교 역시 이승훈이 도산의 영향으로 세운 학교이고, 조신성이 여학교인 평양진명여학교를 세운 것도 대성학교의 영향이었고, 나중에 이종호가 세운 경성중학교, 의주의 양실학원, 안악의 양산중학 등도 대성학교를 본보기로 삼았다고 한다. 그리고 대성학교란 이름의 학교들이 전국에 여럿 세워지기도 하였다.[49]

대성학교가 기독교학교에 포함될 수 있는가에 대해서는 이론(異論)의 여지가 있을 수 있다. 대성학교가 외형적으로 기독교학교를 표방하지 않았고, 교과과정 상에 성경과목이나 예배시간을 공식적으로 두지 않았다는 점에서 기독교학교로 보기 어렵다는 견해도 가능하다. 하지만 학교 설립과 운영에 결정적인 역할을 한 도산이 평생 신실한 기독교인으로 살았고, 그가 대성학교에서 기독교교육을 구현하기 위해서 노력했다는 점에서 기독교학교의 한 모형으로 볼 수도 있다.[50] 도산은 열여덟 살 때 고향인 평안남도 강서를 떠나 공부를 할 목적으로 서울에 올라가서 언더우드가 설립한 민로아학당에서 3년간 공부를 하며 기독교 신앙을 갖게 되었다. 도산은 후에 경신학교로 발전한 이 학교에서 성경을 기초로 한 근대학문들을 배우며 자기성장의 큰 계기를 만들었다고 한다.[51] 이후 도산은 평생 기독교 신앙을 토대로 자기희생적인 애국 계몽 운동을 펼쳐나갔다. 그의 대성학교 제자인 홍기주와 전영택 목사에 따르면, 도산은 기독교의 참된 신자로서 성경을 극히 사랑하고 애독하였으며 기도의 사람이었다고 한다. 도산은 "우리 이천만 동포가 모두 손에 신약전서 한 권씩을 가지는 날에는 우리에게 희망이 있다."라고 말했다.[52]

도산은 대성학교를 세운 뒤 일본과 미국에서 유학하고 독립협회와 대한자강회 회장을 역임한 대표적인 기독교계 지도자였던 윤치호를 교장으로 내세웠고, 자신은 대리교장으로 학교의 살림을 맡아 관리하였다. 대성학교에서의 기독교 신앙교육은 표면적인 교육과정에는 잘 나타나지 않았다. 그러나 훈화나 대화 등을 통해 학생들에게 큰 영향을 끼쳤던 도산의 가르침과 인격을 통하여 신앙교육은 이루어졌고, 방과 후 모임과 같은 활동을 통해 신앙교육이 실시되었다.

대성학교의 교육과정은 수신, 국어, 한문, 작문, 역사, 수학, 체조 등 17개 과목으로 구성되어 있다. 당시의 사립학교인 보성학교, 오산학교, 희문의숙, 융희학교 등의 교육과정과 유사함을 알 수 있다. 이는 당시 사립학교들이 1906년 8월에 발표된 고등학교령에 준하여 교과과정을 편성하고 있기 때문이다. 다른 기독교학교에서 볼 수 있는 성경과목은 빠져 있다. 1908년 10월 1일자 《대한매일신보》에 학생모집 광고와 함께 소개된 학교의 교과과정에 따르면 교과과정에서는 농·공·상과 같은 실업 과목이 많은 비중을 차지한다. 한 졸업생의 회고에 따르면 군사훈련을 받는 체조시간을 가장 중요한 과목으로 배웠다고 한다.

도산이 교육방법으로 강조한 것은 본보기를 통한 교육, 대화를 통한 교육, 노작을 통한 인격교육 등이었다. 도산은 자신이 스스로 인격의 본보기가 되고자 노력했고, 인격적으로 본보기가 되는 학생을 길러내고자 했다. 그리고 대성학교가 우리나라 학교들의 본이 되고자 노력했다. 대성학교 개교식에서 도산은 다음과 같은 연설을 하였다.

> 나는 본보기라는 것을 심히 중요시한다. 이론이 아무리 좋아도 그것이 실천되어 한 본보기로 이루기 전에는 보급력이 생기지 못한다고 나는 생각한다. 소위 학교교육에 대한 천언만어보다도 본보기 학교 하나를 길러놓는 것이 요긴하니 그리하여 사람들은 그것을 모방하려 하는 것이다.[53]

도산은 학생들과 대화하는 것을 즐겼다. 신입생을 뽑을 때도 직접 면접을 하여 학생들의 개인적인 사정을 알고 있었다. 학생들에게 자신의 생각을 일방적으로 주입하는 것이 아니라 끈기 있게 문답을 계속하는 동안 상대방이 진리를 스스로 깨우치게 하였다. 춘원 이광수는 그런 면에서 도산의 대화법은 소크라테스의 산파술과 유사하다고 말하였다.[54] 도산은 학교에서 학생들과 함께 학교의 돌담을 쌓는 등 학생들과 함께하는 노동을 중요하게 생각했다. 노동을 통해 근면과 협동정신, 노동에 대한 신성함을 배우게 된다고 보았던 것이다. 이러한 도산의 교육방법들은 기독교교육의 관점에서도 매우 중요한 교수방법임을 알 수 있다. 더구나 도산이 교육의 목적과 가치로서 가장 중요하게 추구한 정직과 진실은 기독교윤리의 핵심임을 생각할 때 도산이 실시했던 교육은 기독교정신이 기반이 된 교육이었다고 할 수 있다.

도산 자신이 젊은 학창 시절 학교에서 신앙을 배웠고, 그 신앙이 그의 사상의 기반이 되었기에 그는 대성학교에서 학생들을 위해 신앙교육을 지도하려고 노력하였다. 그래서 학교 내에 성경연구회를 두고 매 수요일 오후 방과 후에 모임을 가졌고, 당시 기독교계 애국지도자였던 전덕기 목사와 게일, 푸트(W.R, Foote) 선교사를 초청하여 학생들에게 기독교 정신을 고취시키기도 하였다. 그리고 학생들에게 일요일마다 교회에 가도록 장려하기도 하고, 믿지 않는 학생들을 따로 모아서 도산 자신이 직접 설교를 하기도 하였다.[55] 대성학교의 제자이었던 전영택은 도산이 가끔 성경말씀을 가르쳤다고 하면서 "의에 주리고 목마른 자는 복이 있나니 저희가 배부를 것이오(마 5:6)."라는 말씀을 가지고 약한 자를 돕고 옳은 일에 용기 있게 나갈 것을 촉구하던 말씀을 회상했다.[56]

도산은 조국을 사랑하여 조국을 위해 일생을 바치는 것이 하나님의 뜻을 가장 잘 행하는 것이라 믿고 자신이 먼저 애국을 실천하는 삶을 살았고, 그것을 학생들에게 가르쳤다. 그래서 대성학교는 "애국자의 정신으로 통일"되어 있었고, "애국애족하는 정신으로 충만"하였다. 당시 대성학교의 교사였던 서병호는 "대성학교의 학생이나 교사는 모두 피 끓는 지사의 풍모가 있어 평양 성내는 물론이요 전국민의 숭앙하는 관역이 되었다."고 회상했다.[57] 대성학교는 도산을 중심으로 학생들과 교직원들이 똘똘 뭉친 민족을 향한 배움의 공동체였다. 학생들뿐 아니라 교직원들 모두 도산의 영향을 받아 지사적 의지와 학생에 대한 세심한 배려를 아끼지 않는 가족 같은 공동체였다. 전영택은 대성학교를 다음과 같이 회상하였다.

선생들은 도산을 중심 삼아 모두 동지요 한 가족이었다. 틈이 있으면 학생을 심방하고 같이 산보도 하면서 좋은 이야기를 들려주던 일도 기억한다. 그리고 학생들을 주번을 시켜서 결석하는 학생을 찾아보게 하였는데 나도 병으로 누웠을 때 선생님과 학생의 심방을 받아서 기뻤던 기억이 난다.[58]

당시 우리나라에서 가장 모범적인 학교로 평가받으며 사회의 큰 주목을 받았던 대성학교가 5년이라는 짧은 역사로 마감하게 된 이유는 애국계몽의 영향력이 컸던 대성학교에 대한 일제의 탄압이 집중되었기 때문이다. 1909년 이또히로부미가 순종과 함께 지방순시를 할 때 일장기를 집에 걸고 환영하러 나오도록 명령을 내렸으나 대성학교 학생들은 이를 거부하였고, 도산이 배후세력으로 지목되어 연행되었다. 이를 계기로 일제는 대성학교를 폐교시키기 위해 온갖 노력을 기울였다. 일제의 압제에 도산이 미국으로 떠나고 105인 사건으로 교사들이 다수 감옥에 연행된 후 1913년, 대성학교는 어쩔 수없이 문을 닫게 되었다.

5. 오산학교

남강 이승훈은 도산 안창호의 영향을 받아 1907년 평안남도 정주에서 학생 일곱 명을 데리고 오산학교를 개교하였다. 그런데 오산학교의 개교는 남강이 주도하였지만, 그 이면에는 신민회나 서우 · 서북학회 같은 민족 운동 단체들이 함께하였다. 남강이 오산학교를 세운 목적은 민족 운동에 이바지할 인재를 기르고, 백성을 교육시키는 선생을 양성하는 데 있었다. 남강은 개교식에서 다음과 같은 연설을 하였다.

지금 나라가 날로 기울어져 가는데 우리가 그저 앉아 있을 수는 없다. (중략) 총을 드는 사람도 있어야 할 것이다. 그러나 그보다 더 긴요한 일은 백성들이 깨어 일어나는 일이다. (중략) 내가 오늘 학교를 세우는 것도 후진들을 가르쳐 만분의 일이나마 나라에 도움이 되기를 원하기 때문이다.[59]

그가 오산학교를 통해 기르고자 한 인재는 "글만 많이 읽고 태도가 도도

하고 손이 약한 선비가 아니고 나라를 위해 헌신할 수 있고 모든 일에 솔선수범하고 실제로 손에 비를 들고 괭이를 잡는 자"라고 하였다.[60] 그는 또 종종 "우리는 일본 사람을 인격적으로 눌러서 이겨야만 한다."라고 말하였다.

남강의 이러한 교육관을 토대로 하여 초창기 오산학교는 다음의 세 가지 건학이념을 가졌다. 첫째는 "교육구국"이다. 교육을 통해 나라의 힘을 길러 나라의 주권을 회복하는 일을 학교의 목적으로 삼았다. 둘째는 '밝고 덕스럽고 힘 있는 사람'이 오산학교가 키우고자 하는 인물상이었다. 셋째는 전인교육이다. 오산학교의 교훈인 사랑(愛), 정성(誠), 존경(敬)의 성품을 지닌 사람을 키우기 위해 학교는 모든 학생들에게 관심을 갖고 전인교육을 시켰다.[61]

초창기 학교의 교과목으로는 수신, 역사, 지리, 영어, 산수, 대수, 헌법대의, 물리, 천문학, 생물, 광물, 창가, 체조, 훈련 등의 과목들이 있었고, 이 중에서 교사들이 과목을 선택하여 가르쳤다. 그리고 남강이 신앙을 갖게 된 이후부터는 성경을 교과목으로 채택하여 성경수업을 실시하였다. 학생들이 가장 흥미를 가졌던 교과는 영어, 역사, 지리시간이었다고 한다. 학교에서는 학생들의 강인한 체력과 정신력을 기르기 위해 체조와 군사훈련을 열심히 시켰다. 남강을 비롯하여 초대교장 백이행과 초창기 교사들 여준, 서진순, 박기준 등의 헌신적인 노력으로 개교한 지 불과 2년만에 오산학교는 1909년 8월 11일자 《황성신문》으로부터 "평북 일대에서 교육 정도가 제일"이라는 평판을 얻기에 이르렀다.[62]

민족정신의 고양과 함께 오산학교 교육의 주지(主旨)가 된 것은 기독교 정신이었다. 남강이 1910년에 기독교 신앙을 갖게 되면서 오산학교는 기독교학교로서의 정체성을 분명히 갖게 되었다. 오산학교에는 걸출한 신앙인인 남강 이승훈, 고당 조만식, 다석 유영모 같은 이들이 초창기 학교의 지도자로 있었고, 이들에 의해 오산학교에는 기독교 신앙이 튼실하게 뿌리를 내릴 수 있었다. 1910년 초 오산학교에 부임한 청년 교사 유영모는 신앙에 대한 남다른 열정으로 수업 시작 때 성경을 먼저 가르치고 학생들에게 기도를 하자고 독려하기도 하였다. 남강이 기독교신앙을 갖기 전부터도 그는 학생들과 함께 교실에서 예배를 드리고 있었다. 남강 역시 청년 교사 유영모의 신앙 열심과 그에 의해 변화되는 학생들의 모습을 보면서 영향을 받았다.[63] 다석 유영모는 오산학교에 제일 먼저 신앙의 씨를 뿌린 사람이었다.

세 차례나 오산학교의 교장을 역임했던 고당 조만식 역시 철저한 기독교 신앙과 민족주의 정신의 인물로서 학생들에게 강력한 영향을 끼쳤다. 고당은 종종 교실에 들어가 학생들을 가르쳤는데 내용은 성경을 바탕으로 한 수신(修身) 강의였다. 고당의 가르침을 받은 김홍일의 회고에 따르면 고당은 민족주의 사상과 신앙을 결부하여 가르쳤다고 한다. 다음은 고당이 수업시간 가르쳤던 내용의 일부이다.

> 참다운 인간이 되기 위해서는 눈물과 땀과 피가 항상 넘쳐 흘러야 합니다. 눈물은 남을 긍휼히 여길 줄 아는 훈훈한 인정이며, 땀은 생존보다 나은 향상을 위한 노력입니다. (중략) 피는 희생입니다. 희생 없이는 어떤 일에도 완성이 있을 수 없습니다. (중략) 우리는 인류를 구원하시고 부활하신 예수님께서 갈보리 산상에서 흘리신 십자가의 희생을 생각할 수 있습니다.…[64]

남강이 기독교신앙을 받아들이고 난 뒤 학교에서 공식적으로 신앙집회를 정기적으로 개최하였다. 신앙모임은 점차 발전하여 교직원과 학생뿐 아니라 마을 주민들도 함께 참석하는 마을교회의 형태를 띠게 되었다. 그러다 마침내 학생들이 주민들과 함께 교회당을 건축하여 오산학교교회가 생겨나게 되었다. 남강은 오산학교에 신앙의 터를 더욱 굳게 하기 위하여 선교사인 라부열 목사를 3대 교장으로 초빙하였다. 그는 오산학교를 더욱 분명한 기독교학교로 만들려고 노력하였다.

남강은 오산학교와 교회를 중심으로 오산 지역을 기독교적 이상촌으로 만들려는 꿈을 갖고 있었다.[65] 그래서 학교가 있는 용동마을과 오산 지역의 생활터전을 새롭게 가꾸기 위해 노력을 하였다. 주민들과 함께 동회를 만들어 마을을 청결하게 하고 조합 운동을 일으키기도 하였다. 이 일에 함께한 당시 오산학교 교사였던 춘원 이광수는 마을의 달라진 모습을 다음과 같이 술회하였다.

동네 전체가 예수교인 것과 또 이 동회로 하여 이 동네는 이웃 다른 동네와는 딴판인 동네가 되었다. 술과 노름이 없는 것은 물론이려니와 어느 동네에나 흔히 보는 이웃끼리의 싸움도 없었고 집과 옷들도 다 깨끗하게 되어서 헌병들이 청결검사도 아니 들어오게 되었다. 이 동네에는 실로 경찰이 올 필요가 없었던 것이다.[66]

오산학교의 신앙을 토대로 한 철저한 민족교육은 신실한 애국적 신앙인들을 배출하였다. 신앙으로 일제의 신사참배 강요에 줄기차게 항거하다 옥중에서 순교한 주기철 목사, 평생을 겸손한 신앙과 인격으로 영락교회를 일구어 하나님과 민족을 섬긴 한경직 목사, 기독교사상가와 역사가로 한국의 역사에 독특한 영향을 끼친 함석헌 선생 등이 모두 오산학교의 교육으로 형성된 신앙인들이다. 그리고 학교의 설립 목적대로 졸업생 가운데 다수가 백성들을 깨우치는 학교의 선생이 되었다.

고등보통학교로의 인가문제는 다른 학교와 마찬가지로 오산학교에게도 매우 어려운 문제였다. 고등보통학교의 규정을 따르는 것은 명백히 오산학교의 정신에 위배되는 것이었기 때문이다. 그렇다고 대학이나 전문학교의 입학 자격이 없는 잡종학교로 남는다면 학생들이 오지 않을 것은 불 보듯 뻔했다. 그래서 다른 사립학교들이 이미 인가를 받은 뒤인 1925년, 남강은 '일보후퇴 이보전진'이라는 생각으로 인가 신청을 하였다. 많은 사람들이 인가받는 것을 반대하자 남강은 다음과 같은 말로 학교의 인가를 고집하였다.

> 합방을 전후하여 수많은 애국자와 지사들이 큰 뜻을 품고 해외로 나갔지만 지금에 와서 보면 그 실효가 그리 대단치 않은 것이 증명되었다. 밖에서가 아니라 안에서 독립을 쟁취해야 한다. 안을 지키고 안에서 싸우는 것이 필요하다. 그런데 교육을 빼고 안에서 할 일이 무엇이겠는가? 안에서 싸우기 위해서는 적의 채찍 아래서 그 채찍을 물리칠 힘을 길러야 한다.[67]

총독부는 오산학교의 인가 조건으로 고당을 교장에서 사임하도록 요구했지만, 학생들의 거센 반발로 어쩔 수 없이 고당을 교장으로 둔 채 1926년 오산학교를 고등보통학교로 승격시켰다. 1930년대 이후 일제의 강화되는 황민화 정책 하에 오산학교는 많은 시련과 고난을 겪을 수밖에 없었다. 학생과 교직원들은 황국신민서사를 제창해야 했고, 창씨개명과 신사참배 등에 참여하도록 강요받았다. 이러한 식민지 교육정책에 오산학교는 소극적으로 저항하면서 일제 말기의 어두운 시간을 보냈어야 했다.

6. 신앙교육의 공통점과 차이점

앞에서 초기 기독교학교들 가운데 외국 선교사들이 세운 배재, 경신학교와 우리나라의 지도자들이 세운 대성, 오산학교에서의 신앙교육에 대해 고찰하였다. 이들 네 학교가 보여 준 신앙교육에서는 몇 가지 차이점이 나타났지만, 동시에 공통점도 지니고 있었다. 먼저 차이점을 정리하면 다음과 같다.

첫째, 선교사들이 세운 미션학교인 배재학교와 경신학교는 신앙교육을 가장 중시하면서 더불어 민주주의 정신을 지닌 교양인 양성을 강조하였다. 반면 한국인들이 세운 학교인 대성학교와 오산학교는 신앙을 토대로 한 민족교육을 강조하여 민족주의 정신을 중요시 하였다. 그래서 이들 학교들 사이에는 신앙과 애국심에 대한 우선순위에서 미묘한 차이가 나타나기도 하였다. 즉 배재나 경신학교는 신앙을 우선시한 반면, 대성이나 오산학교는 애국심을 우선시하는 분위기가 있었다는 점이다.[68]

둘째, 배재와 경신학교에서는 성경과목이 다양하게 개설되었고, 정규적인 채플시간과 교목이 있었고, 기독학생회 활동이 활발하게 이루어지는 등 종교교육이 체계적으로 이루어졌다. 반면, 오산이나 대성학교에서는 공식적인 교과과정보다는 교과 외 활동을 통해 신앙이 학생들에게 교육되었다. 특히 도산, 남강, 고당 같은 걸출한 신앙적 지도자들의 삶의 모습이 학생들에게 강력한 신앙적 영향을 끼쳤다.

셋째, 미션학교 내에서도 감리교 계통의 배재학교와 장로교 계통의 경신학교 사이에는 차이가 나타났다. 복음 전도인 양성을 학교의 중요한 사명으로 본 경신은 성경교육과 예배를 금지한 「개정사립학교규칙」을 끝까지 받아들이지 않아서 일시적으로 폐교를 당하기도 하였다. 반면, 기독교적 교양인 양성을 학교의 사명으로 본 배재는 종교교육의 금지나 신사참배 등과 같은 종교탄압에 대한 저항보다 교육을 지속할 수 있도록 폐교를 막는 것이 더 중요하다는 입장을 취했다.

이 학교들 사이에 존재하는 차이점에도 불구하고 위의 기독교학교들은 신앙교육을 이해하는 방식에서는 공통점을 지니고 있었다. 배재, 경신, 대성, 오산학교에서 가르친 신앙은 예배나 기도와 같은 종교적 영역에만 국한되는 것이 아닌, 삶의 전부분과 관련되는 것으로 이해되었다. 다시 말하면, 신앙교육은 하나님에 대한 믿음을 토대로 하여 어려움 가운데 처해 있는 우리 민족과 사회에 봉사하는 삶을 살도록 가르친 것이다. 이처럼 신앙을 폭넓게 이해하였기에 신앙을 교육하는 것도 성경과목 시간이나 예배시간에만 이루어진 것이 아니라 역사, 음악, 체육 등의 교과수업시간에도 이루어졌고, 학생 동아리나 학생회 활동과 같은 교과외 활동을 통해서도 이루어졌다. 그리고 무엇보다 신앙심이 투철한 교원들과 학생들의 만남을 통해 신앙이 학생들에게 전승되었다는 점이 중요하다. 학생들이 믿음의 스승을 통해 배운 신앙은 하나님을 사랑하는 것과 민족과 사회를 위해 봉사하는 것이 분리되지 않은 것이었다. 도산의 말대로 그리스도인이 되는 것은 실천적 사랑의 생활을 하고 삶의 모든 부분에서 새로워져서 조국 땅에 하나님 나라를 건설하는 것으로 이해한 것이 당시 기독교학교의 신앙교육의 본질이었다.[69]

기독교학교에서 이루어진 이러한 신앙교육은 각 학교들의 설립이념의 작은 차이에도 불구하고 이 학교들이 기독교학교의 정체성을 분명하게 갖고 있었다는 근거가 된다. 하나님에 대한 믿음과 민족과 사회에 대한 봉사를 통합한 신앙교육의 추구는 당시 기독교학교의 정체성의 핵심이었다. 기독교학교들이 신앙교육을 실시하고 일제의 탄압에 맞서 학교의 정체성을 지키기 위해 노력한 결과, 당시 사람들은 학교에 대한 높은 관심을 갖고 있었고, 학교의 사회적 영향력이 지대하였다. 당시 우리 사회에서 기독교인의 수가 소수였지만 기독교인의 영향력이 매우 클 수 있었던 데는[70] 기독교학교의 기여가 컸다고 할 수 있다.[71] 당시 민족운동의 지도자들이었던 서재필, 윤치호, 이승훈, 안창호, 김구, 이승만, 조만식, 이상재, 전덕기 등 대부분이 기독교학교에서 신앙을 배웠거나 가르친 이들이다. 이처럼 기독교학교는 신앙교육을 통해 신앙과 민족정신이 통합된 인재들을 양성함으로써 당시 우리 사회가 요구한 시대적 과업을 수행하였던 것이다.

IV. 나가는 말

오늘날 우리 사회가 기독교학교에 기대하는 바는 초기 기독교학교 당시와는 물론 다르다. 그러나 사회가 요구하는 시대적 과업을 기독교학교가 수행하는지의 여부는 여전히 중요한 문제이다. 오늘날 기독교학교가 시대적 과업을 잘 수행하고 있다고 보기는 어렵다. 그것은 기독교학교의 정체성의 위기와 관계한다. 기독교학교의 정체성이 초기 기독교학교들이 보여 준 바와 같이 신앙과 사회적 책무성이 통합된 신앙교육에 있다고 한다면, 오늘날 기독교학교들은 분명 정체성의 위기 속에 있다고 말할 수 있다. 그러나 위기는 그것을 인식하는 순간 극복의 대상이 된다. 더구나 본 연구가 보여 주는 것처럼 기독교학교의 역사에서 우리는 통합된 신앙교육을 실천하기 위해 치열하게 노력한 선례를 갖고 있다. 그러므로 역사에 길을 물으며 기독교학교의 방향을 찾아간다면 회복의 가능성은 얼마든지 있다고 할 수 있다. 초기 기독교학교의 역사로부터 오늘날 기독교학교가 정체성을 재정립하는 데 도움을 얻을 수 있는 시사점들을 찾아보면 다음과 같다.

첫째, 신앙교육의 성격과 본질에 대한 반성이다. 기독교 신앙이 개인의 삶과 사회를 변화시켜 이 땅에 하나님 나라를 실현하는 것을 목표로 한다면 신앙교육은 당연히 시대적 과업을 수행할 수 있는 자세와 능력을 함양하는 것과 관계해야 한다. 한말 기독교가 당시 사람들에게 낯선 종교임에도 불구하고 초기 기독교학교가 사회로부터 지지와 인정을 받을 수 있었던 것은 학교가 학생들에게 민족과 사회에 대한 헌신적 삶을 가르쳤기 때문이다. 그러므로 오늘날 기독교학교가 사회에 대한 영향력을 회복하기 위해서는 학교에서 실시하는 신앙교육이 개인적, 종교적 차원에 머물러서는 안 되고 사회적 책무성을 감당하도록 그 폭이 넓어져야 한다.

둘째, 신앙교육의 방법에 대한 반성이다. 초기 기독교학교의 신앙교육은 교육과정상의 종교교육뿐 아니라 학교의 전 교육활동을 통해 이루어졌다. 특히 신앙에 투철한 교원들의 영향은 다른 어떤 요인보다 중요하였다. 그러므로 신앙교육을 위해서는 기독교학교에서 종교교육과정을 잘 갖추는 것과 더불어 신앙적으로 학생들에게 영향을 줄 수 있는 교사의 충원이 필수적이다. 특히 학생과 교사 모두에게 영향을 끼치는 교장의 신앙적 열정이 무엇보다 중요하다는 것을 도산과 남강의 예를 통해 배울 수 있다. 오늘날 학생 인권보호의 강화로 기독교학교에서 공적인 교육과정을 통해 신앙교육을 실시하기가 어려운 상황임을 고려할 때 신앙적 분위기의 잠재적 교육과정의 개발과 헌신적인 교원의 필요성이 더욱 중요하다 할 것이다.

셋째, 기독교학교의 다양성에 대한 성찰이다. 초기 기독교학교에는 설립이념과 성격에서 다양한 모형이 존재했다. 복음 전도자 양성을 중요하게 생각하고 성경교과를 체계적으로 교육하는 기독교학교, 신앙에 토대한 자유교양인 양성을 목표로 신앙과 관련된 교양교육을 중요하게 가르치는 기독교학교, 당대의 시대적 사명을 수행할 수 있는 신앙인 지도자 양성을 목표로 신앙과 세상의 지식을 교육하는 기독교학교 등이 있었다. 기독교학교는 학교의 설립정신에 따라 다양한 교육목표와 내용을 가질 수 있다. 그리고 신앙교육을 교육과정 내에 포함할 수도 있고, 잠재적 교육과정에서 다룰 수도 있다. 다만 기독교학교는 하나님 나라의 구현이라는 기독교신앙의 방향 안에서 교육이 이루어져야 한다. 오늘날 학생 전도를 중시하는 미션스쿨과 기독교세계관적 가르침을 중시하는 기독교대안학교가 배타적으로 자신을 주장할 것이 아니라 서로의 다양성을 인정하고 상대에게서 배우려는 자세가 필요하다.

넷째, 기독교학교가 내외적 난관에 대응하는 방식에 대한 성찰이다. 종교교육에 대한 법적 규제와 같은 대외적 어려움에 대해 기독교학교는 다양한 방식으로 대응할 수 있다. 배재, 경신, 대성, 오산학교는 각 학교의 교육이념에 따라 일제의 탄압에 대해 각기 다른 방식으로 대응하였다. 대성학교처럼 학교의 문을 닫으면서까지 불의한 억압에 저항할 수도 있고, 배재나 오산학교처럼 부당한 현실과 어느 정도 타협하면서도 학교를 유지함으로 신앙교육을 지속하는 것을 중시할 수도 있고, 경신학교처럼 한 단계 낮은 법적 지위를 감수하면서도 부당한 규제를 거부할 수도 있다.

오늘날 기독교학교 역시 내외적 어려움에 대해 다양한 방식으로 대처할 수 있다. 종교교육에 대한 법적 제도적 규제를 완화하기 위해 체계적인 노력을 하는 동시에 현재의 규제가 신앙교육을 막는다고 생각한다면 일부의 기독교학교들은 상대적으로 자유로운 대안학교의 형태를 취할 수도 있을 것이다. 중요한 것은 신앙교육의 본질을 잃지 않기 위해 노력하는 일이다.

※ 위 논문은 《신앙과 학문》 제17권 2호(기독교학문연구회, 2012)에 게재되었습니다.

[미주]

1) 기독교학교협의회, 《기독교학교교육 6집 : 기독교학교교육의 정체성 재정립》(서울: 한국장로교출판사, 2007); 기독교학교협의회, 《기독교학교교육 7집 : 기독교세계관에 근거한 기독교학교교육탐색》(서울: 한국장로교출판사, 2009).

2) 강영택, "기독교학교에서 종교교육의 방안에 대한 고찰", 《기독교교육논총》 27집(한국기독교교육학회, 2011), pp.193-216; 박상진, "어떻게 하여야 기독교학교의 정체성을 확립하고 보전해 갈 수 있는가?", 《기독교학교교육》 6집(한국기독교학교연합회, 2007), pp.28-47; 손원영, "기독교계 사립학교에서의 종교교육: 초중등교육법 일부 개정법률안과 관련하여", 《종교교육학연구》 32(한국종교교육학회, 2010), pp.211-230.

3) 이화학당 역시 경신학교와 같은 해인 1886년 개교하였지만 배재학당과 같이 감리교 선교사에 의해 설립되었으므로 연구대상에서 제외하였다.

4) 경신학교의 역사책인 『경신사 : 1885~1991』에서 언더우드가 고아들을 데리고 영어를 가르친 1885년을 경신학교의 개교연도로 잡고 있으나, 손인수(1971)와 한규원(2003) 등 교육사가들은 언더우드학당의 시작해인 1886년을 개교연도로 잡고 있다.

5) 대성학교의 설립연도에 대해서는 1907년 설과 1908년 설이 있다. 졸업생 김윤식의 글에서 1907년 학교개교의 내용이 나오고, 손인수 (1971)는 이를 근거로 학교의 설립연도를 1907년으로 보고 있다. 그러나 《대한매일신보》 1908년 9월 15일자 신문에 학생모집의 광고가 게재되었고, 동신문 1908년 10월 2일자 논설에 학교의 개교를 축하하는 글이 실려 있는 것을 보면 1908년을 개교한 해로 보는 것이 타당하다. 자세한 내용은 이광린, "구한말 평양의 대성학교", 『동아연구』 10(서강대학교 동아연구소, 1986), pp.8-118 참조.

6) 동도서기론은 성리학의 주기론에 기반하고 있다. 이를 주장하는 사람들은 서양의 도(道) 혹은 교(敎)는 사악한 것이라도 그와 구분되는 서구의 문물과 그 문물을 가능하게 하는 기술과 재예(才藝)에 한하여는 이용후생(利用厚生)의 논리로 수용할 수 있다고 보았다. 류방란, "개화기 신식학교 교육의 목적과 교육내용에 관한 논의", 『한국교육』 제27권 1호(한국교육개발원, 2000).

7) 배재 백년사 편찬위원회, 『배재 100년사 : 1885-1985』(서울: 학교법인 배재학당, 1989), p.36.

8) 손인수, 『한국근대교육사 1885-1945』(서울: 연세대학교출판부, 1971), p.39.

9) 기독교학교의 이러한 교육목표에 대한 논의는 학교 설립 선교사들의 진술을 기반으로 한 해석이다. 그러나 이들 선교사들의 말을 액면 그대로 수용하기 어렵고, 이들이 서구 제국주의의 침략적 야욕의 첨병 역할을 하였거나 오직 기독교 선교만을 목적으로 하였다는 견해도 있다(류방란 "개화기 신식학교 교육의 목적과 교육내용에 관한 논의", 『한국교육』 제27권 1호(한국교육개발원, 2000), pp.49-74; 정재걸, "한국 근대 교육의 기점에 관한 연구", 『교육사학 연구』(서울대 교육사학회, 1990), pp.103-120.

10) 숭실대학교구십년사편찬위원회, 『숭실대학교 90년사』(서울: 숭실대학교, 1987), pp.60-61, 임희국, "한국교회 초기 기독교학교 설립", 기독교학교교육연구소 편, 『평양대부흥운동과 기독교학교』(서울: 예영커뮤니케이션, 2007).p.113에서 재인용.

11) 임희국, "한국교회 초기 기독교학교 설립", 기독교학교교육연구소 편, 『평양대부흥운동과 기독교학교』(서울: 예영커뮤니케이션, 2007), pp.112-117.

12) 한규원, 『한국기독교학교의 민족교육 연구』(서울: 국학자료원, 2003), p.154.

13) 손인수, 『한국근대교육사 1885-1945』(서울: 연세대학교출판부, 1971), p.81.

14) 한규원, 『한국기독교학교의 민족교육 연구』(서울: 국학자료원, 2003), pp.156-161.

15) 《독립신문》 1권 9호(1896.8.21); 한규원, 『한국기독교학교의 민족교육 연구』(서울: 국학자료원, 2003), p.296에서 재인용.

16) 한규원, 『한국기독교학교의 민족교육 연구』(서울: 국학자료원, 2003).

17) 손인수, 『한국근대교육사 1885-1945』(서울: 연세대학교출판부, 1971), p.129.

18) 종교교육의 금지는 공식적인 교육활동에 한하였고, 학교 외에 다른 건물에서 정규교과시간 외에 하는 종교활동은 허용되었다. 새 규칙에 의해 고등보통학교로 인가된 배재학당의 경우 학교 건물 외 다른 건물에서 성경반을 설치, 운영하여 종교교육을 유지하였다(정선이, "1920년대 기독교계 고등교육의 특성-숭실과 연희전문을 중심으로", 『교육사학연구』 19(2)(서울대 교육사학회, 2009), pp.85-105.

19) 장로교 학교 가운데서도 함흥의 영생여학교와 영생학교는 1929년, 1931년에 각각 여자고등보통학교와 고등보통학교로 인가를 받았다.

20) 백승종, 『그 나라의 역사와 말(일제 시기 한 평민 지식인의 세계관』(홍성: 그물코, 2008), p.240.

21) 교명 하사(下賜)일에 대하여는 1886년 6월 8일설과 1887년 2월 21일 설이 있다. 앞의 주장은 스크랜튼(Scranton)의 『Historical Sketch of the Korean Mission of Methodist Episcopal Church, The Korean Repository, 5』(1989). p.259와 현판을 전달한 당시 외아문 통변 김윤식의 일기에 근거하여 『배재 100년사』(손인수, 1971)에서 사용되고 있고, 후자는 아펜젤러 일기(Appenzeller Diary, 1887.2.21)에 근거하여 류방란(1998); 이광린(1989); 한규원(2003)에서 사용되고 있으나 본 논문은 김윤식의 일기내용을 신빙성 있게 봄.

22) 배재 백년사 편찬위원회, 『배재 100년사 : 1885-1985』(서울: 학교법인 배재학당, 1989), p.37.

23) 아펜젤러가 배재학당의 교육목적을 정하는 데 영향을 끼친 것은 그의 모교인 플랭클린 앤 마샬대학(Flanklin and Marshall College)인 것 같다. 이 대학은 독일개혁교회의 목회자 양성을 위한 학부 대학으로 초기에는 교양교육을 통한 시민지도자 양성을 목적으로 하였다. 아펜젤러는 자신의 모교에 대한 자부심을 갖고 있었고, 교양교육의 가치를 확신하여 배재학당을 자신의 모교와 같은 학교로 만들기를 원했다. 류방란, "개화기 배재학당의 교육과정 운영", 『교육사학 연구』 8(서울대 교육사학회, 1998).

24) 류방란, "개화기 배재학당의 교육과정 운영".《교육사학연구》8집(1998), p.183.

25) 배재 백년사 편찬위원회,『배재 100년사 : 1885-1985』(서울: 학교법인 배재학당, 1989), pp.36-37.

26) 류방란, "개화기 배재학당의 교육과정 운영".《교육사학연구》8집(1998).

27) 배재 백년사 편찬위원회,『배재 100년사 : 1885-1985』(서울: 학교법인 배재학당, 1989), p.68.

28) 김봉희, "한국개화기 기독교학교 교과서의 서지학적 연구".『도서관학』(1992), p.69.

29) 배재 백년사 편찬위원회,『배재 100년사 : 1885-1985』(서울: 학교법인 배재학당, 1989), pp.48-50.

30) 류방란, "개화기 배재학당의 교육과정 운영".《교육사학연구》8집(1998), p.182.

31) 배재협성회의 활동을 이만열은 "한국기독교학교 학생운동의 시작이자 한국근대 학생운동의 기원"으로 평가하고 이는 "사회적 개혁, 새로운 문호의 수용, 민족적 자존에 대한 확고한 입장 이외에도, 봉건적 체제에 대한 민주적 갱신을 촉구하는 정치적 의미까지 내포한 새로운 기풍으로 당시 권력층과 기존 정치질서에 대하여 위협적인"역할을 하였다고 했다(이만열,『한국기독교문화운동사』(서울: 대한기독교출판사, 1987), p.237; 한규원,『한국 기독교학교의 민족교육 연구』(서울: 국학자료원, 2003), p.264에서 재인용.

32) 배재 백년사 편찬위원회,『배재 100년사 : 1885-1985』(서울: 학교법인 배재학당, 1989), pp.210-212.

33) 배재 백년사 편찬위원회,『배재 100년사 : 1885-1985』(서울: 학교법인 배재학당, 1989), p.46.

34) 배재 백년사 편찬위원회,『배재 100년사 : 1885-1985』(서울: 학교법인 배재학당, 1989), pp.196-198.

35) 경신이라는 학교의 명칭은 당시 교장이었던 게일(J.S.Gale)이 이창직, 유성준, 김정식 등과 의논하여 '세계사조를 외면한 구태에서 벗어나게 하고 청소년으로 하여금 새로운 배움을 통해 진리를 깨우쳐 간증하게 하는 부르기에 좋은 이름'의 원칙에 따라 깨우칠 경(儆)과 새 신(新)을 택해 '경신'이라는 이름을 지었다고 한다. 경신사 편찬위원회,『경신사 : 1885-1991』(서울: 경신중고등학교, 1991), p.209.

36) 경신사 편찬위원회,『경신사: 1885-1991』(서울: 경신중고등학교, 1991), pp.152-153.

37) 경신사 편찬위원회,『경신사: 1885-1991』(서울: 경신중고등학교, 1991), p.164.

38) 경신사 편찬위원회,『경신사: 1885-1991』(서울: 경신중고등학교, 1991), p.159.

39) 한규원,『한국기독교학교의 민족교육 연구』(서울: 국학자료원, 2003), p.66.

40) 한규원,『한국기독교학교의 민족교육 연구』(서울: 국학자료원, 2003), pp.332-334.

41) 경신사 편찬위원회,『경신사: 1885-1991』(서울: 경신중고등학교, 1991), pp.207-208.

42) 경신사 편찬위원회,『경신사: 1885-1991』(서울: 경신중고등학교, 1991), pp.312-323.

43) 1897년 7월1일자 《그리스도신문》에 안창호의 전도에 대한 기사가 났다. "평양 남촌 도롱섬에 이석관이라는 사람은 본래 집은 가난하나 학문을 힘써 선비라 칭하는 사람 이라. 여러 번 예수교 전도하는 말을 들으나 종시 믿지 아니 하더니 서울 정동학당(민로아학당)에서 공부하는 안창호라 하는 사람이 재작년(1895년)에 와서 이석관을 찾아보고 자기가 전에 행하던 바 모든 일이 죄로 말미암아 죽을 수밖에 없던 신세를 낱낱이 말하며 눈물을 흘리고 예수의 십자가에 보혈을 흘리사 세상 사람의 죄를 대속하여 주신 말씀을 자세히 전파하며 진심으로 권하니 이석관이가 그 권하는 말을 듣다가 마음이 자연 성령의 감화함을 얻어 제 죄를 회개하고 여러 사람을 진심으로 권하며 회당(교회당)을 설치하고 여러 곳으로 다니며 전도하는데…(중략)": 경신사편찬위원회, 『경신사 : 1885-1991』(서울: 경신중고등학교, 1991), p.175에서 재인용,

44) 이만열, "도산 안창호와 기독교 신앙", 『한국근현대사연구』,(한울, 2002).

45) 경신사 편찬위원회, 『경신사: 1885-1991』(서울: 경신중고등학교, 1991), pp.326-338.

46) 경신사 편찬위원회, 『경신사: 1885-1991』(서울: 경신중고등학교, 1991), p321.

47) 이광린, "구한말 평양의 대성학교". 《동아연구》 10 (1986).

48) 손인수, 『한국근대교육사 1885-1945』(서울: 연세대학교출판부, 1971).

49) 박의수, 『도산 안창호의 생애와 교육사상』(서울: 학지사, 2010).

50) 도산의 기독교신앙에 대한 연구로는 이만열(2002)과 최기영(1998)이 대표적이다. 이들의 연구에는 대성학교에서의 기독교교육에 대한 설명이 나온다. 도산의 제자 전영택과 홍기주의 회상 글에서도 도산의 신앙이 잘 나타나 있다(전영택, "안도산 선생님을 생각함" 《새 사람》(1948); "안도산 선생" 《크리스챤》(1961); 홍기주, "안도산의 교장 시대", 《동광》(1933).

51) 경신사 편찬위원회, 『경신사: 1885-1991』(서울: 경신중고등학교, 1991); 이만열, "도산 안창호와 기독교 신앙", 『한국근현대사연구』,(한울, 2002).

52) 전영택, "안도산 선생을 생각함", 《새 사람》(1948.3).

53) 박의수, 『도산 안창호의 생애와 교육사상』(서울: 학지사, 2010), p.99)

54) 이광수, 『도산 안창호』(서울: 우신사, 1994).

55) 홍기주, "안도산의 교장 시대", 《동광》(1933.1.2).

56) 전영택, "안도산 선생을 생각함", 《새 사람》 (1948.3).

57) 서병호, "대성학교의 교사시절을 회상함", 『기러기』(1965.4).

58) 전영택, "대성학교 학생시절의 추억", 《기러기》(1965.4).

59) 오산 백년사 편찬위원회, 『오산 100년사:1907-2007』(서울: 학교법인 오산학원, 2007).

60) 오산 백년사 편찬위원회, 『오산 100년사:1907-2007』(서울: 학교법인 오산학원, 2007), p.80.

61) 오산 백년사 편찬위원회, 『오산 100년사:1907-2007』(서울: 학교법인 오산학원, 2007), pp. 33-34.

62) 조현욱, "오산학교와 서북학회정주지회", 《문명연지》, 3(1)(한국문명학회, 2002). p.56.

63) 오산 100년사편찬위원회, 『오산 100년사:1907-2007』(서울: 학교법인 오산학원, 2007), p.63.

64) 오산 100년사편찬위원회, 『오산 100년사:1907-2007』(서울: 학교법인 오산학원, 2007), p.74.

65) 백승종, 『그 나라의 역사와 말(일제 시기 한 평민 지식인의 세계관』(홍성: 그물코, 2008).

66) 한규무, 『기독교민족운동의 영원한 지도자 이승훈』(서울: 역사공간, 2008), p.74.

67) 오산 백년사 편찬위원회, 『오산 100년사:1907-2007』(서울: 학교법인 오산학원, 2007), p.204.

68) 오산학교와 선교사가 세운 평양의 숭실전문학교를 다닌 한경직의 말에서 이런 부분
    이 나타난다. "오산학교에서 배운 것이 세 가지 있는데, 첫째, 애국심, 둘째, 신앙심,
    셋째, 학문이었어요. 숭실대학에 오니 그 순서가 달라요. 먼저, 신앙심, 둘째가 애
    국심, 그리고 학문의 순서였는데." 오산 백년사 편찬위원회, 『오산 100년사 : 1907-
    2007』(오산고등학교, 2007).

69) 이만열, "도산 안창호와 기독교 신앙". 『한국근현대사연구』(한울, 2002).

70) 1919년 기독교인은 20만여 명으로 당시 인구의 1.3% 정도에 해당한다. 그러나 일제
    초창기 민족운동을 이끌었던 신민회를 결성한 대다수 사람들과 105인 사건으로 일제
    에 의해 고초를 당했던 사람들 다수가 기독교인이었고, 독립협회의 지도층 인사들도
    상당수가 기독교인이었다. 그리고 잘 알려진 대로 3 · 1운동을 주도했던 대표 33인 가
    운데 기독교인이 16명이었다. 이만열, "한국 기독교와 민족운동", 《한국 기독교와 역
    사》 18호(한국기독교역사연구소, 2003), pp.115-147.

71) 한국의 독립운동을 서술한 매켄지(F.A. Mckenzie)는 한국기독교인들의 항일정신과 관
    련해서 다음과 같이 말했다. "일본이 한국을 병탄하기 전에 많은 수의 한국인이 기독
    교에 입교하였다.…미션계학교에서는 잔다아크 햄프던 및 조오지 워싱턴 같은 자유의
    투사들에 대한 이야기와 함께 근대사를 가르쳤다. 선교사들은 세계에서 가장 다이나믹
    하고 선동적인 서적인 성경을 보급하고 또 가르쳤다. 성경에 젖어든 한 민족이 학정에
    접하게 될 때는 그 민족이 절멸이라든가, 아니면 학정이 그쳐지든가 하는 두 가지 중의
    하나가 일어나게 된다." F.A. McKenzie, 『Korea's Fight for Freedom』(Seoul: Yonsei
    Univ Press, 1969), p.7; 이만열, "한국 기독교와 민족운동", 《한국 기독교와 역사》 18호
    (한국기독교역사연구소, 2003), p.126에서 재인용).

[참고문헌]

강영택, "기독교학교에서 종교교육의 방안에 대한 고찰", 《기독교교육논총》 27집(한국
    기독교교육학회, 2011), pp.193-216.

경신사 편찬위원회, 『경신사: 1885-1991』(서울: 경신중고등학교, 1991).

기독교학교협의회, 《기독교학교교육 6집 : 기독교학교교육의 정체성 재정립》(서울: 한
    국장로교출판사, 2007).

기독교학교협의회, 《기독교학교교육 7집 : 기독교세계관에 근거한 기독교학교교육탐색》
　　(서울: 한국장로교출판사, 2009).

김봉희, "한국개화기 기독교학교 교과서의 서지학적 연구", 『도서관학』(1992), p.23,
　　pp.63-105.

류방란, "개화기 신식학교 교육의 목적과 교육내용에 관한 논의", 《한국교육》 27(1)(한국
　　교육개발원, 2000), pp.49-74.

류방란, "개화기 배재학당의 교육과정 운영", 《교육사학연구》 8집(1998), pp.161-200.

박상진, "어떻게 하여야 기독교학교의 정체성을 확립하고 보전해 갈 수 있는가?",
　　《기독교학교교육》 6집(한국기독교학교연합회, 2007), pp.28-47.

박의수, 『도산 안창호의 생애와 교육사상』(서울: 학지사, 2010).

배재 백년사 편찬위원회, 『배재 100년사: 1885-1985』(서울: 학교법인 배재학당, 1989).

백승종, 『그 나라의 역사와 말(일제 시기 한 평민 지식인의 세계관』(홍성: 그물코, 2008).

서병호, "대성학교의 교사시절을 회상함", 『기러기』(1965.4).

손원영, "기독교계 사립학교에서의 종교교육 : 초중등교육법 일부 개정법률안과 관련하
　　여", 《종교교육학연구》 32(한국종교교육학회, 2010), pp.211-230.

손인수, 『한국 근대교육사 1885-1945』(서울: 연세대학교출판부, 1971).

숭실대학교구십년사편찬위원회, 『숭실대학교 90년사』(서울: 숭실대학교, 1987).

안창호, 『도산 안창호 전집』 제13권(서울: 도산안창호선생 기념사업회, 2000).

오산 백년사 편찬위원회, 『오산 100년사 : 1907-2007』(서울: 학교법인 오산학원, 2007).

이광린, "구한말 평양의 대성학교", 《동아연구》 10 (1986), pp.89-118.

이광린, 『개화파와 개화사상연구』(서울: 일조각, 1989).

이광수, 『도산 안창호』(서울: 우신사, 1994).

이만열, 『한국기독교문화운동사』(서울: 대한기독교출판사, 1987).

이만열, "도산 안창호와 기독교 신앙", 『한국근현대사연구』(한울, 2002) p.22, pp.46-87.

이만열, "한국기독교와 민족운동", 《한국기독교와 역사》 18호(한국기독교역사연구소,
　　2003), pp.115-147.

임희국, "한국교회 초기 기독교학교 설립", 기독교학교교육연구소 편, 『평양대부흥운동
　　과 기독교학교』(서울: 예영커뮤니케이션, 2007).

전영택, "안도산 선생을 생각함", 《새 사람》 (1948.3).

전영택, "안도산 선생", 《크리스챤》(1961.3.11),

전영택, "대성학교 학생시절의 추억", 《기러기》(1965.4).

정선이, "1920년대 기독교계 고등교육의 특성-숭실과 연희전문을 중심으로", 《교육사학
　　연구》 19(2)(2009). pp.85-105.

정재걸, "한국근대교육의 기점에 관한 연구", 《교육사학연구》(1990), pp.103-120.

조현욱, "오산학교와 서북학회정주지회", 《문명연지》, 3(1)(한국문명학회, 2002). pp.37-62.

최기영, "도산 안창호의 기독교신앙", 《도산사상연구》 5(도산사상연구회, 1998).

한규무, 『기독교민족운동의 영원한 지도자 이승훈』(서울: 역사공간, 2008).

한규원, 『한국기독교학교의 민족교육 연구』(서울: 국학자료원, 2003).

홍기주, "안도산의 교장 시대", 《동광》(1933.1.2).

McKenzie, F.A. (1969). Korea's Fight for Freedom, Seoul: Yonsei Univ. Press.

Scranton, M.F. (1989). Historical Sketch of the Korean Mission of Methodist Episcopal Church, The Korean Repository, 5.

5장 개화기 기독교학교의 민족교육

한규원

한규원

중앙대학교 교육학과(B.A)
중앙대학교 대학원 교육학과(M.A)
중앙대학교 대학원 교육학과(Ph.D)
현 우석대학교 교육학과 명예교수

제5장
개화기 기독교학교의 민족교육

I. 들어가는 말

　1885년을 기점으로 개화기에 기독교 선교사들이 한국에 들어와 선교의 방편으로 학교를 세웠다. 이것은 선교사의 입장에서는 기독교의 빠른 선교에 목적이 있었던 반면, 한국인의 입장에서는 근대교육을 받을 수 있는 기회를 제공 받게 되었다는 데 의의가 있었다. 이와 같이 관심이 서로 다른 것이었다 할지라도 국운의 쇠퇴와 열강의 침략과정에서 나라의 독립을 지켜야 한다는 절실한 문제에 직면하였을 때 기독교학교는 이것에 대응하기 위하여 민족교육의 일익을 담당하였다.

　개화기 한국의 교육은 개화와 민족의 자주독립을 유지해야 하는 두 가지 문제를 안고 출발했다. 이때 기독교학교가 이러한 사명을 잘 수행함으로써 근대교육과 민족교육의 선구자로서의 지위를 차지하여 관공립학교와 민간인사립학교교육의 모범이 되었다. 그리하여 기독교학교는 "기독교적 민족교육과 기독교적 국가 여망의 인재양성"[1]에 기여했다.

　이와 같이 한국에 들어온 선교사들은 "학교교육사업에 치중함으로써"[2] 중국의 유교 중심의 전근대적인 교육제도를 그 뿌리에서부터 변화를 일으키게 하였다. 한편, 학교교육에서 중요한 부분을 차지하는 교과활동은 그 내용 여하에 따라 학생들의 의식과 태도의 형성에 직접 영향을 미친다. 따라서 이들 학교에서 가르친 내용을 검토한다는 것은 당시 기독교학교의 민족교육을 이해하는 데 반드시 필요한 일이다.

이 글은 기독교학교에서 전개한 교과교육활동이 학생들의 민족정신 함양과 고취에 어떻게 영향을 미쳤는가를 고찰하는 데 목적이 있다. 이 목적을 달성하기 위하여 국어와 한문, 역사와 지리, 수신(윤리)에 중점을 두고 고찰하고자 한다. 이러한 내용을 고찰하면 당시 기독교학교에서 전개한 민족교육의 양상이 구체적으로 밝혀질 것이다.

한편, 개화기에 민족교육을 전개한 기독교학교가 100여 년이 지난 오늘에 이르러 과연 지난날의 전통을 이어오고 있는지에 관하여 교육의 공공성이라는 측면에서 간단히 살피고자 한다.

II. 기독교학교의 교과과정

학교교육의 주요한 부분인 교과활동은 학생들에게 지식의 습득과 함께 의식이나 태도를 형성하는 데 직접적인 영향을 준다. 그러므로 이들 학교에서 편성한 교과과정은 무엇이며, 또 어떠한 과목이 민족교육에 직접 기여했는지를 밝히는 것은 이들 기독교학교에서 전개한 민족교육의 양상을 이해하기 위한 전제조건이 된다.

1. 기독교학교의 교과과정

나라에서 1895년 4월 「사범학교령」을 필두로 각급 학교 교육령을 공포하기 전까지는 교과과정에 관하여 일정한 제도가 수립되어 있지 않았기 때문에, 그 이전에 설립한 기독교학교의 교과과정은 학교마다 제각각이었다. 이것은 법령을 공포한 이후에도 마찬가지였다. 특히 당시 각 학교는 어떠한 과목을 가르칠 수 있는 교사가 확보되어 있느냐에 따라 교과과정을 결정할 수밖에 없는 형편이었다. 그럼에도 불구하고 기독교학교의 교과과정은 한국 근대교육의 선구자답게 전통교육기관에서 볼 수 없는 근대화한 내용을 편성했던 것을 볼 수 있다.

최초의 기독교학교인 배재학당의 초창기 교과목은 성경, 한문, 영어, 지리, 수학, 생물, 공작, 체육 등이었다. 1903년 이후에는 세계역사, 한국역사, 일본역사, 중국역사 등 역사과목을 많이 편성하였다. 또 1908년에는 국어, 미술, 교련을 넣었으며, 역사는 한국사, 동양사, 세계사로, 지리는 한국지리, 동양지리, 세계지리로 구분하여 가르쳤다.[3]

이화학당은 창설 당시에는 성경과 영어를 가르쳤으며, 1889년에는 국어와 생리학을, 1891년에는 성악과 올겐을 넣었다.[4] 1892년에는 반절, 한문, 수학, 지리, 역사, 과학, 체조를, 1896년에는 가사를 더하였다. 한편, 1908년 중등과는 성경, 대수, 기하, 삼각, 천문학, 지리학, 교육학, 물리, 화학, 영문학, 만국지지, 고등생리, 경제, 역사를 가르쳤다. 그 가운데 역사는 만국역사 · 근세사 · 상고사 · 영국사 · 미국사로 구분하였다.[5]

경신학교는 1900년대에 성경, 교회사, 국어, 한문, 영어, 산술, 대수, 화학, 물리, 천문학, 박물, 지리, 한국사 등을 가르쳤다.[6] 그리고 1908년 중등과는 성경, 사서(四書), 동서양역사, 만국지지, 지문학(地文學), 중등생리, 중등물리, 중등화학, 국가학, 부기, 교육사, 작문, 분수지기하초등(分數至幾何初等), 도화, 영일어(英日語), 체조 등을 가르쳤다. 대학과의 교과목은 성경, 한문, 고금문선, 영미사, 교회사, 고등생리, 고등박물, 고등물리, 고등화학,

천문, 지리, 경제, 법학, 심리, 논리, 교육법, 고등대수, 기하, 삼각측량, 음악, 도화, 영일어작문 등이었다.[7]

정신여학교는 1903년까지 성경, 한문, 역사, 지리, 산술, 습자, 체조, 음악, 가사, 침공, 과학, 물리, 생물 등을 가르쳤다.[8] 1909년까지의 교과목은 성경, 한문, 가사, 침공, 수예, 음악, 체조, 지지, 역사, 습자, 이과, 영어, 수학, 동물, 식물, 생리, 미술, 작문 등이었다.[9]

숭의여학교는 성경, 한문(맹자), 산학신편(산수), 지리, 역사, 생리, 동물, 식물 등을 가르쳤다.[10] 대구의 계성학교에서는 성경, 한문, 물리, 화학, 지지, 상업, 어학, 수학, 역사, 생리, 박물, 경제, 지문, 동물, 식물, 도화, 체조, 음악, 작문, 습자 등을 가르쳤다.[11] 역시 대구의 신명여학교는 성경, 한문, 이과, 지지, 역사, 어학, 수학, 동물, 식물, 생리, 도화, 습자, 체조, 음악, 가사, 침공, 수예 등을 가르쳤다.[12]

전주의 기전여학교의 교과목은 성경, 국문독본, 수신, 한문, 습자, 수공, 편물, 체조, 이과(동물학, 식물학), 생리학, 지리, 여자독본, 산술 등이었으며, 영어와 일어는 1908년 이후부터 가르치기 시작했다.[13] 평양의 광성학교의 초기 교과목은 국문, 한문, 기독교교리 등이었다.[14] 개성의 한영서원은 소학과에서는 수신, 국어, 한문, 역사, 일어, 산술, 이과, 도화, 창가, 체조를, 중등과는 도덕, 국어, 한문, 역사, 일어, 수학, 영어, 음악, 체조, 지리, 도화, 작문을, 반공과(半工科)는 중등과의 교과목에 실업을 더하였다.[15]

공주의 명선여학당의 교과목은 성경의 읽기·쓰기, 국문의 작문과 편지쓰기, 산술, 음악(성가), 미술, 영어 등이었다.[16] 그리고 1906년에 영명여학당으로 다시 문을 연 이 학교는 1학년은 성경, 수신, 국어, 한문, 창가, 체조, 영어를, 2학년은 1학년 과목에 국사, 실업, 지리, 대수, 도화를 더하였으며, 3학년은 만국역사를 더하였다.[17] 1908년 이후에는 「고등여학교령시행규칙」에 따라 성경, 국어, 한문, 역사, 지리, 산술, 이과, 도화, 가사, 수예, 음악, 체조를 가르쳤는데, 수신과 일어는 가르치지 않았다.[18]

상동교회에서 세운 공옥소학교에서는 본국지지, 본국역사, 산술, 소학독본, 한문, 도화[19] 등을 가르쳤다.

2. 기독교학교 교과과정의 특징

이제까지 주요 기독교학교의 교과과정을 일별했다. 여기에서 나타난 공통점이나 특징은 다음과 같다.

첫째, 전통교육기관에서 가르치던 교육내용에서 완전히 탈피하여 서양식의 교육내용이 중심을 이루었다.

둘째, 전통교육에서 완전히 무시당해 온 국학에 관한 과목, 즉, 국어, 국사, 한국지리 등이 학교 교육내용에서 중요한 자리를 차지하게 되었다.

셋째, 역시 전통교육기관에서 전연 고려의 대상이 아니었던 예체능 교과인 음악·미술의 정조과목과 신체단련을 위한 체육을 중요시하여 가르치기 시작하였다.

넷째, 이과 또는 동물, 식물, 물리, 화학, 생리, 박물 등 다양한 명칭으로 과학에 관한 과목을 가르치기 시작하였다.

다섯째, 대부분의 학교가 상당히 다양하고 세분화된 과목을 가르쳤는데 그 과목은 학교마다 상이한 것이었다.

여섯째, 초창기에는 몇 가지가 안 되는 과목을 가르치다가 점점 교과과정으로서의 틀을 잡아가는 것을 볼 수 있다.

일곱째, 여학교에서는 여자의 실생활에 필요한 과목인 가사, 수예, 편물, 침공 등 실업과목을 제공했다. 남학교 역시 실업을 중시하였는데 이것은 기독교정신에 기초를 둔 것이었다.

여덟째, 기독교학교로서 당연한 목적인 한국인의 기독교인화를 위하여 모든 학교가 성경을 가르치는 데 예외가 없었다.

아홉째, 1908년 일본 제국주의가 소위 「사립학교령」을 발포한 이후에는 일본어를 교과과정에 포함시키기 시작하였다.

결국 전통교육에서는 고려의 대상에 넣을 수도 없었던 국학이 중요한 자리를 차지했다는 것 자체가 한국인 학생으로 하여금 민족의 문제에 눈을 뜨게 하는 동기를 부여하는 데 기여한 의의가 있다. 그리고 모든 학교가 전통적인 학교에서 가르치던 과목에서 벗어나 서양식 근대적인 과목으로 편성했는데 이 점은 당시 한국의 개화 또는 근대화와도 밀접한 관계가 있는 것이었다. 이것은 관공립학교나 민간인 사립학교에서도 공통으로 나타나는 현상이었다. 관공립학교, 민간인 사립학교에서 가르친 교과과정은 기독교학교로부터 받은 영향이 큰 것이었다고 해도 좋을 것이다. 그러한 의미에서 기독교학교는 학생들에게 가르친 교과과정에서 모든 학교교육을 선도하였다는 특징이 있다.

한편 기독교학교는 "한국의 근대화과정에서 교육의 수요가 급격히 증가하는 데 따른 여기에 대처하는 일"[20]을 담당하였다. 그러므로 《그리스도신문》은 "예수교회마다 학당을 설립하는 것은 유익한 일"[21]이라고 하였다. 그러면서 해당 교회 목사의 허락을 받고 와서 공부하라고 하는 글을 싣고 있다.

…각쳐 교회학당에서 예수를 밋는 션싱들이 어듸던지 모히어 션싱의 직분과 수법과 스긔와 디도와 위싱법과 여러 가지 규칙을 공부ᄒ면 유익ᄒᆯ터이니 무론 경향ᄒ고 학당션싱된 이가 와셔 공부ᄒᆯ ᄆ음이 잇ᄉ

면...22(각처 교회학당에서 예수를 믿는 선생들이 어디든지 모여서 선생의
직분과 수법과 사기와 지도와 위생법과 여러 가지 규칙을 공부하면 유익
할터이니 무론 경향하고 학당 선생된 이가 와서 공부할 마음이 있으면)

한편 기독교학교가 발전하니 당시 사람들은 그들의 자녀를 관공립학교
보다는 이들 학교에 보내는 경우가 많았다. 그 이유는 관공립학교에는 일
본인 교사를 두는 동시에 그들로부터 일본어를 배워야 했기 때문이었다.[23]
따라서 이들 두 종류의 학교 사이에는 학생을 끌어들이기 위한 쟁탈전까지
벌어지기도 했다. 여기에 관공립학교가 상대적으로 열세에 몰리자 일제의
부통감 소네 아라스케(曾彌荒助)는 관공립학교 교감회의를 연 자리에서 교
육과 종교를 분리해야 한다고 하여 다음과 같은 말을 하였다.

종교에 관하여 말하면 이 나라의 형편은 일본보다도 한층 더 심하다. 신앙은
자유이므로 학교에서 종교를 다른 학과와 마찬가지로 교수하고 있는 곳이 많
이 있는 것에 비추어 종교와 교육을 전연 별개로 하는 것은 어려운 일이다. 그
러나 이 구별을 십분 잘하여 장래에 곤란한 일이 일어나지 않도록 하지 않으
면 안 된다고 생각한다.[24]

위 말은 종교와 교육을 혼동하지 말라는 것으로써 기독교학교의 종교교
육을 통제하겠다는 것을 암시하는 말이었다.
한편 이때 소위 초대통감이었던 이또히로부미(伊藤博文)의 교육정책의
기본은 ① 사립학교의 대폭적인 감축 ② 중등교육을 주지 않는 것 ③ 실업
교육과 기술교육을 하지 않는 것 등이었다.[25] 이것은 한국인 학생으로 하
여금 배움의 길을 차단하려는 것, 한국인의 지적 수준을 저열화하려는 것,

그리고 한국인의 기술인화와 실업인화를 봉쇄하려는 술책에 불과한 것이었다. 이것을 구체화한 것이 1885년 이후 설립한 많은 기독교학교와 1905년 이후 설립한 민간인 사립학교를 의식하고 1908년에 발포한 「사립학교령」이었다. 이것은 한국에 대한 식민지 지배 준비 단계에서부터 미리 사립학교를 탄압함으로써 그것을 위축시키고 나아가서는 말살시키려는 의도에 불과한 것이었다.

Ⅲ. 교과활동에 나타난 민족교육

전통교육기관에서 가르친 교육내용은 중국 중심 유교 중심의 교육내용, 즉 사서오경 중심이었다. 이것은 우리 민족으로 하여금 몰민족적인 모화사상을 싹트게 했으며, 그 결과 우리 민족의 의식 깊은 곳에는 중국을 종주국으로 섬기는 사대주의가 만연되어 있었다. 그러므로 18세기 실학자들은 몰민족적 · 몰주체적인 사고방식에서 벗어나 우리나라의 역사를 비롯한 국학에 관한 교과를 교육내용에 포함시키라고 했다. 이러한 주장이 현실화하기 위해서는 개화기라고 하는 역사적 전환기를 기다려야 했다. 그러한 의미에서 개화기는 한국 사회 전체가 근대화의 출발점이었으며, 특히 학교 교육내용에 획기적인 변화를 가져왔다는 데 의의가 있는 시기였다.

한편 개화기에 기독교학교가 다양한 과목을 가르칠 수 있었던 것은 그러한 과목을 가르칠 수 있는 교사를 충분히 갖추고 있었던 것과 폭넓은 지식과 교양을 갖춘 기독교 정신에 입각한 한국인의 양성에 목적이 있었기 때문이다. 그런데 여러 종류의 과목을 가르치는 것도 중요하지만 어떠한 과목을 가지고 어떠한 내용을 가르쳤느냐 하는 문제가 더 중요하다. 그러므로 기독교학교에서 국어, 한문, 우리나라의 역사와 지리를 비롯하여 세계역사와 세계지리를 가르친 것은 한국인 학생의 민족정신 함양과 밀접한 관련이 있다고 보는 것이다. 또한 수신(윤리), 음악, 교련, 성경도 민족정신의 함양과 직접 관련이 있는 과목이다. 그러나 이 글에서는 편의상 국어 및 한문, 역사 및 지리, 수신(윤리) 등 세 가지 과목에 중점을 두고 기독교학교에서 전개한 민족교육의 실제에 관하여 고찰하고자 한다.

1. 국어 및 한문 교육

(1) 국어교육

국어는 민족정신을 함양하는 데 직접 관련이 있는 과목이므로 모든 나라가 이러한 목적을 달성하기 위하여 국어를 가르치는 데 앞장을 선다. 더구나 개화기 한국은 외세의 각축장이 된 상황에서 국어를 통하여 민족정신을 배양해야 한다는 것은 당시로서는 절실한 과제였던 것이다. 그러므로 의주의 조병준 같은 사람은 이것을 실천하기 위하여 국어를 가르치는 데 앞장을 섰다. 그는 의주 월화방종교학교(月華坊宗敎學校)에서 국문교육이 급선무인 것을 깨닫고 학생들에게 국문을 가르쳤다. 당시 《대한매일신보(大韓每日申報)》는 이러한 사실을 아래와 같이 말하고 있다.

죠秉準씨는 本以 儒林翹楚 育英爲樂이러니 卓오 時務지 緩急ᄒ고 參究新學ᄒ야 敎導後進호디 國文이 壹般敎育上에 必要함을 認ᄒ고 乃與有志紳士 申元현等 十三員으로 特히 坊內에 國文會를 組織ᄒ야 農工商中 漢文에 未熟ᄒ 者를 無論老少ᄒ고 壹齊히 入會케 ᄒ야 聖經의 要旨와 新學의 急務를 譯述敎導홈이 雖牧童憔夫라도 忠君지義와 愛國至誠이 無不切到ᄒ야 壹境지內에 漸進於文明지 域이라 ᄒ니 國內

教育지 家皆知諸氏지 血誠開道면 何患乎我홀 文化지 不振耶오 허러라[26](조병준 씨는 본래 유림의 뛰어난 사람으로 육영을 즐거움으로 삼더니 시세가 위급한 상황에 이르러 신학문으로 후진을 가르치되 국문이 일반교육에 필요한 것을 알고 유지신사 신원현 등 열세 명이 마을에 국문회를 조직하고 농공상 중 한문에 미숙한 자를 노소를 막론하고 일제히 입회시켜 성경의 요지와 새로운 학문의 급무를 역술 교도하는 것이 비록 어린 아이나 초부라도 충군의 의와 애국지성이 깊어 그 지역이 점점 문명한 곳이 되어 간다 하니 나라의 교육이 이러하게 되면 문명한 나라가 되리라)

조병준은 원래 유학교육을 하던 이었는데 시세가 신학문을 필요로 하게 되어 그것을 연구하여 가르치되 국문이 가장 중요하다는 것을 깨닫고 이 국문교육에 심혈을 기울임으로써 여기에서 배운 학생들은 특히 충군애국의 정신을 갖게 되었다는 것이다. 이러한 교육의 실제를 통하여 국어가 민족정신의 배양에 직접 기여하는 과목인 것을 증명해 주고 있다.

한편 학생을 가르치기 위하여 시급한 것이 교과서 편찬이었다. 따라서 선교사를 비롯하여 뜻 있는 한국인이 교과서를 편찬하였다. 그 가운데 존스(G. H. Jones)는 1902년에 『국문독본』[27]을 발행하였고, 주시경(周時經)은 『국문초학』과 『국어문전음학(國語文典音學)』[28] 등을 지었다. 그리고 현채(玄采)는 국어는 물론 역사에 관한 많은 교과서를 지었는데,[29] 그 가운데 『신찬초등소학(新撰初等小學)』〈1~6〉은 학부의 검정을 받아 사립학교초등교육학도용 교과서로 사용하였다. 이 교과서는 학부 검정을 받은 교과서라서 그 내용이 대부분 학생들의 민족정신을 배양하는 것과는 거리가 먼 내용일 수밖에 없었다.[30]

그러나 1권 28과 '국긔', 2권 26과 '조선', 3권 29과와 30과 '한양', 31과 '한강', 4권 6과 '개국기원절', 22과 '건원절', 28과 '고대조선', 37과 '삼한', 5권 1과 '나여제삼국의 기원', 15과 '금강산', 16과 '을지문덕', 18과와 19과 '삼국의 쇠망', 21과 '양만춘', 24과와 25과 '서희', 29과와 30과 '동서양제국', 36과 '강감찬', 6권 4과 '평양', 6과 '고려의 말년', 15과 '지세와 경계와 산해 및 연해안'은 주로 한국의 역사나 지리에 관한 내용으로 학생들에게 민족정신을 함양하기에 충분한 내용이었다. 몇 가지 예를 들면 아래와 같다.

2권 26과 조선

우리 朝鮮(조선)은 世界(세계)에 조흔 ᄯᅡ이라 人口(인구)ᄂᆞ 二千萬(이천만)이오 풍속이 슌박ᄒᆞ오이다 서울은 京城(경성)이오 一般人民(일반인민)이 聚集(취집)ᄒᆞᆫ 都會(도회)니 크고 번화ᄒᆞ기ᄂᆞ 朝鮮(조선)에 第一(제일)이오이다 朝鮮(조선)은 氣候(기후)가 ᄯᆞᆺᄯᆞᆺᄒᆞ고 土地(토지)도 조흐니 각식 곡식이 만히 나고 ᄯᅩ 鑛物(광물)도 만히 나옵ᄂᆞ이다 朝鮮(조선)에ᄂᆞ 녜브터 어진 사름과 충효흔 사름과 일흠난 사름이 許多(허다)ᄒᆞ니 여러분도 學校(학교)에서 工夫(공부)ᄒᆞ야 才藝(재예)를 닥고 몸을 츙실케 ᄒᆞ며 직업을 부즈런히 힘써 家(가)와 國(국)을 부케 ᄒᆞ옵시다[31]

위 글은 학생들에게 우리나라의 아름다운 풍속과 좋은 기후, 풍부한 물산 등에 관하여 가르치는 동시에 훌륭한 인물이 많았다는 점을 강조하면서 열심히 공부하여 개인적으로나 국가적으로 훌륭한 인물이 되라고 당부하고 있다.

4권 6과 개국기원절

紀元節(기원절)은 太祖高皇帝(태조고황제)께오셔 대업을 창건ㅎ신 日
(일)이오이다 前朝高麗(전조고려)의 末年(말년)에 國內(국내)가 요란
ㅎ고 外寇(외구)가 侵犯(침범)ㅎ거늘 太祖高皇帝(태조고황제)씌오셔
一一(일일)히 平定(평정)ㅎ시고 ··· 全國臣民(전국신민)의 推戴(추대)
를 因(인)ㅎ야 御位(어위)에 나아가샤 國號(국호)를 곳쳐 글오딕 朝鮮
(조선)이라 ㅎ시고 聖德(성덕)이 日隆(일융)ㅎ샤 至今(지금)까지 그 餘
澤(여택)이 傳(전)ㅎ옵ㄴ이다 是日(시일)에는 京鄕官民(경향관민)이
다 업을 休(휴)ㅎ고 家家戶戶(가가호호)에 國旗(국기)를 놉히 달아 慶
祝(경축)ㅎㄴ이다[32]

개국기원절은 태조 이성계가 고려를 무너뜨리고 새로운 나라인 조선을
세운 날이므로 집집마다 태극기를 달고 축하하는 날이라는 것이다. 이 글
은 은근히 태극기를 강조하여 이 내용을 배우는 학생들로 하여금 나라 사
랑의 정신을 갖도록 하고 있다.

이 책 5권 16과 '을지문덕'은 고구려의 을지문덕 장군이 중국의 수나라
군대를 청천강에서 크게 패퇴시킴으로써 이 싸움에서 고구려가 완전한 승
리를 거둔 역사적 사실을 가르치는 내용이다. 이 글에서도 지은이는 아무
리 국토가 좁고 인구가 적은 나라일지라도 을지문덕과 같은 훌륭한 장군
이 있어서 나라를 위하여 목숨을 바칠 각오를 하고 외적과 대항하여 싸우
게 되면 많은 군사를 이끌고 쳐들어오는 외적일지라도 얼마든지 물리칠 수
있다는 것을 말하고 있다. 이 을지문덕 장군에 관한 사적은 한국이 위태로
운 지경에서 학생들에게 민족정신을 함양하고 고취시켜 주기 위하여 역사
교과서는 말할 필요 없고 국어교과서에도 많이 실리는 내용이었다. 이것이

학생들에게 주는 교훈은 나라의 규모가 크고 작은 것이 문제가 아니며, 또한 군사의 많고 적은 것에 문제가 있는 것이 아니라 군사의 정신력과 뛰어난 지략만 있으면 아무리 많은 수의 군사를 거느리고 쳐들어오는 외적일지라도 얼마든지 물리칠 수 있다는 것이다.

그런데 『신찬초등소학(新撰初等小學)』은 일제의 손아귀에 넘어간 학부의 검정을 받은 교과서였기 때문에 그 내용이 비교적 온건한 것이었다. 그럼에도 불구하고 어떠한 형태로든 이 교과서를 가지고 공부하는 학생들에게 국권회복을 위한 민족정신을 배양시켜 주어야 한다는 지은이의 강한 의지가 담겨 있는 교과서였다.

현채(玄采)는 그 이전에 초등학교 교과서인 『유년필독(幼年必讀)』(1907)을 지어 역시 학부로부터 검정을 받았다. 이 교과서의 머리말인 '유년필독범례'를 보면 현채가 이 교과서를 지은 의도가 무엇이었는지 뚜렷하게 드러난다.

> 我韓(아한), 商泥舊習昧於愛國誠故(상니구습매어애국성고), 此書專以喚起國
> 家思想爲主(차서전이환기국가사상위주), 以歷史總括(이역사총괄), 傍及地誌
> 與世界事狀(방급지지여세계사상)[33]

이 교과서는 애국사상을 환기시키려는 목적으로 지은 것이었다. 즉 역사와 지리교육을 통하여 학생들의 민족주체성을 확립시켜 주고, 나아가서는 새로운 세계 사정을 익혀 국제경쟁에서 이길 수 있는 인물을 양성하겠다는 의도였던 것이다. 그러므로 모두 네 권으로 된 이 교과서는 역사와 지리교과서라고 해도 과언이 아닐 정도로 몇 가지 내용을 제외하고는 우리나라의 역사와 지리, 그리고 일부 우리나라와 관계있는 중국, 러시아, 일본, 미국도 싣고 있다. 그 내용은 아래와 같다.

권1 : 나라1.2, 우리 대한나라, 평양1.2.3.4, 지세, 지질, 산, 금강산1.2,
  을지문덕1.2.3, 양만춘1.2.3, 강과 원야, 우리나라 면적, 백제1.2.3,
  성충1.2, 계백1.2.3, 기후, 인정, 종교, 후백제 1.2
권2 : 경주1.2.3, 김유신1.2, 김양1.2, 장보고1.2, 최치원1.2, 나라3.4,
  본분 직힐 일1.2, 풍속1.2, 국가1.2, 국민의 권리, 개성 1.2. 3, 유금필,
  서희 1.2.3.4, 강감찬1.2, 정몽주, 고려1.2
권3 : 본조역대1.2, 정체1.2.3, 삼각산, 한강, 본조역대3, 황희, 본조역대
  4.5, 손순효, 항구, 도서, 본조역대6.7.8, 임진란, 윤두수1.2, 이순신,
  인삼, 쏭나무, 목화, 아국아신(我國我身), 혈죽가1.2, 김덕령1.2, 관동
  팔경, 겪은 일을 천ᄒᆞ다 말일1.2, 정기룡, 애본국(愛本國)
권4 : 학문1.2, 본조역대9, 이원익1.2, 본조역대10.11, 정충신, 회개할 일 1.2,
  임경업1.2, 본조역대12.13, 인류1.2, 본조역대 14, 정약용, 청국, 노국,
  일본, 미국, 독립가1.2.3, 본조역대 15.16. 17.18, 유태와 파란국민(波蘭
  國民), 와신상담(臥薪嘗膽)

이러한 교과서를 가지고 공부한 학생들과 이 책을 읽는 사람은 누구나
자주독립정신과 애국·애족사상으로 가득 차 있었을 것이다. 이러한 사실
은 1909년 일제가 한국의 학부를 조종하여 학교에서 이 교과서를 사용하
지 못하도록 「불인가교과용도서」 처분을 내린 것과 내부대신 이름으로 「발
매반포금지도서」[34] 처분을 내려 어떠한 학교에서도 사용하지 못하도록 한
것이 증명해 준다.

이 교과서는 그 목차만 보더라도 그 당시로서는 어쩔 수 없이 일제가 조
종하는 학부에 의하여 불인가 처분은 말할 것도 없고 발매반포금지도서 처
분을 받기에 충분했던 것이다. 이러한 사실을 증명하는 몇 가지 내용을 제
시하면 아래와 같다.

권1 제22과 우리나라 面積(면적)

우리나라 面積(면적)은 八萬二千方里(팔만이천방리)가 되니 英國(영국)보다 三分(삼분)의 二(이)오 德(덕), 법(法) 양국(兩國)보다 오분(五分)의 二(이)오 日本(일본)보다 十分(십분)의 六(육)이오 淸(청), 俄(아), 美(미) 三國(삼국)보다는 대단이 적으나 슌젼흔 獨立國(독립국)이오 이외에 葡萄牙(포도아)와 和蘭(화란)과 白耳義(백이의)와 丁抹(정말)과 瑞西(서서) 등 나라는 우리나라보다 극히 적으나 다 獨立國(독립국)이오이다[35]

우리나라의 넓이를 두 부류로 나누어 비교하고 자주독립국이라는 점을 강조하면서 독립국가를 유지하는 것은 국토의 넓고 좁은 것과는 상관이 없다는 것이다.

권2 제15과 본분 직힐 일 2

여보우리 同窓諸君(동창제군) 우리本分(본분) 직힙시다
維新事業(유신사업) 이닉나라 中興功臣(중흥공신) 우리로셰
世界文明(세계문명) 輸入(수입)ᄒ야 萬國玉帛(만국옥백) 會同(회동)홀졔
愛國愛國(애국애국) 우리同胞(동포) 世界一等(세계일등) 우리大韓(대한)
國民自由(국민자유) 굿게직혀 獨立權利(독립권리) 일치말셰
여보우리 同窓諸君(동창제군) 우리本分(본분) 직힙시다
太極國旗(태극국기) 놉히달고 愛國歌(애국가)롤 불러보세[36]

이 글은 나라 백성으로서 지켜야 할 본분이 무엇인지를 가르쳐 주고 있다. 즉 나라를 다시 일으킬 공신은 바로 학생들인 동시에 만백성이므로 외

국의 선진 문물을 받아들여, 그것을 민족중흥과 국가발전을 위해 이용하는 동시에 애국애족을 바탕으로 국민의 자유를 지키고 독립국가를 건설해 나가는 것이 우리 민족이 할 일이라는 것이다. 당시 나라가 풍전등화와 같은 처지에 놓여 있는 형편이었음에도 불구하고 만백성이 애국심으로 뭉쳐서 독립 국가를 지켜 나가겠다는 굳은 신념을 가지게 되면 이러한 일을 능히 성취할 수 있다는 자신감을 심어 주려고 한 내용이다.

권3 제24과 我身我國(아신아국)

…앞 생략…

然(연)혼즉 我國(아국)이라, 홈은 他國(타국)이, 잇는 연고오 我身(아신)이라 홈은 他人(타인)이, 잇는 연고며 我(아)의 自由(자유)ㅎ는 權(권)은, 사름마다 上天(상천)이, 쥬신바라 他人(타인)이 감히 쎅앗지, 못홀빈오 아국도, 쏘혼, 그러한지라 他國(타국)의, 간섭을, 물니쳐 自主權(자주권)을, 일치 아니, ㅎ고 獨立(독립)ㅎ는, 실상 힘을 직흰 후에야 我國(아국)이라 ㅎᄂ이다 그러치, 아니ㅎ면, 我國(아국)을 保全(보전)치 못ㅎ고 我國(아국)을 保全(보전)치, 못ㅎ면 我身(아신)을 保全(보전)치, 못ㅎ나이다[37]

위 글은 나라와 그 안에 살고 있는 백성을 동일시하고 있다.

나라라는 것은 다른 나라의 간섭이나 지배를 받지 않고 자주 독립을 지킬 때 그 존재 의미를 찾을 수 있는 것이며, 그러할 때에 그 나라 안에 살고 있는 백성도 자유를 누릴 수 있는 것이다. 이 책을 지은이는 한국이 일제에 의하여 주권을 완전히 상실당하다시피 한 운명이었는데도, 국권을 다시 회복해야 한다는 민족적인 여망을 '아신아국'의 내용에 담아 학생들에게 국권회복을 위한 역량을 길러 주려고 하였다는 것을 알 수 있다.

한편 권4의 25과에서 27과까지는 '독립가'를 싣고 있다. 이 독립가는 우리 민족이 다른 나라의 노예가 되어 가는 슬픈 지경에 이른 것을 노래하면서, 그 독립을 잃어버린 원인이 군신상망(君臣相忘), 학정(虐政), 의부(依附), 우준(愚蠢)한 것에 있다고 노래한다. 그러므로 지은이는 젊은이들에게 나라를 되찾기 위해서는 의뢰심 대신 자립심을 기르고, 관작이나 바라거나 사리사욕에 사로잡히지 말고 나라를 위하여 헌신할 수 있는 당당한 백성이 되도록 노력할 것을 당부하고 있다.

이와 같이 국권을 상실한 형편에 이르렀지만 그래도 젊은이들을 올바르게 가르쳐놓으면 머지않은 때에 국권을 회복하리라는 희망을 가지고 민족정신을 일깨워 주기 위하여 위와 같은 내용을 교과서에 실었던 것이다.

국민교육회에서 1906년에 발간한 『초등소학(初等小學)』은 공옥여학교(攻玉女學校)[38]에서 사용한 교과서이다. 이 교과서는 1908년에 발포한 「교과용도서검정규정」에 의하여 불인가 처분을 받았으나, 그럼에도 불구하고 공옥여학교는 이 교과서를 1910년까지 사용했다.[39]

이 교과서는 모두 여덟 권으로 각 학년마다 두 권씩 배우도록 되어 있다. 1, 2권은 1학년 학생들에게 국어교육의 기초인 자모와 음운구성법, 단어성립 등의 기초를 닦는 내용으로 구성되어 있다. 고학년으로 올라갈수록 그 단원은 국토, 역사, 인물, 애국심을 중심으로 구성하였고, 시사성이 있는 새로운 세계 사정을 단원으로 넣어서 애국적이고 주체적인 정신을 함양하도록 하였다.[40]

7권 6과 '張巡 許遠(장순 허원)'에서는 국민 된 자는 자기 나라를 사랑하는 마음이 자기 집을 사랑하는 마음보다 더 두터워서 나라가 위난을 당할 때에는 죽음을 무릅쓰고 충의를 다 해야 할 것을 가르치고 있다.

8권 21과 '애국심'은 학생들이 나라를 사랑하는 마음을 갖는 것이 나라를 보전하는 첩경이라고 하면서, "만약 국가에 대ㅎ야 포학 부정을 가ㅎᄂ자가"[41] 있을 때에는 온 힘을 다 하여 나라를 보호해야 하는 것이 각 개인이 할 일이라고 강조하고 있다. 이것은 당시 한국에 대하여 침략의 야수를 뻗치고 있던 일본제국주의를 의식하고 학생들에게 경각심을 불어넣어 주기 위하여 이러한 내용을 실었던 것으로 보인다.

한편 휘문의숙에서는 여러 종류의 교과서를 발간하였는데 "당시 장지연(張志淵)이 휘문의숙의 숙장으로 재임하던 시기였기 때문에 여러 면에서 그의 철저한 독립 자유사상이 작용"[42]했기 때문이었다고 볼 수 있다. 그 가운데 1906년에 발간한 『고등소학독본(高等小學讀本)』[43]은 역시 공옥여학교[44]를 비롯하여 천주교에서 세운 계성학교[45]와 가명학교[46]에서 사용한 국어 교과서이다. 이 교과서는 1, 2권 다같이 45과씩 모두 90과로 편성하였고 그 가운데 1권은 13개 과가, 2권은 10개 과가 적어도 학생들에게 민족의 문제에 관하여 깊이 생각할 수 있도록 한 내용이다. 그 가운데 1권 8과 '독립'을 보면 개인도 타인에게 의뢰하는 마음이 강하면 아무리 재능이 뛰어나도 그것을 잘 활용하지 못하여 무용지물의 사람이 되고 마는 것처럼 나라도 마찬가지라는 것이다.

…人民(인민)의 依賴心(의뢰심)이 長(장)ᄒ 즉 國(국)이 衰弱(쇠약)ᄒ야 獨立(독립)홀 思想(사상)이 乏(핍)홀지라 從前(종전)으로 我國(아국)의 習慣(습관)은 依賴心(의뢰심)이 成痼(성고)홈으로서 國(국)의 危弱(위약)홈이 此(차)에 至(지)ᄒ얏스니 嗚呼(오호)라 靑年學生(청년학생)은 志氣(지기)를 奮勵(분려)ᄒ야 個個(개개)히 獨立(독립)의 精神(정신)을 腦髓(뇌수)에 貫徹(관철)ᄒ고 自助(자조)의 思想(사상)을 暫時(잠시)도 勿忘(물망)홀지니라[47]

즉 나라를 구성하고 있는 개개 인민의 정신 속에 의뢰심이 가득 차 있기 때문에 나라가 위태로운 지경에까지 이르렀다는 것이다. 그러므로 청년 학생은 그 뇌리에 독립정신을 새겨두고 이것을 실천할 수 있는 자조의 정신을 잠시도 잊지 말아야 한다는 것이다. 이와 같이 이 교과서는 나라의 자주독립을 젊은이들의 지조와 기백에 바탕을 둔 독립정신에 기대하고 있는 것을 볼 수 있다.

한편, 정인호(鄭寅琥)가 지은 『최신초등소학(最新初等小學)』은 배영학교(培英學校)에서 사용한 교과서로, 일제가 말하는 대로 "배일적 기사가 풍부"[48]하였으므로 불량한 교과서로 취급하여 1910년 10월 26일자로 "출판법에 의하여 발매 반포 금지시켰던 도서 가운데 하나이다."[49] 이 교과서는 4권 2책이며, 특히 1권은 국문의 초보를 학습하는 내용이다. 그럼에도 불구하고 아래와 같은 내용을 싣고 있어서 어린아이들에게 민족정신을 배양하려는 의도가 숨어 있다는 것을 알 수 있다.

누님, 저긔, 셔, 펄펄, 날니난, 국긔, 보시오.
우리, 남매도, 학도인대, 느꼈소.
어셔, 갑시다.
모쟈에, 리화, 달고, 갑시다. 오날, 학교, 대운동에,
나가면, 운동도, 하고, 들, 구경도, 잘, 하갯소[50]

특히 이 교과서는 "펄펄, 날니난, 국긔, 보시오."가 있는 내용의 바로 위에 태극기를 교차하여 그려 넣었다. 물론 다른 내용에서도 그와 관계있는 그림을 넣은 것이 많기 때문에 평범하게 보아 넘길 수도 있겠지만 평범하게 보아 넘길 것이 아니라고 생각한다. 이것은 제2권 3과 '거름 步(보)'에서도 마찬가지로 태극기가 등장한다.

學徒(학도), 兒孩(아해)들이, 만히 모여서, 步法(보법)을, 익힐새, 國旗(국기)를, 든, 자도 잇고, 喇叭(나팔)을, 부난자도 잇난대, 進退(진퇴)와, 遲速(지속)이, 一齊(일제)하외다, 童子軍(동자군)도, 한번, 싸온다, 하니, 참 勇(용)하다.[51]

이 내용과 관련있는 그림은 학생들이 모여 교사와 함께 단체로 행군하는 모습을 나타내고 있다. 교사는 나팔을 불고 오른손에는 칼을 들고 있고, 아이들 가운데 맨 앞에서 걷는 아이 하나가 태극기를 들고 걷고 있으며 나머지 아이들은 왼손에 칼을 세워 들고 걷는 모습이다. 여기에 국기, 나팔, 동자군(童子軍), 싸움 등의 단어가 등장하는 것은 학생들이 대오를 지어 우리나라의 원수인 일본과 싸우러 나가는 모습을 은유적으로 표현한 것이 아닌가 생각할 수 있다.

같은 교과서 2권 12과의 '줄다리기'와 3권 6과의 '運動(운동)'에서는 각기 다른 운동가가 등장한다. 그리고 3권 21과의 '文明(문명)한 氣像(기상)', 4권 2과 '崔致遠(최치원)', 7과 '冬(동)의 雪戰(설전)', 8과 '馬車(마차)', 12과 '兒童(아동)의 義務(의무)', 13과 '漢城(한성)', 14과 '匠工(장공)의 職業(직업)', 15과 '閔泳煥(민영환)' 등에서도 학생들에게 나라와 민족을 위하여 헌신할 수 있는 재목으로 자라도록 가르치고 있는 내용이다.

한편, 국어학자인 주시경(周時經)은 국어학에 관한 여러 가지 책을 지었다. 그 가운데『국문초학』은 초보자에게 국어 철자를 가르치기 위하여 편찬한 책이다. 그럼에도 불구하고 철자법에 관한 설명은 전혀 없고, 다만 예문만을 제시하여 독본을 겸한 형식을 취하고 있다.[52] 즉 1과에서 21과까지는 모음, 자음, 합자법, 단어표기 등으로 구성하였고, 22과부터는 문장표기의 예를 들고 있다. 그런데 문장표기의 예를 보면, 이것을 배우는 학생뿐만 아니라 일반인에게 은근히 민족정신을 배양시켜 주기 위하여 지은 책이라는 것을 알 수 있다. 이 교과서의 '마흔 넷 재 공과'와 '마흔 다섯 재 공과'는 단군이 이 땅에 나라를 세우고 그 세력을 중국의 만주지방에까지 뻗쳐서 강대한 나라를 건설했던 역사적 사실을 싣고 있다. '마흔 넷 재 공과'는 단군이 처음으로 이 땅에 나라를 세우고 국호를 고조선이라 정하기까지의 과정을 설명하는 내용이다.

마흔 넷 재 공과

옛, 날에, 우리, 나라에, 사람이, 처음으로, 나서, … 각 쳐에, 헤여져, 살되, 거느려, 다스리는, 임군이, 업더니, 한, 사람이, 태빅산, 향나무, 알에셔, 나니, 일홈은, 왕검이요, 그 아버지는, 환웅이요, 그 할아버지는, 환인이더라. 왕검이, 밝고, 거룩ᄒ거늘, 왼, 나라, 사람이, 다, 들어, 임군을, 삼고, 단군이라, ᄒ더라. 단군이, 셔울을, 평양에, 뎡ᄒ시고, 비셔압의, 스달로 황후를, 삼고, 나라, 일홈을, 죠션이라, ᄒ시다.[53]

'마흔 다섯 재 공과'는 단군이 고조선을 건국한 이래 태평성대를 누리고 있었는데, 단기 1212년(기원전 2121년)에 중국의 은나라 사람 기자(箕子)가 그의 부하 5천 명을 거느리고 와서 평양을 정복함으로써, 고조선 임금이 북쪽으로 피하여 백두산 서편에 이르러 서울을 북부여에 정한 사실을 싣고 있다.

단군, 째에는, 우리, 나라가, 동남은, 큰, 바다에, 이르고, 셔는, 료하를 넘고, 북은, 흑룡강을, 지나니, 지나, 요, 임군의, 나라보다, 멋, 비가, 되어, 이 째는, 우리, 나라가, 텬하에, 뎨일 컷느니라[54]

그러면서 고조선 당시 우리나라의 영토가 서쪽으로는 요하(遼河), 북쪽으로는 흑룡강(黑龍江)까지 이르러 오히려 중국보다 국토가 더 넓은 나라였다는 사실을 밝히고 있다. 이것은 단순히 지리적인 측면에서 국토가 넓었다는 사실만을 강조하려는 것이 아니라, 그만큼 국력이 강대한 나라였다는 것을 강조하려는 것이 분명하다. 그뿐만 아니라 이 교과서는 백성이 단군을 임금으로 삼은 것, 임금은 백성으로 하여금 성을 쌓아 나라를 지키게 한 것, 태자를 도산회에 보내어 외국의 동정을 살펴 외환을 미리 막은 것, 기자가 내려온 뒤에도 나라를 지킬 수 있었던 것 등은 모두가 단군의 거룩하신 공과 덕 때문이라고 하면서, 단군처럼 장하신 임금은 천하에서 찾아볼 수 없다고 하였다.

지금까지 기독교학교에서 사용한 국어교과서에 실은 민족교육의 내용을 고찰하였다. 그 결과 발견할 수 있는 특징은 학부의 인가를 받은 교과서든 인가를 받지 못한 교과서든 당시의 시대적 상황을 그대로 반영하여 학생들에게 국권회복을 위한 강한 의지와 신념을 기르는 내용으로 구성했다는 점이다. 더욱 놀라운 사실은 국어교과서임에도 불구하고 마치 역사교과서인 것처럼 그 내용의 대부분을 한국의 역사적 사실이나 이름 있는 인물로 채웠다는 점이다.

(2) 한문교육

개화기에 학교교육이 아무리 근대식 체제로 전환되었다고 해도 교육의 실제에서 갑자기 한문교육을 배제할 수 있는 상황은 아니었다. 왜냐하면 아무리 나라가 서양 문물의 영향을 받아 개화 또는 근대화가 되었다 해도 한국의 문화적 전통 속에 깊이 뿌리를 내리고 있는 한문을 갑작스럽게 배격

한다는 것은 불가능한 일이었기 때문이다. 그리고 당시 가장 쉽게 확보할 수 있는 것이 한문을 가르칠 수 있는 선생이라는 점도 배제할 수 없는 현실이었다. 따라서 아무리 근대식 학교일지라도 그 교육내용에 한문을 포함시키지 않을 수 없었는데 기독교학교도 예외는 아니었다. 따라서 기독교학교에서도 예외 없이 한문을 가르치는 것은 당시로서는 보편적인 현상이었다.

배재학당은 초창기부터 영어, 국문과 함께 한문을 가르쳤다.[55] 특히 "1889년 한학자 최병헌(崔炳憲)이 한문 선생으로 오게 되어"[56] 한문교육은 더욱 활성화되었다. 그리고 학교의 체제를 특별과와 본과로 구분하고 특별과에는 보통과와 만국지지과를 두었는데 여기에서 공통으로 한문을 가르쳤으며, 본과에는 영문과와 함께 한문과를 두었다.[57] 이러한 점으로 미루어볼 때, 한문은 여전히 당시 학교교육에서 확고부동하게 그 자리를 지키고 있었던 것을 말해 주는 것이다.

이것은 경신학교도 예외는 아니었다. 이 학교는 하루 일과 가운데 무려다섯 시간을 한문으로 배정한 때가 있었다. 가르친 내용은 전통 교육기관에서 가르친 『천자문(千字文)』, 『동몽선습(童蒙先習)』, 『통감(通鑑)』 등이었다.[58] 경신학교 역시 한문이 교과과정에서 중요한 자리를 차지하고 있었다는 것을 증명해 주고 있다.

이화학당도 초등과 중등, 고등 할 것 없이 모두 한문을 가르쳤으며,[59] 정신여학교, 배화학당, 전주의 기전여학교 등도 예외는 아니었다. 더구나 이들 학교는 여학교임에도 불구하고 한문을 가르쳤다는 것은 교과과정에서 남녀차별의 고정관념을 깨기 시작했다는 것과 또한 한문을 가르칠 수 있는 선생이 확보되어 있었다는 것을 의미한다.

이들 학교에서 한문교과서로 많이 사용한 책은 선교사 게일이 지은 『유몽천자(牖蒙千字)』〈1~4〉, 윤태영(尹泰榮)이 번역하고 여규형(呂圭亨)이 주석을 한 『한문학교과서(漢文學教科書)』〈1·2〉, 원영의(元泳義)가 편찬한 『몽학한문초계(蒙學漢文初階)』〈전(全)〉과 『초등작문법(初等作文法)』, 강화석(姜華錫)이 지은 『부유독습(婦幼獨習)』〈상하(上下)〉, 휘문관(徽文館)에서 펴낸 『속성한자과본(速成漢字課本)』, 이종하(李琮夏)가 지은 『보통교육한문신독법(普通教育漢文新讀法)』〈1~4〉 등이었다.

이들 교과서 가운데 『유몽천자(牖蒙千字)』, 『몽학한문초계(蒙學漢文初階)』, 『속성한자과본(速成漢字課本)』 등은 일제의 조종을 받은 학부에 의하여 사용금지도서라는 처분을 받았다. 그 이유는 애국심을 고취하는 내용, 즉 한국인 학생들에게 민족의식을 고취시켜 주는 내용으로 구성되어 있는 교과서라는 것 때문이었다. 특히 『유몽천자(牖蒙千字)』는 일제의 눈에 더욱 거스른 것이었는데, 그 이유는 4권에 '유몽속편(牖蒙續篇)'이라는 부제가 붙어 있는 것 때문이었다. 그 내용은 한국의 역사에서 이름 있는 임금의 어제문(御製文)과 문집 등에서 뽑은 글과 역대의 이름 있는 사람들의 글을 뽑아 실은 것이다.[60] 49과로 구성된 각 단원의 제목은 아래와 같다.[61]

1~2, 洪範(홍범) : 箕子東來(기자동래), 3. 世宗(세종) : 戒酒論(계주론), 4. 肅宗(숙종) : 滄波扁舟圖識(창파편주도식), 5. 薛聰(설총) : 花王戒(화왕계), 6. 崔致遠(최치원) : 上大師侍中狀(상대사시중장), 8. 李穡(이색) : 望海樓記(망해루기), 11. 河崙(하륜) : 圃隱先生詩集序(포은선생시집서), 13. 鄭道傳(정도전) : 勤政殿序(근정전서), 22. 鄭麟趾(정인지) : 訓民正音序(훈민정음서), 25~29. 李珥(이이) : 時弊疏(시폐소), 32. 宋時烈(송시열) : 圃隱先生集重刊記(포은선생집중간기), 42. 洪良浩(홍양호) : 贈洪上舍相喆歸南陽樓(증홍상사상철귀남양루), 47. 南公轍(남공철) : 夕陽樓(석양루), 49. 姜必孝(강필효) : 是憂堂記(시우당기)

이 책은 그 제목만 보아도 한국의 문사 가운데는 뛰어난 인물이 많고 그 업적도 뛰어나다는 것을 알 수 있다. 따라서 이 책이 한문 교과서였을지라도 일제의 눈에는 그들의 비위를 건드리는 내용으로 구성한 책으로 보였던 것이다.

한편, 『몽학한문초계(蒙學漢文初階)』도 다음과 같이 애국심을 고취하는 내용 때문에 일제가 조종하는 학부로부터 사용 금지 처분을 받았다.[62]

> 94. 檀君朝鮮(단군조선), 103. 箕子朝鮮(기자조선), 143. 朝鮮(조선), 157
> ~158. 韓國(한국)의 名將(명장), 163. 訓民正音(훈민정음), 169. 世宗朝北
> 鎭(세종조북진), 185. 鑄字所(주자소), 188. 秀麗江山(수려강산)

위 교과서 역시 한국 학생이면 누구나 배워야 할 내용이며, 또한 그러한 내용을 통하여 민족정신을 배양해야 한다는 사실은 당연한 일이었다. 그럼에도 불구하고 일제는 학생들이 이 교과서를 가지고 배움으로써 민족정신을 배양할 수 있다는 것 자체를 차단하기 위한 수단으로 『유몽천자(牖蒙千字)』와 마찬가지로 사용 금지 처분을 내렸던 것이다.

강화석(姜華錫)이 지은 『부유독습(婦幼獨習)』 상하(上下)는 "종래 부녀자들에게 한자를 배울 기회가 없었던 것을 시정하기 위하여 지은 것"[63]으로써, 학교교육을 받은 부녀자보다는 독학을 하는 부녀자를 위하여 지은 책이다. 그런데 이 책은 "국한문 혼용체의 운문(韻文)으로 된 문맥 풀이의 내용으로 신문화 도입의 필요성, 학교 설립과 새로운 학문의 수학(修學), 자주국민의 긍지, 진충보국(盡忠報國)과 애국정신의 함양, 국가관제(國家官制)"[64] 등을 소개하는 내용으로 구성되어 있다.

위에서 한문교과서의 대강을 일별하였거니와 한문교과서 역시 당시의 시대정신을 반영하여 학생들에게 민족의식을 배양시켜 주는 내용으로 구성되어 있었던 것을 알 수 있다. 그러므로 당시 학부는 한국의 학부이면서도 학생들에게 그러한 민족정신을 고취시켜 주기는커녕 일제의 앞잡이가 되어 그러한 내용으로 구성되어 있는 한문교과서를 탄압의 대상에 넣어 사용 금지 처분을 내렸던 것이다.

위에서 고찰한 바와 같이 국어와 한문과목이 한국 국민의 민족정신을 배양하는 데 직접적인 사명을 다한 과목이라는 사실에 의심의 여지가 없다. 따라서 일제의 조종 아래 학부에서 편찬한 교과서는 말할 필요도 없고, 학부의 검인정을 받은 교과서에는 민족정신을 배양할 만한 내용은 아예 넣지 못하도록 했거나, 아니면 싣더라도 민족정신을 배양하는 것을 약화시켜 국어교육을 왜곡하고 말았던 것이다. 이러한 사실은 한문과목에도 그대로 반영하였다. 사실 한문은 기독교학교에서도 국어나 성경 다음으로 중요한 위치를 차지하고 있었다는 것을 이용하여 한국인 학생들에게 민족정신을 고취시킬 수 있는 시간으로 십분 활용했던 것이다. 그러므로 일제의 조종을 받은 학부는 이 교과서도 탄압의 대상에 넣었던 것이다.

2. 역사 및 지리교육

(1) 역사 및 지리의 교과과정에의 편성

역사와 지리 교과도 국어 못지않게 학생들에게 민족정신을 함양시키는 데 지대한 영향을 주는 과목이다. 그러므로 이러한 사실을 의식한 일제는 한국에 대한 식민지 지배 전 기간을 통하여 한국인 학생들에게 한국의 역사와 지리는 가르치지 않고 일본의 역사와 지리만 가르쳤던 것이다. 다만 일본의 역사와 지리를 가르치는 과정에서 한일관계를 가르쳐야 할 불가피한 경우에만 어쩔 수 없이 한국의 역사를 가르치되 철저하게 왜곡하여 가르침으로써 한국인 학생들로 하여금 스스로 열등민족이라는 의식을 갖게 하고 긍정적으로는 일본인이라는 생각을 갖게 하였던 것이다.

한편 개화기에 기독교학교에서 가르친 역사와 지리는 상당히 광범위한 것이었다. 단순히 한국의 역사와 지리만을 가르친 것이 아니라 세계의 역사와 지리까지도 가르쳤던 것이다. 특히 역사는 한 나라의 건국사(建國史)나 망국사(亡國史)를 가르치는 것은 말할 것도 없고 나라를 위하여 위대한 업적을 남긴 영웅들의 전기를 가르침으로써 그것을 배우는 학생들로 하여금 민족적인 경각심을 갖게 하였다. 이러한 교육에 적극적이었던 것이 기독교학교였고, 이러한 적극적인 양상을 잘 보여 주는 것이 역사와 지리를 교과과정에 편성한 것이었다.

그런데 기독교학교가 역사와 지리 과목을 그들 학교의 교과과정에 편성한 것은 다른 과목과 마찬가지로 그 시기가 일정하지 않았다. 배재학당은 1903년 이후에야 역사를 가르치기 시작하였다. 이때는 한국역사(韓國歷史)·세계역사(世界歷史)·일본역사(日本歷史)·중국역사(中國歷史) 등으로 구분하여 가르쳤다.[65] 그러다가 1908년 이후에는 한국역사·동양역사(東洋歷史)·세계역사로 나누어 가르쳤다.[66] 지리도 한국지리(韓國地理)·동양지리(東洋地理)·세계지리(世界地理)로 나누어 가르쳤다.[67]

이화학당은 중등과의 경우 1904년 교과과정에 '조선사(朝鮮史)·고구려(高句麗)·신라(新羅)·고려(高麗)·미국사(美國史)·한국지리(韓國地理)·외국지리(外國地理)·미국지리(美國地理)'[68] 등을 편성하였는데, 특히 한국의 역사를 상당히 세분화해서 가르친 것이 특징이었다. 그리고 1908년 이후 초등과는 본국역사와 본국지리를, 중등과는 만국역사(萬國歷史)·근세사(近世史)·상고사(上古史)·영국사(英國史)·미국사(美國史)·지문학(地文學)·만국지지(萬國地誌)를 가르쳤다.[69] 이와 같이 이화학당은 다른 학교와 비교할 때 역사와 지리에 더 많은 비중을 두고 가르쳤던 것을 알 수 있다.

진남포(鎭南浦)에 있던 "기독삼숭학교(基督三崇學校)는 만국역사와 만국지지"[70]를 교과과정에 편성해 가르쳤으며, 서울의 황성기독교청년회학관(皇城基督敎靑年會學館)은 "동국역사(東國歷史)·대한지지(大韓地誌)·만국역사·만국지지"[71]를 편성하여 가르쳤다. 그리고 경신학교(儆新學校)는 역사·지리,[72] 또는 조선사·지리[73]라는 과목 명칭으로 가르쳤으며, 정신여학교는 연동여학교(蓮洞女學校, 1895~1902) 시절에 역사와 지리를 교과과정에 넣었으며,[74] 연동여자중학교(蓮洞女子中學校, 1903~1908) 시절에도 지리와 역사를 가르쳤는데,[75] 사용한 교과서는 현채(玄采, 1856~1902)가 지은 『유년필독(幼年必讀)』이었다.[76]

배화학당도 역사와 지리를 가르쳤으며,[77] 숭의여학교는 설립 초기인 예수교소학교 시절에 찬송·성경암송·산술(가감승제)과 함께 지리를 가르쳤다.[78] 그리고 1903년 숭의여학교로 학교 이름을 바꾸면서 가르친 과목은 성경·한문·산학신편(算學新編)·지리·역사·생리·동물·식물이었다.[79] 공주의 명선여학당(明宣女學堂)은 설립 당시 지리와 국사를 포함시켰으며,[80] 1906년에 영명여학당(永明女學堂)으로 다시 개교하고 〈보통학교령(普通學校令)〉에 따라 2학년에서 국사와 지리를, 3학년에서는 만국역사와 지리를 가르쳤다.[81]

위와 같이 기독교학교에서는 설립 초기부터 어떠한 형태로든 역사와 지리를 교과과정에 편성하여 가르쳤던 것을 알 수 있다. 그런데 학교에 따라서는 폭넓게 가르쳤던 것이다. 이와 같이 기독교학교에서 역사와 지리를 가르치되 폭넓게 가르칠 수 있었던 것은 다음과 같은 이유 때문이었다.

첫째, 역사나 지리를 가르칠 수 있는 자질을 구비한 교사를 확보
　　하고 있었던 것.
둘째, 역사와 지리를 가르칠 만한 교재를 확보하고 있었던 것.
셋째, 학생들에게 역사와 지리를 가르쳐주면 폭넓은 교양과 지
　　식을 갖추게 된다는 선교사들의 판단이 있었던 것.
넷째, 학생들에게 민족의 문제에 다각도로 접근할 수 있는 역량을
　　길러 주기 위한 것.

　위와 같은 까닭으로 말미암아 역사와 지리를 교과과정에 편성하여 가
르쳤으며, 그 효과는 한국인 학생들의 정신 속에 당시 위태로운 나라를 위
기로부터 건져야 한다는 사명감을 갖게 하는 데 기여하였을 것임에 틀림
없다.

(2) 역사교육

　기독교학교에서 초창기부터 중요한 과목으로 생각하고 가르친 것이 역
사이었다. 그리고 한국의 역사는 말할 것도 없고 세계의 역사까지도 포함
하여 가르쳤다. 역사는 그것이 자기 나라의 역사이든 다른 나라의 역사이
든 상관없이 학생들에게 어떠한 형태로든지 민족정신을 배양시켜 주고 고
취시켜 주는 데 직접적인 구실을 하는 과목인 것이다. 따라서 당시에 강대
국이든 약소국이든 상관없이 역사를 가르치는 데 큰 관심을 가졌으며 이것
은 시대가 바뀐 오늘날도 변함없는 현상으로 나타나고 있다.

　한국의 독립을 위하여 활동한 선교사 헐버트(Homer B. Hulbert, 1863~1949)
는 『대한력ᄉ』〈샹〉(1908)을 지었다. 이 책은 단군조선(檀君朝鮮)으로부터
고려(高麗) 공양왕(恭讓王, 1345~1394. 재위 1389~1392)에 이르기까지의 한국

역사를 순 국문으로 지은 교과서이다. 이 교과서의 서문은 오성근(吳聖根)이 썼는데 그는 여기에서 이 책을 저술한 목적을 아래와 같이 밝히고 있다.

… 전략 … 대개 그 교육의 죵지를 국민기도의 근본을 삼는 고로 반다시 그 나라 력ᄉ를 교슈ᄒ야 죠국의 정신과 동족의 감념을 고발ᄒ야 그 외국ᄒᄂ 혈셩을 비양ᄒ며 노력의 발젼을 굿게 ᄒᄂ니 만일 그 국민 된쟈ㅣ 그 나라 력ᄉ에 암미홀진듸 다만 쥰동ᄒᄂ 흔 금슈와 다름이 없ᄂ지라 엇지 이 문명흔 경칭시대에 춤례홀 수 잇스리오…아 동방 단군긔ᄌㅣ 이릭 사쳔년의 력듸 졍ᄉ를 대강 편찬ᄒ야 아국 남녀노유로 ᄒ야곰 고로 보고 널니 비호기를 희망ᄒ야 … 슌국문으로 역슐ᄒ얏으니… [82]

즉 이 책을 저술한 목적이 한국인 학생뿐만 아니라 한국 인민 모두에게 읽힘으로써 민족정신을 배양시키려는 데 있다는 것을 밝히고 있다. 특히 국민으로서 자기 나라의 역사를 알지 못하면 외국과의 경쟁에 참여할 수도 없으며, 참여한다 해도 패할 수밖에 없다는 것이다. 헐버트는 한국 국민에게 자기 나라의 역사를 공부함으로써 우리의 역사적 사실을 이해할 뿐만 아니라 그것을 바탕으로 하여 기울어져 가는 나라를 바로 세울 수 있는 역량을 길러 주기 위하여 이 책을 지었던 것이다.

그러므로 이 교과서의 '삼국긔'에서 우리나라와 일본과의 관계에 대하여 다음과 같이 기술하고 있다.

왜는 곳 지금 일본(日本)이라 … 슝신텬황에 니르러 비로소 우리 나라와 통ᄒ며 그 후에 슈인텬황 때 신라 탈희왕과 교빙ᄒ고 빅졔 건초고

왕 째에 왕인(王仁)을 보내어 론어(論語)와 쳔자문(千字文)을 견수ㅎ

니 그 나라의 문즈 잇슴이 이 째부터 시작하며 쏘 빅졔 셩왕이 금부쳐

와 불경을 보내매 이 째에 불법이 일본에 드러간 시초요 쏘 빅졔가 텬

문학과 칙력법과 의셔와 제도쟝이와 각싴 안쟝 졔죠ㅎᄂᆞ 법과 진봉

ㅎᄂᆞ 공인과 슐믄ᄃᆞᄂᆞ 법과 여러 등속을 보내매 일본이 이 법을 좃차

… 학슐 기예가 이로 좃차 비로소 발달…[83]

즉 일본은 고래로 한국보다 문명이 뒤떨어진 나라였는데, 우리나라로부터 문물제도를 받아들여 문명한 나라가 될 수 있었던 것이다. 이것을 바꾸어 말한다면 한국은 전통적으로 일본보다 학문이나 문물제도가 앞서 있었던 나라라는 것과 그러므로 학생을 비롯한 우리 민족은 민족적인 자긍심을 잃지 않도록 하라는 것을 가르쳐 주려는 것이었다. 그런데 오늘에 이르러서는 한국으로부터 문물제도를 전수 받아 부강한 나라를 이룬 일본이 급기야는 그러한 은인의 나라를 침략의 대상으로 삼고 있으니 한국 인민으로서는 격세지감과 함께 비통한 감정을 갖지 않을 수 없었을 것이다.

또 이 교과서의 '삼국긔'에서는 신라(新羅)의 박제상(朴堤上, ?~418)이 왕명을 받들고 일본에 건너가 눌지왕(訥祗王, 재위 417~458)의 동생 미사흔(未斯欣)을 구해 낸 충성스런 사적을 기술하고 있다. 그 내용의 일부를 보면 아래와 같다.

… 이에 일본 님군이 뎨샹을 잡아 무른딕 뎨샹이 왈 나는 계림의 신

하ㅣ라 내 님군의 뜻을 일우고져 홈이라 ᄒᆞ니 일본 님군이 노ᄒᆞ야

굴ᄋᆞ딕 네가 임의 내 신하가 되엿거날 이제 계림의 신하라 홈은 무삼

신둙이냐 네가 만일 내 신하가 되면 후훈 록으로 샹주리라 ᄒᆞ거늘 뎨

상이 글ᄋ되 내가 찰ᄒ리 계림의 개와 도야지가 될지언뎡 일본의 신
하 되기는 원치 아니ᄒ고 계림의 초달은 받을지언뎡 일본 벼슬의 록
은 밧지 아니ᄒ리라 흔듸 일황이 더욱 노ᄒ야 뎨샹의 다리를 깍고 갈
듸를 버히고 그 우흐로 걸어가라 ᄒ며 또 쓰거운 씨우헤 세우고 뭇거
늘···계림의 신하ㅣ라 흔듸 ··· 항복지 아님을 알고 이에 불살나 죽이
니라···[84]

위 글은 박제상의 임금에 대한 굳은 충성심과 일본 왕의 온갖 회유와 고
문에도 불구하고 굽히지 않는 기개를 통하여 이것을 배우는 학생들로 하여
금 일본과의 관계에서 굳건한 민족적 자긍심을 가질 것을 강조하고 있다.

현채가 1899년에 편찬한 『보통교과동국역사(普通敎科東國歷史)』와 1909
년에 역술한 『중등교과동국사략(中等敎科東國史略)』〈1~4〉, 정인호가 1908
년에 편찬한 『초등대한역사(初等大韓歷史)』 등도 당시 기독교학교에서 역사
교과서로 사용한 책이다.[85]

현채가 지은 『보통교과동국역사(普通敎科東國歷史)』는 3권 2책으로 편
찬한 학부의 인가를 받지 못한 교과서였다. 이 책은 책머리에 '단군조선기', '
기자조선기', '위만조선기'를 싣고 있으며, 1권은 '삼국기', 2권은 '신라기', 3
권은 '고려기'로 편성하였다. 그리고 현채가 역술한 『중등교과동국사략(中
等敎科東國史略)』은 일본 사람 임태보(林泰輔)가 쓴 "『조선사(朝鮮史)』를 역술
하였다는 점에서는 정신적인 식민화의 문제가 있으나 종래 왕을 중심으로
한 지배층의 이야기를 단순히 나열하는 편년체 서술을 지양하고 대고, 상
고, 중고, 근대로 시대 구분을 하고 민족·국가를 역사의 주체로 하고 문
화 전반에 관하여 서술하는 등"[86] 역사 서술방법에 획기적인 변화를 가져
온 교과서인 것이다. 『조선사(朝鮮史)』는 임진왜란(壬辰倭亂)을 일본이 승

리한 것으로 서술하고 있지만 『중등교과동국사략(中等敎科東國史略)』에서
는 이것을 반박하기 위하여 많은 분량의 역사적 사실을 우리의 입장에서
주체성을 가지고 기술하고 있다. 그 쪽수만 해도 권3(卷三)의 34쪽에서부
터 끝 부분인 64쪽까지 차지하여 세 권의 절반을 임진왜란에 관한 서술로
채우고 있다. 그 가운데 '조헌칠백의병급영규(趙憲七百義兵及靈圭)'에서 조
헌을 비롯한 칠백 명의 의병과 의승 영규(靈圭)의 활약에 관하여 아래와 같
이 기술하고 있다.

> 義兵將(의병장) 趙憲(조헌)이 義僧(의승) 靈圭(영규)로, 더부러 錦山(금
> 산)의 賊(적)을 攻(공)홀시 初(초)에 憲(헌)이 募兵千六百人(모병천육백
> 인)을 得(득)ㅎ고 靈圭(영규)ㅣ 僧軍(승군)으로, 써 來會(내회)ㅎ야 淸
> 州(청주)에 進(진)ㅎ더니 旣而(기이)오 憲(헌)이 錦山(금산)의 賊(적)이
> 盛(성)홈을 聞(문)ㅎ고 急擊(급격)코자, ㅎ니 全羅監司(전라감사) 許項
> (허항)과 忠淸監司(충청감사) 權慄(권율)이, 다 勸止(권지)ㅎ거늘 憲(헌)
> 이 怒(노)ㅎ야 兵七百餘人(병칠백여인)을 選(선)ㅎ야 錦山(금산)으로 向
> (향)ㅎ니 靈圭(영규)ㅣ 爭(쟁)ㅎ야 曰(왈) 官軍(관군)이 繼援(계원)홀 後
> (후)에 可入(가입)ㅎ리라, ㅎ거늘 憲(헌)이 泣曰(읍왈), 君父(군부)가 安
> 在(안재)오 主辱臣死(주욕신사)가 正(정)히 此時(차시)라 成敗利鈍(성
> 패이둔)을 知(지)홀빈, 아니라 ㅎ고 鼓行(고행)ㅎ야 前(전)ㅎ니 靈圭
> (영규)ㅣ 曰(왈), 我公(아공)으로, ㅎ야곰, 獨死(독사), 못흔다 ㅎ고 곳
> 陳(진)을 合(합)ㅎ야 錦山外城(금산외성)에 低(저)ㅎ니 賊(적)이 憲軍
> (헌군)의 無繼(무계)홈을 知(지)ㅎ고 兵(병)을 盡(진)ㅎ야 出擊(출격)ㅎ
> 거늘 憲(헌)이 下슈曰(하령왈), 今日(금일)은, 오작 一死(일사) 뿐이라, 하
> 니 將士(장사)가, 다 諾(락)ㅎ더라 戰(전)ㅎ기 良久(양구)에 矢(시)가 盡
> (진) ㅎ고 賊(적)이 急擊(급격)ㅎ거늘 憲(헌)이 幕中(막중)에 坐(좌)ㅎ

야 不動(부동)ᄒ고 鳴鼓(명고), 督戰(독전)ᄒ기 如前(여전)ᄒ니 壯士(장사) ᅵ 攻擊(공격)으로 相搏(상박)ᄒ야 一人(일인)도 離次(이차)ᄒᄂ 者(자)ᅵ 無(무)ᄒ고, 다 憲(헌)으로, 더브러 死(사)ᄒ니 時(시)에 賊(적)이, 비록 憲(헌)을 敗(패)ᄒ얏스나 死傷(사상)이 亦多(역다)ᄒ고, 또 官軍(관군) 이 繼至(계지)ᄒᆯ가 恐(공)ᄒ야 傍邑屯兵(방읍둔병)을 撤還(철환)ᄒ니 湖南 (호남)이. 다시 完全(완전)ᄒ얏니다[87]

위 글은 우리가 잘 알고 있는 것과 같이 임진왜란 때 의병장 조헌과 의승 영규가 금산에서 왜군과 싸우다가 그의 부하와 함께 모두가 전사한 700명의 의병에 관한 내용인 것이다. 이 전투에서 비록 왜군이 이기기는 했지만 그들도 많은 피해를 입었던 사실을 말해 주고 있다.

어떻든 이 교과서를 역술한 현채가 단순히 일본인의 책을 번역하는 것으로 그치지 않고 필요한 부분은 우리 측의 사료에 바탕을 두고 첨가했던 것은 이러한 내용이 들어 있는 교과서를 가지고 공부하는 학생은 분명히 국권회복에 대한 강한 의지와 신념으로 가득 차리라는 믿음이 있었기 때문인 것이다.

정인호(鄭寅琥)가 1908년에 편찬한 『초등대한역사(初等大韓歷史)』는 천주교 계통의 약명학교(藥明學校)에서 사용한 교과서이다.[88] 이 교과서는 단군(檀君)에서 조선(朝鮮)까지의 역사를 두루 서술하고 있는 개설서로서 단순히 왕조 중심의 서술을 탈피하고 특히 민족적·국가적 사실에 그 서술의 초점을 맞추고 있는 것이 특징이다. 그 목차를 보면 아래와 같다.

第一篇(제일편) : 上古(상고), 檀君(단군), 箕子(기자), 衛滿(위만), 三韓 附
　　　　　　古朝鮮及三國圖(삼한 부 고조선급삼국도), 三韓結論(삼한결론)

第二篇(제이편) : 中古(중고), 新羅(신라), 高句麗(고구려), 百濟(백제),

　　　　　　　駕洛國(가락국), 伽倻國(가야국), 渤海國(발해국),

　　　　　　　泰封(태봉), 後百濟(후백제)

第三篇(제삼편) : 近古(근고), 高麗(고려)

第四篇(제사편) : 現世(현세), 本朝(본조)

　한국은 조선조 말에 들어와서 국력이 쇠약해지고 여기에 제국주의 열강
이 한국을 두고 각축전을 벌이게 되었는데 결국 이때 승리한 나라가 일본이
었다. 따라서 일본은 1905년 11월 17일에 한국에 강제로 조약을 맺게 했는
데 그것이 「제2차 한일협약(第二次韓日協約)」이었다. 이 교과서는 第四篇(제
사편) '現世本朝(현세본조)', 第一百二十一節(제일백이십일절) '新條約成(신조약
성)'에서 노일전쟁(露日戰爭)을 기술하고, 이어서 "九年(구년) 十一月(십일월)
十七日(십칠일)에 韓日新條約(한일신조약)이 성ᄒ다."[89]라고 하여 특별히 눈
에 잘 띄도록 인쇄를 하였다. 그리고 작은 글씨로 이 조약의 내용을 싣고 있
다. 이어서 한국이 이 조약을 강제로 체결당하고 국권을 잃게 되자 육군부
장 민영환(閔泳煥, 1861~1905)이 자결한 사실과 기타 원로대신이나 관리, 아
니면 이전에 관리로 봉직했던 사람들이 자결한 내용을 기술하고 있다. 그
리고 第一百二十二節(제일백이십이절) '警告同胞(경고동포)'에서는 민영환이
남긴 유서를 소개하고 있다. 그 내용을 보면 아래와 같다.

　　國恥民辱(국치민욕)이 此(차)에 至(지)ᄒ니 我人民(아인민)이 將且
　　(장차), 生存競爭中(생존경쟁중)에셔 殄滅(진멸)홀지라 大抵(대저),
　　苟且(구차)히 生(생)을 要(요)ᄒᄂ 者(자)ᄂ 死(사)ᄒ고 死(사)ᄅ 期
　　(기)ᄒᄂ 者(자)ᄂ 도로혀 生(생)ᄒᄂ니 諸公(제공)은 엇지 此(차)ᄅ

不諒(불량)ᄒᆞᄂᆞ뇨 泳煥(영환)은 一死(일사)로 皇恩(황은)을 仰報(앙
보)ᄒᆞ고 幷(병)히 二千萬同胞(이천만 동포) 兄弟(형제)에게 謝(사)ᄒᆞ노
이라 泳煥(영환)이 비록 死(사)ᄒᆞ야도 死(사)치 아니ᄒᆞ고 諸君(제군)을
九泉下(구천하)에서 陰助(음조)ᄒᆞ리니 我同胞 千萬(아동포 천만) 奮勵
(분려)ᄒᆞ야 志氣(지기)를 堅確(견확)ᄒᆞ며 學問(학문)을 益勉(익면)ᄒᆞ
고 結心(결심) 戮力(육력)ᄒᆞ야 我(아)의 自由獨立(자유독립)을 回復(회
복)ᄒᆞ면 死者(사자)ᅵ 冥冥中(명명중)에셔 喜笑(희소)ᄒᆞ리이다[90]

　　그러면서 전 의정대신(議政大臣) 조병세(趙秉世)가 유서를 남기고 죽은
것과 최익현(崔益鉉, 1833~1906)이 대마도(對馬島)에서 죽으면서 유소(遺疏)를
올렸다는 사실도 기술하고 있다. 이어서 '第一百二十三節(제일백이십삼절)
靑靑血竹(청청혈죽)'에서는 민영환이 자결한 후 250일이 지난 뒤에 그의 집
안에 대나무가 솟아난 사실을 보고 "閔公(민공)의 血竹(혈죽)이 二千萬 同
胞(이천만 동포)를 喚醒(환성)ᄒᆞ야 獨立精神(독립정신)을 化生(화생)ᄒᆞ얏다."[91]
라고 기술하고 있다.
　　한편 경신학교(儆新學校) 교장 밀러(Eduard H. Miller, 1873~1966)의 부인인
헨리(Hattie May Henry)가 1907년에 지은 『미국사기(美國史記)』[92]를 기독교학
교의 역사교과서로 사용하였다. 이것과 함께 기독교학교에서는 세계 여러
나라의 독립사 · 건국사 · 망국사 · 전쟁사 등도 가르쳤다. 예를 들어 『의태
리독립사(意太利獨立史)』(김덕균 역 : 金德均 譯), 『미국독립사(美國獨立史)』(염천
일태랑 저역 : 鹽川一太郎 著譯), 『보로사국후례두익대왕칠년전사(普魯士國厚禮
斗益大王七年戰史)』(유길준 역술 : 兪吉濬 譯述), 『보법전기(普法戰記)』(현채 역 : 玄
采 譯), 『나파륜전사(拿破崙戰史)』(유문상 역 : 劉文相 譯), 『월남망국사(越南亡國
史)』(현채 역 : 玄采 譯) 등이 바로 그것이었다.

이들 교과서는 한결같이 외국과의 전쟁에서 빛나는 공을 세웠거나 아니면 전쟁을 통하여 나라가 독립을 하게 된 내용, 또는 전쟁의 결과로 나라가 멸망하게 된 사례라든가 아니면 국력이 약해져서 강대국의 식민지로 전락한 나라의 역사적 상황을 싣고 있는 것이었다. 그러므로 이들 교과서의 내용을 학생들에게 가르치게 되면 자연히 학생들의 가슴속에서는 능히 민족정신이 불타오를 수밖에 없었던 것이다. 왜냐하면 이들 내용은 당시 한국의 역사적 상황과 맞물린 것이 대부분이었기 때문이다.

(3) 지리교육

지리도 역사와 함께 민족정신을 함양하고 고취시키는 데 직접적으로 기여하는 과목인 것이다. 그리고 지리는 학생들에게 넓은 시야와 안목을 갖게 해준다. 다시 말하면 자기 나라는 말할 것도 없고 세계 여러 나라에 눈을 돌릴 수 있는 안목을 길러 주는 과목인 것이다.

당시 선교사들은 자신들이 직접 지은 교과서를 가지고 학생들을 가르치는 경우가 많았다. 구체적으로 헐버트(H. B. Hulbert)가 지은 『ㅅ민필지(士民必知)』, 역시 경신학교 교장인 밀러의 부인인 헨리가 지은 『초학디지(初學地誌)』, 그리고 『지구약론(地球略論)』 등이 대표적인 것이었다.

『초학디지』는 경신학교에서 주로 사용한 지리교과서로 "세계 각국의 지리를 위치 · 풍토 · 풍습 · 정세 · 역사"[93] 등으로 나누어 기술한 것이었다. 따라서 이 교과서를 가지고 공부하는 학생들은 세계로 향한 안목과 발돋움을 할 수 있는 자극을 받기에 충분하였을 것이다. 『ㅅ민필지』는 배재학당이나 배화학당에서 주로 사용했으며, 『지구약론』은 배화학당에서 사용한 교과서였다. 특히 『ㅅ민필지』는 세계 여러 나라는 물론이요 한국 · 중국 · 일본의 지리를 기술한 교과서인데, 그 가운데 한국에 관해서는 다음과 같이 자세하게 소개하고 있다.

조선국(朝鮮國)

위치, 산, 강, 섬, 바다, 생산물, 산짐승, 지하자원, 정치, 서울의 4계급, 생활풍속, 군사, 구교육, 외교(중국), 문자 사용, 국어와 언문, 청국과의 관계[94]

『초학디지』는 세계지리를 순국문으로 기술한 교과서로 그 내용의 일부를 소개하면 아래와 같다.

터키국

이 나라는 아라사와 같이 아시아 터어키도 있고 유럽 터어키도 있으니 아시아 터어키는 블랙해(흑해)와 지중해 가에 있고 서울은 유럽 터어키에 있으니 이름은 컨스탄티노블이라. …중략… 아시아 터어키에 큰 항구는 이름이 스미나(이즈미르)이니 좋은 무화과가 있고 또 아편도 있으며 또 벨레스다인이라는 땅이 있어서 여러 천 년 전부터 있던 큰 나라이더니 지금은 터어키국 속방이라 이 땅 안에 큰 성이 있으니 이름이 예루살렘이오 옛적 이 나라 서울인데 예수께서 이 성에서 전도하시고 십자가에 못 박히시고 영장하였던 곳이오.[95]

위 내용은 터어키의 위치 · 풍속 · 수도 · 산물 · 역사 등을 소개하고 있는 글이다. 특히 이 글은 이스라엘이 터어키의 지배를 받는 나라라는 점을 강조하고 있는데, 여기에서 터어키가 그만큼 역사적으로 강대한 나라였다는 점을 강조하기 위한 것이 아닌가 생각할 수 있다.

위에서 그 내용의 예를 든 것과 같이 『ᄉ민필지』나 『초학디지』는 이것을 배우는 한국인 학생들에게 민족정신을 고취시키기에 충분한 내용으로 구성되어 있는 교과서이었다. 그렇기 때문에 일제는 한국인 학생들에게 민족정신을 고취시키는 것을 막기 위한 수단으로 1908년에 「교과용도서검정규정(教科用圖書檢定規程)」을 발포하여 이미 사용하던 교과서까지도 인가 신청을 내도록 강요하는 동시에 소위 일제가 말하는 대로 불량한 교과서는 불인가 처분을 내려 사용을 하지 못하도록 하였다. 그럼에도 불구하고 이러한 교과서를 사용하던 기독교학교에서는 할 수 없이 1909년에 인가신청을 내었지만 대부분의 지리교과서 역시 역사교과서와 마찬가지로 소위 일제의 눈에 거스르는 내용으로 구성된 교과서라는 명목 때문에 인가를 받지 못하고 결국 사용 금지 도서라고 하는 처분을 받고 말았던 것이다.[96]

『지구약론(地璆略論)』은 한국의 지세, 생산물, 상업, 항구, 명승지, 인구, 이웃 나라와 풍속, 서양 각국의 인구, 생산물, 풍속, 상업, 섬 등에 관한 내용을 문답식으로 편찬한 교과서이다.[97]

이와 같이 기독교학교에서 사용한 지리교과서는 그들 학교의 교과과정에 나타나 있는 것과 마찬가지로 한국지리와 세계지리로 구분하여 가르친 경우도 있기 때문에 학생들은 한국의 사정뿐만 아니라 세계 여러 나라의 사정에 관하여 눈 뜰 수 있는 기회를 가질 수 있었을 것이다.

그런데 더 중요한 것은 어떠한 교과서를 사용했는가를 불문하고 그 내용을 통하여 학생들에게 당시의 한국이 직면한 나라의 위기상황을 깨달을 수 있도록 하는 데 기여했다는 점이다. 그러한 증거로써 일제가 조종하는 학부에서 1905년부터 각급 학교 교과서 편찬 사업에 들어갔을 때에, 특히 보통학교 교과과정에 역사와 지리가 편성되어 있는데도 불구하고 이들 교과서만은 편찬하지는 않았다는 점에서도 그것을 입증해 주고 있다. 그것은 역사뿐만이 아니라 지리가 학생들에게 미치는 영향이 지대하다는 사실을 알고 있었기 때문에 일제는 교과서를 편찬하지 않았다는 핑계로 의도적으로 한국지리를 가르치지 않으려 했던 것이다. 그렇다고 한국에 대하여 완전히 식민지 지배를 받는 나라로 만든 것도 아닌 상태에서 일본의 지리를 가르칠 수도 없는 상황이었을 것이다.

3. 수신(윤리)교육

(1) 수신의 교과과정에의 편성

당시 조선정부는 각급 학교 교육에 관한 법령을 제정한 1895년 이후의 관·공립학교는 말할 것도 없고 사립학교에서도 수신을 매 학년 매주 한 시간씩 가르치도록 편성되어 있었다.

한편 기독교학교가 수신을 가르치기 시작하는 것은 다른 과목과 마찬가지로 학교의 사정과 형편에 따라 그 시기가 각기 다르게 나타나고 있다. 다만 대부분의 학교가 수신을 교과과정에 편성하는 것은 비교적 뒤늦게 이루어졌다는 점이다.

이화학당은 1908년 9월 17일자 《황성신문(皇城新聞)》에 실린 학생 모집 광고에 나타나 있는 바와 같이 중등과에 수신이 편성되어 있는 것으로 볼 때, 그 이전부터 수신을 가르치고 있던 것을 알 수 있다. 정신여학교는 1909년부터 수신을 가르쳤으며,[98] 배화학당은 보통과의 경우 1906년 8월 〈보통학교령〉에 따라, 고등과의 경우 1908년 4월 〈고등여학교령〉을 공포한 이후부터 수신을 가르치기 시작하였다.[99] 전주의 기전여학교는 설립 초기부터[100] 가르쳤으며, 한영서원도 설립 초기에 제정된 학칙에 따르면 소학과(小學科)의 교과과정에 수신이 편성되어 있었다.[101] 공주의 명선여학당은 1906년 일제의 조종 아래 한국 학부가 공포한 〈보통학교령〉에 따라 1학년에서부터 3학년까지 수신을 교과과정에 편성하였다.[102] 그러나 일부 기독교학교에서는, 예를 들어, 배재학당, 숭실학교, 숭의여학교, 계성학교(啓聖學校) 등과 같이 1910년 이전까지 수신을 교과과정에 편성하지 않은 학교도 있었다. 그리고 편성했다고는 하더라도 1906년 이후에 공포된 법령에 따라 이 교과를 교과과정에 포함시켰던 것이다.

이렇게 수신을 다른 과목과 비교할 때 뒤늦게 교과과정에 편성하기 시작한 것과 1910년 이전까지 아예 편성하지 않은 까닭은 그 과목을 가르칠 만한 교사가 확보되어 있지 않았기 때문인지도 모르겠다. 어떻든 그 이유를 명확하게 밝힐 만한 근거가 충분하지 않다.

(2) 수신(윤리)교육

수신은 오늘날의 도덕에 해당하는 과목으로 다른 사람과의 관계에서 학생들의 마음가짐, 행동, 태도 등을 올바르게 길러 주는 데 필요한 과목이다. 이것은 학생들 개인의 올바른 인간성 함양을 위하여 필요한 것이요, 더 나아가서는 올바른 공동체를 형성해 나가는 데 필요한 자질과 능력을 함양하는 데 기여하는 과목이다. 그럼에도 불구하고 이 교과는 개화기 나라가 위기에 직면한 상황과 관련하여 학생들에게 나라와 민족을 위하여 무엇을 어떻게 해야 할 것인가를 깨닫고 그들이 나아갈 길을 밝혀 주는 역할을 하였다. 그러므로 이때에 다른 교과서 못지않게 수신교과서도 많은 사람이 저술하였던 것을 알 수 있다.

노병선(盧炳善, 1871~1941)이 지은 『녀ᄌ소학슈신서』[103]가 기독교학교에서 사용한 대표적인 교과서이었다. 이 교과서는 순국문체로 기술하였으며, "이해하기 쉬운 표현으로 여성의 몸가짐을 설유(說諭)하는 가운데 국가 안위에 대한 여성의 자각심을 은연중 강조하고 있다."[104] 그러한 내용의 대표적인 예로써 '뎨 이십과'에서부터 '뎨 이십이과'에 나오는 '어진 어머니'를 보면 그와 같은 사실을 명확하게 알 수 있다.

뎨 이십 일과 어진 어머니(련쇽)
도간(陶侃)의 어머니는, 그 집이, 극히, 간난(艱難)혼지라 머리, 털을

베어, 팔아 손님을 딕졉(待接)ᄒᆞ고로 그, 일홈이, 고을과 감영(監營)에 들리고, 셔울ᄭᆞ지 밋어 와서, 그 아들로, 유명(有名)ᄒᆞ게 ᄒᆞ고, 도간(陶侃)이 슈령(守令)이 되어, 그 골을 싱션(生鮮)으로 봉친(奉親)ᄒᆞᆫ 디, 그, 어머니가, 깃버ᄒᆞ지, 안코, 빅셩(百姓)의, 피가, 하늘 리치(理致)를, 샹(傷)ᄒᆞᆯ가 두렵다 ᄒᆞ여, 치소(菜蔬)가, 고기보다 낫다 ᄒᆞ엿고, 쥰불의(儁不疑)ᄂᆞᆫ, 지판관(裁判官)이, 되어, 옥(獄)을, 공평(公平)히, 다ᄉᆞ리지 못ᄒᆞ거늘, 그 어머니가, 로(怒)ᄒᆞ여, 불의(不疑)로 ᄒᆞ야곰, 악ᄒᆞ지 못ᄒᆞ게 ᄒᆞ엿슴으로, 그, ᄌᆞ손(子孫)이, 만이, 복(福)을, 밧앗고, 쥬 준령은, 어려서, 배호기를, 조아ᄒᆞ매, 그 어머니가, 깃버ᄒᆞ고, 공부(工夫)ᄒᆞ다가, 중간(中間)에 폐(廢)ᄒᆞᆯ가 념려(念慮)ᄒᆞ여, 웅담환(熊膽丸)이라 ᄒᆞᄂᆞᆫ, 환약(丸藥)을, 먹여, 부즈런케 ᄒᆞ여 필경(畢竟) 유명(有名)ᄒᆞᆫ, 션비가, 되고, 나라에, 기둥과, 들보ᄀᆞᆺ은 신ᄒᆞ가 되게 ᄒᆞ엿ᄂᆞ니라[105]

위 글에서는 훌륭한 어머니로서의 모범이 될 만한 도간(陶侃)의 어머니, 쥰불의(儁不疑)의 어머니, 쥬준령의 어머니 등을 예로 들어 그들이 자식을 훌륭하게 키워 나라를 위하여 유익하게 일할 수 있는 일꾼이 되도록 한 사실을 가르쳐 주고 있다. 그러므로 이러한 내용을 담고 있는 수신교과서를 가지고 공부하는 여학생들에게 장차 어머니가 되었을 때 위와 같은 지혜로운 어머니를 모범으로 삼아 특히 아들을 잘 키워 나라의 훌륭한 인재가 될 수 있도록 하라는 것이었다. 왜냐하면 훌륭하게 된 사람의 뒤에는 거의 예외 없이 여자, 즉 어머니 아니면 아내가 있었기 때문이다.

이 교과서의 뎨 이십이과 '어진 어머니'에서는 진요부라는 사람과 구양순(歐陽詢)의 어머니가 그의 아들에게 행한 어진 행적을 통하여 역시 이것을 배우는 여학생으로 하여금 그들이 장차 어머니가 되었을 때 자식을 잘 키울 수 있는 지혜로운 어머니가 될 수 있도록 가르치고 있다. 그런가 하면 태교 (胎教)의 중요성과 가정환경이나 주변 환경이 자식의 교육을 위하여 중요하다는 것을 말하고 있다. 그러면서 그러한 모범으로 맹자(孟子)의 어머니와 노(魯)나라 문백(文伯)이란 사람의 어머니를 예로 들고 있다. 이러한 내용은 여학생에게 장차 어머니가 되었을 때 자녀를 현명하게 키우는 일이 곧 나라를 위하는 길이라는 것을 은근히 가르쳐 주고 있다.

한편, 이 교과서의 뎨 삼십수과 '학교'를 보면 다음과 같다.

> 학교(學校)라 ᄒᆞ는 것은 사람의, 직조를, 기르는, 곳이니, 나라가, 셩(盛)ᄒᆞ고 쇠(衰)ᄒᆞ는, 것이, 학교(學校)가, 일어, 나고, 폐(廢)ᄒᆞ는 뒤. 달렷스니, 그런고로, 녯젹에는, 집에, 숙(塾)이 잇고, 마을에, 샹(庠)이 잇고, 골에, 서(序)가 잇고, 나라에, 학(學)이 잇엇더니,지금(至今)은, 유치원(幼稚園)과, 소학교(小學校)와, 중학교(中學校)와, 대학교(大學校)와, 사범학교(師範學校)가, 잇서, 왼 나라 백셩(百姓)이 다, 교육(敎育)을, 밧은, 연후(然後)에야, 그, 몸을, 세우며, 집을, 보젼(保全)ᄒᆞ며, 나라를 부(富)ᄒᆞ고, 강(强)하게 홀지라. 그럼으로 문명(文明)ᄒᆞᆫ 나라는 비록 조곰아ᄒᆞᆫ, 동닉(洞內)라도, 학교(學校)가 잇어, 어린 ᄋᆞ히들을, 가르쳐, 마음을 기르며, 님군에게, 츙셩(忠誠)ᄒᆞ며, 나라를 사랑ᄒᆞ는 졍신(精神)을 발달케 ᄒᆞᄂᆞ니라[106]

위 글은 어떠한 나라든지 동서고금을 막론하고 성하고 쇠하는 것은 학교의 발달 여하에 달려 있다는 것을 가르쳐 주는 내용이다. 즉 고래로 어떠한 나라든지 집집마다, 마을마다, 고을마다, 나라마다 거기에 알맞은 교육기관을 두어 백성의 교육을 담당하였던 것이다. 오늘날도 각 나라마다 필요한 교육기관을 설치하고 여기에서 올바른 가르침을 베풀어서 장차 나라에 충성을 다할 수 있는 인재를 길러내고 있는 것이다. 그러므로 이제 우리나라도 방방곡곡에 그에 적절한 교육기관을 두고 많은 사람들에게 교육의 기회를 제공하게 되면, 그만큼 나라를 사랑하는 정신으로 가득 찬 사람을 많이 길러내게 되고, 그것이 바탕이 되어 나라의 자주독립을 지키는 데 절대적인 힘이 될 수 있다는 것을 암시하고 있다.

뎨 오십과 '나라'에서는 여학생에게 나라라는 것은 백성이 몸을 붙여 사는 집과 같은 것으로써 그것이 없으면 몸을 의지할 수 없을 것이라는 점을 가르치고 있다. 특히 나라를 잃어버린 유태(猶太)·파란(波蘭 : 네덜란드)·인도(印度) 등을 예로 들면서, 나라를 잃어버린 이들 백성은 어디를 가든 서러움을 당하는 형편에 처할 수밖에 없다는 점을 아울러 가르쳐 주고 있다. 그러므로 학생들에게 온 백성이 나라를 사랑하는 마음을 가지고 각기 맡은 직분을 충실히 이행하게 되면 나라는 곧 부강하게 된다는 사실을 가르치고 있다.

위에서 몇 가지 내용을 소개한 바와 같이 이 『녀ᄌ소학슈신서』는 장차 한 가정의 아내요, 어머니가 될 여학생에게 그들이 갖춰야 할 올바른 태도·행동·규범·정신을 가르쳐 주고 있다. 궁극적으로는 간접적인 방법으로 여학생의 가슴속에 민족정신을 심어 주고 있다. 따라서 일제는 이 교과서가 우회적이고 간접적인 방법일지라도 민족정신을 배양하는 내용으로 편성한 것이어서 학생들에게 미치는 영향이 지대하다는 것을 알고 이 교과서를 사용금지도서라는 처분을 내렸던 것이다.

신해영(申海泳)이 지은 『윤리학교과서(倫理學敎科書)』〈상·하〉[107]는 모두 4권으로 편찬한 수신교과서이다. 상권인 1·2권은 이것을 배우는 학생 자신뿐만 아니라 그들의 부모·형제 관계도 싣고 있으며, 하권인 3·4권은 사회와 국가에 관한 내용을 주로 싣고 있다. 이 교과서 3권 제1장 '사회총론 (社會總論)'의 내용은 다음과 같다.

> …전략…萬一(만일) 國內(국내)에 個人(개인)의 孤立主義(고립주의)가 大
> 行(대행)ᄒ면 自身(자신)의 利益(이익)뿐만 求(구)ᄒ고 毫末(호말)도 社
> 會公衆(사회공중)에 留心(유심)ᄒᄂ 者(자) ᅵ 無(무)ᄒ지니 如斯(여사)ᄒ
> 時(시)ᄂ 社會(사회)가 腐敗(부패)ᄒ며 衆庶(중서)가 凋殘(조잔)ᄒ야 그
> 國家(국가)가 ᄯ흔 萎靡衰弱(위미쇠약)홈에 沈淪(침륜)홀지라 大抵(대
> 저) 一身(일신)을 抛棄(포기)ᄒ야 社會公衆(사회공중)을 爲(위)홈에 盡
> 瘁(진췌)홈을 自負(자부)ᄒ야 博愛(박애)의 精神(정신)은 人心(인심)을
> 結合(결합)ᄒᄂ 바의 鐵銷(철쇄)라 謂(위)홀지니 社會(사회)가 此(차)를
> 依(의)ᄒ야 善美(선미)흔 域(역)에 進(진)ᄒ며 國家(국가)가 此(차)를 依
> (의)ᄒ야 富强(부강)흔 境(경)에 至(지)ᄒᄂ니라[108]

만일 사회를 구성하고 있는 각 개인이 오직 이기심에만 사로잡혀 있어 서 나라나 사회를 돌아볼 마음이 없게 되면 사회는 부패하게 되고 나아가 서는 나라까지도 쇠약해져 결국에는 멸망의 지경에 이르게 된다는 것을 역 설하고 있다. 그런데 그와는 반대로 사회를 구성하고 있는 각 개인이 이해 심과 박애정신(博愛精神)을 갖게 된다면 나라나 사회는 그만큼 밝게 되고 따 라서 부강한 지경에 이르는 것은 당연한 이치라는 것이다. 그러므로 각 개 인은 나라나 사회를 구성하고 있는 중요한 일원이라는 점을 마음속 깊이 새겨서 나라의 자주독립의 주권을 지키는 데 힘써야 한다는 것이다. 그러 므로 배우는 과정에 있는 학생들은 지나친 이기심을 버리고 나라와 민족 을 위한 공의에 살겠다는 마음을 지녀야 하는 것은 당연한 도리인 것이다.

한편, 이 교과서의 4권은 '國家總論(국가총론), 國民(국민)의 本務(본무), 愛國心(애국심), 皇室(황실)에 對(대)흔 本務(본무), 國際(국제)의 本務(본무)' 등에 관한 내용으로 구성되어 있다. 아래 내용은 제1장 '國家總論(국가총론)'의 한 부분이다.

…國家(국가)란 者(자)는 一定(일정)흔 土地(토지)를 占有(점유)ᄒ고 一定(일정)흔 獨立主權(독립주권)에 服從(복종)ᄒᄂ 多數人民(다수인민)의 團體(단체)를 云(운)흠이니라…土地(토지) 人民(인민) 主權(주권)의 三者(삼자)는 國家(국가)가 此(차)를 依(의)ᄒ야써 成立(성립)ᄒᄂ 바ㅣ나 임의 成立(성립)흔 以上(이상)은 … 無形(무형)의 一體(일체)를 組織(조직)ᄒ야 獨立(독립)의 意志(의지)로써 獨立(독립)의 行爲를 營行(영행)ᄒᄂ 者(자)ㅣ니 主權(주권)은 國家(국가)의 中心(중심)이오 쏘 生命(생명)이며… 無上(무상)의 威力(위력)으로써 人民(인민)의게 命令(명령)ᄒ고…[109]

그 국가에 소속된 인민은 공동생존의 목적을 달성하기 위하여 그 국가의 명령에 복종해야 한다. 그리고 국가가 성립하는 목적은 어디까지나 대외관계에서 독립자존을 유지하기 위한 것이다. 다시 말하면 국가란 국토·국민·주권의 세 가지 요소를 구비하고 있을 때 비로소 성립하는 것이다. 그러므로 이 세 가지 요소 가운데 한 가지라도 결여되어 있거나 외부의 어떤 세력에 의하여 잃어버리게 되면 국가는 성립할 수 없게 된다. 만일 이 세 가지 요소 가운데 한 가지라도 다른 나라로부터 침탈당하여 **빼앗긴다면** 그 국가는 곧 멸망할 수밖에 없게 되는 것이다. 따라서 인민 된 자는 국가를 구성하는 필수 요인인 국토·인민·주권을 잘 지켜서 국가가 영원히 자주독립을 유지할 수 있도록 힘을 합쳐야 한다는 것이다.

같은 교과서 제4장 '愛國心(애국심)'에서는 인민이 애국심을 잘 발휘하는 것이란 일단 유사시에 나라의 명령이 떨어지면 그 명령에 따라 자신의 생명을 버리기까지 나라를 위하여 희생하는 것이라 하고 있다.

…愛國心(애국심)의 ᄀ장 現出(현출)홈은 國家有事(국가유사)호 時(시)에…國家(국가)의 命令(명령)이 一下(일하)ᄒ면 國民(국민)의 生命(생명)을 抛棄(포기)ᄒ고 國難(국난)에 勇赴(용부)홈이 可(가)ᄒ니라 今日(금일)은 兵勇(병용)을 徵募(징모)홈에 關(관)ᄒ야 一定(일정)호 國法(국법)이 有(유)홈으로서 一個(일개)의 私勇(사용)으로 大事(대사)를 妄擧(망거)홈이 不可(불가)ᄒ니 다만 徵兵(징병)의 令(영)이 有(유)홀 時(시)ᄂ 欣然(흔연)히 應募(응모)ᄒ고 決斷(결단)코 奔竄逃慝(분찬도특)ᄒ야 公事(공사)에 赴(부)홈을 避(피)홈이 不可(불가)ᄒ니라…맛당히 死(사)홀 바에 死(사)ᄒ면 死(사)ᄒ야도 오히려 生(생)홈이니라 國家(국가)를 爲(위)ᄒ야 身(신)을 犧牲(희생)에 供(공)ᄒ며 皇室(황실)을 爲(위)ᄒ고 又(우)ᄂ 後世子孫(후세자손)을 爲(위)ᄒ야 一命(일명)을 捨(사)홈은 眞正(진정)호 帝國男子(제국남자)의 ᄀ장 名譽(명예)로 自許(자허)홀 바ㅣ니라[110]

특히 나라를 위하여 마땅히 목숨을 버려야 할 때에 버리게 되면 그것은 오히려 죽는 것이 아니라 영원히 사는 것이 된다. 이와 같이 나라를 위하여 자신을 희생하게 되면 대한제국(大韓帝國)의 남아로서의 명예를 당당히 지킬 수 있게 된다는 것이다.

그런데 애국심이란 단순히 나라의 유사시에만 발휘하는 것이 아니라 평소에도 개인만을 위한 이기심을 버리고 나라를 위하여 유익한 일을 함으로써 발휘해야 하는 것이다. 즉 애국심이란 유사시든 평화시든 가릴 것 없이 인민이면 누구나 마음속에 품고 있어야 할 가장 기본적인 마음의 자세가 되어야 하는 것이다.

이상과 같이 신해영이 지은 『윤리학교과서(倫理學敎科書)』〈상·하〉는 앞에서 예를 든 내용뿐만 아니라 4권은 내용 전체가 위에서 언급한 바와 같이 애국심, 즉 민족정신을 고취하는 내용으로 구성되어 있다. 따라서 이 교과서 역시 일제의 조종을 받는 학부에 의하여 1909년에 사용 금지 처분을 받고 말았다.[111]

안종화(安鍾和)는 1907년에 중국의 오상(吳商)이 지은 『초등윤리학교과서(初等倫理學敎科書)』를 번역하였는데, 기독교학교인 배영학교(培英學校)에서 이 책을 수신교과서로 사용하였다. 이 교과서의 내용은 크게 수기(修己)·가족(家族)·사우(師友 : 스승과 벗)·타인(他人)·선군(善群 : 공동체에 기여함)·지방(地方)·국가(國家) 등 7장으로 구성되어 있다.[112] 이 교과서의 마지막 장인 '國家(국가)'에서는 국가의 기능이 무엇인가를 밝히고 애국심을 강조하면서 국민으로서 지켜야 할 세 가지 준칙을 제시하고 있다. 세 가지 준칙이란 ① 법을 지키는 일 ② 납세를 하는 일 ③ 당병(當兵), 즉 군인으로서의 의무를 다하는 일 등이다.

이 교과서는 나라를 잃게 되면 그 국민은 다른 나라의 노예로 전락할 수밖에 없다고 하면서 유태·폴란드·인도 등의 예를 들고 있다. 그러면서 나라라는 것은 국토와 인민만 있으면 성립되는 것이 아니라 그 나라의 독자적인 정치가 있을 때에 성립되는 것이라고 하였다. 그런데 국가는 국위(國威)를 잃고 국권(國權)을 상실하게 되면 그 결과는 남의 나라의 식민지로 전락하고 만다는 것을 말하고 있다. 그리고 국민 된 자가 나라를 위하여 책임을 다할 때 그 나라의 장래는 보장받게 된다는 것이다.

家(가)를 知(지)흔 則(즉) 家(가)를 愛(애)ㅎ고 國(국)을 知(지)흔 則
(즉) 國(국)을 愛(애)ㅎ리니 國(국)을 知(지)ㅎᄂ 者(자)ᄂ 有機體(유
기체)라 人民(인민)의 團力(단력)으로써 組織(조직)흔 자ㅣ니 故(고)로
其國(기국)의 生(생)흔 者(자)ㅣ 곳 其國(기국)의 一分子(일분자)가
되야 一分子(일분자)의 責任(책임)이, 잇시니 責任(책임)이란 者(자)ᄂ
本分(본분)을 謂(위)흠이니라[113]

그러면서 국민으로서 짊어져야 할 책임을 ① 수법(守法) ② 납세(納稅) ③
당병(當兵)이라 말하고 있다. 특히 이 교과서는 나라를 지키기 위해서는 튼튼
한 신체를 갖춘 인민이 있어야 한다고 하여 아래와 같이 말하고 있다.

…曰(왈) 體操(체조)가 是己(시기)라 今(금)에 各國學校(각국학교)가 自
初等(자초등)으로 高等(고등)에 至(지)토록 此事(차사)에 汲汲(급급)ㅎ
니, 오쟉 一身(일신)을 强(강)흘쑨, 아니라 一國(일국)을 强(강)케, 흠이
오, 오쟉 一國(일국)을 강케, 흘쑨, 아니라 種族(종족)을 强케, 흠이 知本
(지본)이라…幼穉(유치)의 時(시)로부터 體操(체조)도 하며 廣跳(광도
: 넓이뛰기 ; 글쓴이 주)와 角觝(각저 : 씨름 ; 글쓴이 주)를 講(강)흠은 武
備(무비)를 尙(상)흠이니 全國民族(전국민족)이 如是(여시)흔 義務(의
무)로 其心(기심)을 盡(진)ㅎ면 國(국)을 興(흥)ㅎ고 名(명)을 揚(양)치
안이 흘 者(자)ㅣ 未有(미유)ㅎ리라[114]

강한 나라를 이룩하기 위해서는 그 나라를 구성하고 있는 국민이 신체적
으로 건강해야 하며, 그러기 위해서는 체조를 비롯한 각종 운동을 가르쳐야

한다는 것이다. 이것이 곧 군사적인 면에서 군비를 갖추는 일이요 온 국민이 이러한 일에 힘쓰게 되면 국가는 부흥 발전하게 된다는 것이다.

휘문의숙(徽文義塾)에서 1908년에 펴낸 『고등소학수신서(高等小學修身書)』는 중등학교 고학년용 수신교과서이다. 그리고 그 내용에서 "국가(國家)·황실(皇室)·국토(國土)·애국심(愛國心)·국민의 충의(忠義)·단결(團結)·독립(獨立) 등의 단원을 중요하게 취급하고 있는데, 이것은 당시의 수신교육의 목적이 청년의 정신교육에 중점을 두고 있고, 크게는 국가·민족의 정신적 지도자를 양성"[115]하고자 하는 데에 있었기 때문이었다.

이 교과서의 내용은 모두 120과이다. 특히 12과에서 24과까지는 '가정(家庭)의 주의(注意)', 25과에서 34과까지는 '학교(學校)에 대(對)흔 본무(本務)', 35과에서 46과까지는 '인(人)에게 대(對)한 주의(注意)', 47과에서 63과까지는 '자기(自己)에 대(對)한 주의(注意)', 74과에서 86과까지는 '인격(人格)에 대(對)한 주의(注意)', 87과에서 105과까지는 '수양(修養)에 대(對)한 본무(本務)', 106과에서 120과까지는 '국민(國民)에 대(對)한 주의(注意)'로 구성되어 있다. 그리고 앞의 1과에서 11과까지의 목차를 보면 아래와 같다.

제1과 太祖高皇帝(태조고황제), 제2과 太祖高皇帝(태조고황제), 제3과 世宗大王(세종대왕), 제4과 世宗大王(세종대왕), 제5과 氣慨(기개), 제6과 創智(창지), 제7과 秉公(병공), 제8과 忠義(충의), 제9과 忠義(충의), 제10과 大志(대지), 제11과 謀略(모략)

특히 1과와 2과는 태조고황제에 관한 내용을, 3과와 4과는 세종대왕에 관한 내용을 다루고 있다. 그리고 5과 '기개', 6과 '창지', 7과 '병공'은 이순신이, 8과 '충의'는 곽재우가, 9과 '충의'는 김천일이, 11과 '모략'은 다시 곽재우가 임진왜란 때 왜군과 대적하여 혁혁한 공을 세운 전과에 관하여 기술하고 있다. 그리고 10과 '대지'는 임경업이 정묘호란을 당하여 품었던 큰 뜻에 관하여 기술하고 있다. 그 내용은 아래와 같다.

林忠愍公(임충민공) 慶業(경업)이 六歲時(육세시)에 群兒(군아)를 率(솔)ㅎ고 石(석)을 累(누)ㅎ야 營壘(영루)를 삼으며 草(초)를 揭(게)ㅎ야 旗幟(기치)를 삼아 戰陣(전진)의 狀(장)을 作(작)ㅎ며 操鍊(조련)의 規(규)를 立(입)홈이 群兒(군아)가 其約束(그 약속)을 受(수)ㅎ야 敢(감)히 違令(위령)치 못ㅎ더니 其後(그후)에 弓馬(궁마)로써 爲業(위업)ㅎ야 大丈夫(대장부) 三字(삼자)를 口(구)에 不紀(불기)ㅎ고 且(차) 讀書(독서)를 好(호)ㅎ야 常(상) 自嘆曰(자탄왈) 吾(오)가 天地(천지)에 氣(기)를 稟(품)ㅎ야 禽獸(금수)가 되지 아니ㅎ고 人(인)이 되얏스며 婦人(부인)이 되지 아니ㅎ고 男子(남자)가 되얏스니 惜乎(석호)라 此世(차세)에 生(생)ㅎ야 豈局(개국) 束(속)히 一生(일생)을 虛送(허송)ㅎ리오 丁卯虜變(정묘노변)에 朝廷(조정)이 和(화)를 媾(구)ㅎ야 其兵(그병)을 却(각)ㅎ지라 公(공)이 奮然曰(분연왈) 朝廷(조정)이 我(아)의게 精砲(정포) 四萬(사만)을 與(여)ㅎ면 將(장), 彼虜(피로)를 殲(섬)ㅎ고 劍(검)을 鴨水(압수)에 洗(세)ㅎ리라 ㅎ니라[116]

위 글은 임경업의 어린 시절의 모습을 보여 주면서 정묘호란(丁卯胡亂, 인조 5년, 1627) 때 좌영장(左營將)으로서 금나라 군사를 물리치기 위하여 강화(江華)에 갔으나 이미 화의(和議)가 성립 되어 전공을 세우지 못한 아쉬움을 토로한 글인 것이다.

앞에서 밝힌 바와 같이 이 교과서의 106과에서 120과까지는 '국민(國民)에 대(對)흔 주의(注意)'로서 그 내용은 '국가(國家)에 대(對)흔 본무(本務)', '황실(皇室)에 대(對)흔 본무(本務)', '국토(國土)', '애국심(愛國心)', '애국(愛國)의 실(實)', '국치(國恥)', '국광(國光)', '국민(國民)의 충의(忠義)', '단결(團結)', '독립(獨立)', '전쟁(戰爭)', '진취(進取)' 등의 내용으로 구성되어 있다. 108과 '國土(국토)'를 보면 아래와 같다.

國土(국토)는 吾人(오인)의 祖先(조선)이 玆(자)에 生長(생장)ᄒ며 玆(자)에 棲息(서식)ᄒ야 汗(한)으로써 此(차)를 肥(비)ᄒ며 血(혈)로써 此(차)를 護(호)ᄒ야 其遺骨(그 유골)을 世藏(세장)흔 바ㅣ오 且(차), 百世(백세)에 欽慕(흠모)흔 美風善俗(미풍선속)과 千秋(천추)에 景仰(경앙)홀 忠臣義士(충신의사)의 事蹟(사적)이 歷史(역사)의 終始(종시)를 作(작)ᄒ야 吾人(오인)의 思想(사상), 感情(감정), 風俗(풍속), 習慣(습관)을 成(성)ᄒ얏스니 國土(국토)는 實(실)로 歷史(역사)의 墳墓(분묘)ㅣ라 稱(칭)흠이 可(가)ᄒ니라

況(황), 吾人(오인)은 此土(차토)에 生長(생장)ᄒ야 萬古(만고)에 秀麗(수려)흔 山川(산천)을 日夕(일석)으로 相對(상대)ᄒ니 其親近(그 친근)흔 關係(관계)가 此(차)에서 勝(승)흔 者(자)ㅣ 孰有(숙유)ᄒ리오 故(고)로 愛國(애국)의 心(심)은 實(실)로 這中(저중)에셔 得來(득래)ᄒ야 國民(국민)의 堅確(견확)흔 志氣(지기)와 國家(국가)의 隆盛(융성)흔 基礎(기초)를 作成(작성)ᄒ는 者(자)ㅣ니라 況(황), 我大韓帝國(아대한제국)은 建國以來(건국이래)로 一定(일정)흔 人民(인민)이 一定(일정)흔 國土(국토)에 棲息(서식)흔 者(자)ㅣ니 各其(각기), 素蓄(소축)흔 愛國心(애국심)을 涵養(함양)ᄒ야 國民(국민)이 世界萬國(세계만국)에 卓冠(탁관)ᄒ기를 自期(자기)홀지니라[117]

위 글은 우리나라, 즉 우리 국토는 선조의 땀과 피로 가꾸고 지켜온 것

이므로 이러한 국토에서 살고 있는 인민으로서 애국심을 갖는 것이야말로 나라를 융성케 하는 기초라는 것을 말하고 있다. 따라서 애국심을 함양하여 세계만방에 뛰어난 민족으로 우뚝 서야 한다는 것이다.

제116과 '獨立(독립)'에서는 타인에게 의뢰하는 마음을 갖고 있는 것과 재주가 있을지라도 그것을 활용하지 못하면 종래에는 백성이 쇠하고 동시에 나라가 쇠약하게 되는 것을 면할 수 없다고 하며 젊은이들에게 정신적 각성을 촉구하고 있다.

今(금)에 我國(아국)의 人(인)은 獨立(독립)의 想(상)이 無(무)ᄒ다 課(과)ᄒ지라 人(인)다려 聞曰 何(문왈 하)로 以(이)ᄒ야 心(심)을 改良(개량)치 안ᄂ고 ᄒ면 曰風氣(왈 풍기)가 未開(미개)ᄒ얏다 功令(공령)이 未變(미변)ᄒ얏다 ᄒ며 何(하)로 以(이)ᄒ야 學(학)을 力(역)치 안ᄂ고ᄒ면 曰年歲(왈연세)가 不及(불급)ᄒ다 ᄒ니 嗚呼(오호)라 我(아)의 志氣(지기)를 如此(여차)히 振起(진기)치 아니ᄒ니 國(국)이 何(하)로 由(유)야 强(강)ᄒ리오 凡我靑年(범아청년)은 其(그), 此(차)에 極注意(극주의)ᄒ지어다[118]

그리고 제117과 '獨立 : 續(독립 : 속)'에서는 당시 제국주의 열강이 약소국을 그들의 식민지로 전락시키는 현실에 대하여 말하면서, 우리나라가 단군이 건국한 이래로 흥망성쇠는 있었을지라도 독립을 잃은 적은 없었다고 말하고 있다. 그리고 현재 외국의 지배를 받고 있는 약소국인 인도를 예로 들면서 "嗚呼(오호)라 我韓人民(아한인민)은 此(차)를 鑑戒(감계)ᄒ야 獨立(독립)의 精神(정신)을 時日(시일)로 養成(양성)"[119]하라고 권고하고 있다.

이와 같이 휘문의숙(徽文義塾)에서 펴낸 『고등소학수신서(高等小學修身

書)」는 이 책의 앞부분과 뒷부분에 민족적 각성을 촉구하는 내용으로 편성하였는데, 이는 나라가 비록 일제의 식민지로 전락해 가고 있는 암울한 상황일지라도 학생들에게 민족정신을 고양시키겠다는 지은이의 강한 의도가 작용한 결과이었던 것이다.

위에서 고찰한 바와 같이 다른 민간인 사립학교도 마찬가지였지만, 기독교학교에서 가르친 수신(윤리)도 당시 한국의 역사적 상황을 그대로 반영하여 학생에게 뚜렷한 국가관을 확립할 수 있는 것과 함께, 적극적으로 민족의 문제에 눈을 뜰 수 있게끔 하는 내용으로 구성되어 있는 것이 대부분이었다. 그렇기 때문에 일제는 한국에 대하여 식민지 지배를 준비하는 단계에서부터 한국인 학생에게 일본정신을 강제로 심어 주려고 학부를 조종하여 그들의 식민지지배정책에 부합할 수 있는 교과서를 편찬하도록 하였다. 그래서 개인이나 단체, 또는 사립학교에서 자체적으로 편찬한 애국적인 내용으로 구성되어 있는 수신(윤리)교과서를 더 이상 이들 사립학교에서 사용하지 못하도록 소위 「교과용도서검정규정」이라는 것을 들이밀고 검정이나 인가에서 제외시켰던 것이다.

그럼에도 불구하고 기독교학교에서는 이들 검정이나 인가신청에서 불인가 처분을 받은 교과서일지라도 일제의 강요에 순응하지 않고 1910년까지 학생들에게 가르친 경우도 있었던 것이다. 그러므로 다와라(俵孫一)는 기독교학교를 시찰한 결과보고서를 작성하면서 이들 학교에서 사용한 불인가 교과서에 대하여 불량교과서라고 하여 사용하지 못하도록 엄중히 경고하고 나섰던 것이다.

IV. 나가는 말

옛날이나 지금이나 교과교육활동은 학교교육에서 가장 중심된 자리를 차지한다. 따라서 어떠한 교과에 어떠한 내용을 가지고 학생들을 가르치느냐 하는 문제는 그들의 의식, 태도, 행동양식을 결정해 주는 중요한 요인인 것이다. 개화기와 그 이후 열강의 침략과정에서 한국은 수난을 겪어야 했고, 그 수난을 극복해야 하는 위기의 역사적 상황에 직면하게 되었다. 그러한 수난의 역사적 현실을 극복하기 위한 하나의 방편이 민족교육이었고 여기에 기독교학교가 민족교육의 첨병역할을 담당했던 것이다.

선교사가 한국에 들어온 가장 중요한 목적은 기독교의 선교에 있었다. 그런데 학교교육이란 국가나 사회의 현실을 무시한 채 오직 순수한 교육활동, 그리고 기독교의 선교활동에만 치중할 수 있는 성질의 것은 아니다. 어느 시대, 어느 국가나 사회를 막론하고 현실의 문제에 깊이 관여하는 것이 교육인 것이다. 그러므로 기독교학교가 나라가 위기의 상황에 직면한 때에 민족교육에 깊이 뛰어들었던 것은 지극히 당연한 일이었다. 따라서 학교교육활동 전체가 민족정신을 고취하는 교육이었다고 말할 정도로 민족교육에 적극적이었다.

이 글에서는 기독교학교의 민족교육의 구체적인 내용 가운데 교과활동에 한정하였고, 그것도 그 일부에 해당하는 국어와 한문, 역사와 지리, 그리고 수신(윤리)교육에 나타난 민족교육만을 고찰하는 데 그쳤다. 각 교과마다 거기에 해당하는 교과서를 선정하여 민족정신을 고취하는 내용을 제시했거니와 그 내용의 경중은 다를지언정 한결같이 당시의 역사적 상황을 그대로 반영하고 있다는 공통점을 발견할 수 있다. 기울어 가는 나라를 다시 일으키기 위해서는 학생들의 정신 속에 구국을 위한 민족정신으로 가득 차게 해주어야 한다는 생각으로 이러한 정신을 길러 줄 수 있는 내용을 의도적으로 각 교과서에 반영했던 것이다. 그 가운데서도 가장 중심을 차지하는 과목은 국어와 수신이라고 할 수 있다. 국어와 수신은 우리나라 역사에서 길이 남을 만한 중요한 역사적 사실이나 인물들, 그리고 세계역사에서도 우리 민족에게 큰 교훈을 줄 만한 내용을 포함하고 있다는 점에 주목하지 않을 수 없다.

위와 같은 사실로 미루어 볼 때 역사교과는 어느 시대 어느 나라를 막론하고 민족정신을 함양하기에 아주 적합한 과목인 것이다. 학생들은 이러한 내용으로 구성한 교과서를 가지고 공부함으로써 나라와 민족을 위하여 할 일이 무엇인가를 분명히 깨달았을 것이다. 그럼에도 불구하고 1910년 8월 일제가 나라를 완전히 강탈하는 과정에서 기독교학교 학생들이나 한국인 기독교인들이 아무런 역할도 하지 못하고 오히려 잠잠했던 것은 하나의 역설이 아닐 수 없다. 물론 이때 형성된 민족정신이 일제 식민지 지배 하에서 면면히 이어지기는 하지만 말이다.

그러면 오늘날에 와서 볼 때 기독교학교의 위상 또는 역할은 어떻게 보아야 하는가. 대단히 부정적으로 보지 않을 수 없다. 일반 공립학교나 민간인이 세워 운영하는 학교나 별반 다를 게 없다고 보는 시각이 옳을 것이다. 그렇다면 기독교학교로서 그 설립목적인 기독교인의 양성에는 그 임무를 충실히 이행하고 있다고 자신 있게 말할 수 있는가. 이러한 가장 중요한 측면 역시 부정적으로 보이는 것이 필자의 솔직한 심정이다. 물론 이러한 사실을 위에서 말한 나라나 시대적 상황과 연결하여 논한다면 충분히 이해할 수 있는 일이다. 그 가운데 가장 중요한 요인이 바로 상급학교 진학과 관련한 문제이다. 초등학교에서부터 대학 진학을 위한 준비교육에 집중하고 있는 현실인데 기독교학교라고 해서 이러한 사회적 현실을 외면하거나 배제한 채 학교의 설립목적인 기독교의 선교에만 매진하기를 바랄 수 있겠는가. 그리고 교육의 기능 가운데 하나인 국가나 사회의 잘못된 부분을 개선시키고 더 나아가서는 올바른 방향으로 개혁하는 데 앞장서 달라고 기대할 수 있겠는가.

개화기 또는 일제의 식민지 지배 하에서의 기독교학교의 교육은 어떠한 형태로든 시대적 상황에 충실하게 대처하여 당시 나라가 직면한 자주독립이라고 하는 민족적 여망에 부응하는 교육활동을 전개했던 것이다. 따라서 당시 의식 있는 사람들은 일제가 의도적으로 관공립학교를 우위에 두고 기독교학교를 비롯한 사립학교에 대하여 차별대우를 하는데도 불구하고 자녀를 기독교학교에 보냈던 경우도 있었다. 그것은 기독교학교가 당시 한국이 식민지 지배 하의 특수한 역사적 상황에 적극 대처한 까닭이었기 때문이었다. 그렇다면 오늘날의 기독교학교의 상황을 교육의 공공성이란 문제와 관련하여 되짚어본다면 나라와 민족이 기대하는 만큼의 교육에 충실한 교육활동을 전개하고 있으며, 기독교의 선교라고 하는 궁극적인 목적을 달성하기 위하여 양심에 거리끼지 않는 교육활동과 학교운영을 올바르게 하고 있다고 자신 있게 말할 수 있는가. 이러한 질문을 던졌을 때 아마 대부분의 기독교학교가 선뜻 나서서 그렇다고 긍정적으로 대답을 하지 못할 것으로 생각하지 않을 수 없다.

지금 한국의 기독교가 위기의 상황에 직면해 있는 것과 마찬가지로 기독교학교 역시 같은 맥락에서 보아도 좋을 것이다. 아니, 이것은 기독교나 기독교학교 뿐만이 아니라 나라나 사회 전체가 위기의 상황에 직면해 있는 현실이라고 보아도 지나친 말은 아니다. 이러한 위기의 상황에서 기독교와 기독교학교가 할 일이 무엇인가. 그것은 처음으로 돌아가야 한다는 것이다. 다른 말로 하면 기독교 및 기독교학교의 순수성을 다시 회복해야 한다는 것이다. 그리고 나서 공공성을 또한 회복하고 예수 그리스도가 이웃을 위해 헌신 봉사한 것처럼 자라나는 젊은이들에게 내 이웃과 더 나아가서는 나라와 민족을 위해 헌신 봉사할 수 있는 정신으로 가득 찬 인물을 양성하는 일에 온갖 심혈을 기울여야 할 것이다.

[미주]

1) 차석기, 『한국민족주의교육의 연구』, (진명문화사, 1976), pp.177~178.
2) L.G.Paik, 『The History of Protestant Mission in Korea, 1832~1910』, (Reprinted by Yonsei University Press, 1970), pp.222~223.
3) 『배재 80년사』, (배재중고등학교, 1965), pp.296~297.
4) 정충량, 『이화 80년사』, (이화여자대학교 출판부, 1967), p.65.
5) 《황성신문》, 제2880호, 1908. 9. 17. 이때 초등과 교과목은 국문 · 한문 · 작문 · 산술 · 도화 · 지지 · 체조 · 영어 등이었다.
6) 『경신 80년 약사』, (경신중고등학교, 1966), p.65.
7) 《대한매일신보》, 제6권 899호, 1908. 9. 5.
8) 김영삼, 『정신 75년사』, (정신여자중고등학교, 1962), pp.117~118.
9) 『정신 100년사』〈상〉, (정신여자중고등학교, 1989), p.167.
10) 『숭의 80년사』, (숭의여자고등학교, 1983), p.87.
11) 『계성 50년사』, (계성고등학교, 1956), p.16.
12) 『신명 50년사』, (신명여자고등학교, 1957), p.43.
13) 『기전 80년사』, (전주기전여자고등학교, 1982), p.137.
14) 『광성 90년사』, (광성고등학교, 1984), p.11.
15) 『송도학원 80년사』, (송도중고등학교 동창회. 1989), p.54.
16) 『영명 80년사』, (공주영명중고등학교, 1985), p.97.
17) 위 책, p.117.
18) 위 책, p.134.
19) 《대한매일신보》, 6권 882호, 1908. 8. 14.
20) L. G. Paik, Op. Cit., p.305.
21) 《그리스도신문》, 1권 9호, 1897. 5. 27.
22) 위 신문, 1권 9호, 1897, 5, 27.
23) 문정창, 『군국일본조선점령36년사』〈상〉, (백문당. 1965), p.167.
24) "고교빈길(高橋濱吉)", 『조선교육사고』, (제국지방행정학회조선본부, 1927), pp.140~141.
25) 문정창, 앞 책, p.197.
26) 《대한매일신보》, 5권 431호, 1907. 2. 1.
27) 조선총독부, 『교과용도서일람』(1915), p.42.
28) 주시경, 『국어문전음학』, (경성: 박문서관, 1908), 이기문 편, 『주시경 전집』〈하〉, (아세아문화사, 1976)
29) 『유년필독』(광무 11년), 『유년필독석의』(광무 11년), 『동국사략』(광무 10년 역술), 『보통교과동국역사』〈1~5〉(융희 3년) 등이 있다.
30) 이 교과서는 학부의 검정을 받은 사립학교초등학교용 국어과 교과서라는 점과 강윤

호의 『개화기 교과용도서』, (교육출판사, 1973)에서 '이대본(梨大本)'이라고 한 것으로 보아 이화학당에서 사용한 것으로 생각된다.

31) 현채, 『신찬초등소학』 권2, (융희 3년), pp.33~35. 이 교과서에서 나라 이름을 '조선', 서울을 '경성'이라고 했는데 이것은 일제의 조종을 받은 학부에서 편찬한 교과서는 말할 것도 없고 개인이 지은 교과서까지도 일제의 의도대로 그 명칭을 바꾼 결과이다. 일제는 '한국'을 '조선'으로, '한성'을 '경성'으로, '일어'를 '국어'로, '일본'을 '내지'로, '전국'을 '전반도'로, '국문'을 '언문'으로, '我朝'를 '李朝'로, '북한'을 '북방'으로, '남한'을 '남방'으로 고쳐 쓰도록 강요했다. 그런데 오늘날 우리나라의 역사학자나 역사가, 또는 일반인 가운데는 일제식민지 시기의 우리나라 이름을 일제가 바꾸어 사용한 '조선(朝鮮)'을 아무 생각 없이 사용하는 것을 흔하게 볼 수 있는데 이것은 민족의 자존심과 관련하여 깊이 반성해야 할 사안이라고 생각한다.

32) 위 책 4권, pp.13~15.

33) 현채, '유년필독범례', 『유년필독』 권1, (1907), p.1.

34) 학부, 『교과용도서일람』, (1910), pp.22~25.

35) 현채, 『유년필독』 권1, (1907), pp.25~26.

36) 위 책, 권2, p.18.

37) 위 책, 권3, pp.140~141.

38) 감리교에서 1896년 서울에 설립한 학교임.

39) 학부, 『한성부 내 기독교학교 상황 일반』, (1910. 6), p.83.

40) 위 책, p.83.

41) 국민교육회 편, 『초등소학』 권8, p.30.

42) 『개화기교과서총서』 5, 해제, (아세아문화사, 1977).

43) 이 교과서는 1808년 「교과용도서검정규정」을 발포하기 이전에는 학부의검정을 받은 교과서였다는 사실을 알 수 있다〈『사립학교령 해설』(휘문관, 융희 2년 12월), 휘문관 발간, 서적목록광고〉.

44) 학부, 『한성부 내 기독교학교 상황 일반』, (1910. 6), p.83.

45) 위 책, p.92.

46) 위 책, p.103.

47) 휘문의숙 편, 『고등소학독본』 권1, (1906), p.14.

48) 학부, 위 자료, 1910. 6, p.69.

49) 『개화기교과서총서』 5, 해제, (아세아문화사, 1977).

50) 정인호, 『최신초등소학』 권1, (1908), pp.51~54.

51) 위 책, 권2, 1908, pp.3~4.

52) 강윤호, 앞 책, p.149.

53) 주시경, 『국문초학』, (1908), pp.25~26, 이기문 편, 『주시경 전집』〈상〉(아세아문화사, 1976).

54) 위 책, pp.39~40.

55) 『배재 100년사(1885~1985)』(배재중고등학교, 1989), p.46.

56) 위 책, p.46.

57) 『배재 80년사』, (배재중고등학교, 1965), p.147.

58) 『경신 80년 약사』, (경신중고등학교, 1966), p.35.

59) 《황성신문》, 제2880호, 1908. 8. 17.

60) 강윤호, 앞 책, pp.162~163.

61) 위의 책, pp.163~164.

62) 위의 책, p.166.

63) 위의 책, p.170.

64) 위의 책, p.171.

65) 『배재 80년사』, (배재중고등학교, 1965), p.296.

66) 위의 책, p.335.

67) 위의 책, p.335.

68) 『이화 90년사』, (이화여자고등학교, 1975), p.59.

69) 《황성신문》, 제2889호, 1908. 9. 17.

70) 《대한매일신보》, 6권 902호, 1908. 9. 10.

71) 《대한매일신보》, 6권 877호, 1908. 8. 5.

72) 『경신 80년 약사』, (경신중고등학교, 1966), p.36.

73) 위의 책, p.67.

74) 『정신 100년사』〈상〉(정신여자중고등학교, 1989), p.138.

75) 위의 책, p.189.

76) 위의 책, p.192.

77) 『배화 60년사』, (배화여자고등학교, 1955), p.82.

78) 『숭의 80년사』, (숭의여자고등학교, 1983), p.75.

79) 위의 책, p.87.

80) 『영명 80년사』, (공주영명중고등학교, 1985), p.99. 1906년 8월 27일에 제정 공포한 것
   으로 제6조에 '보통학교의 교과목은 수신, 국어, 한문, 일어, 산술, 지리역사, 이과, 도
   화, 체조로 하고 여자에게는 수예를 가함이라.'고 규정하고 있다.

81) 위의 책, p.117.

82) H. B. Hulbert · 오성근, 『대한력ㅅ』〈샹〉서문, (1908), 한국학문헌연구소 편, 한국개
   화기교과서총서, 18, 국사편8, 아세아문화사, 1977. 헐버트는 이 책 뿐만 아니라 『한국
   의 역사(The History of Korea)』(1901), 『한국과 대만(Korea and Formosa)』(1905) 등
   의 저서와 함께 한국의 역사와 언어에 관한 여러 편의 논문을 남겼다. 최현배, "기독교
   와 한글", 『신학논단』 제7집(연세대학교 신과대학 신학회, 1962), p.68.

83) 위의 책, p.36.

84) 위의 책, p.64~65.

85) 현채의『보통교과동국역사(普通敎科東國歷史)』는 의법학교(懿法學校),『중등교과동국사략(中等敎科東國史略)』은 영신여학교(永信女學校, 장로교, G. H. Underwood 설립), 약명학교(葯明學校, 천주교), 가명학교(加明學校, 천주교) 등에서 사용했으며, 정인호의『초등대한역사(初等大韓歷史)』는 약명학교에서 사용했다.

86)『개화기교과용도서』16, 해제(아세아문화사, 1977). 이 교과서는 현채가 정신적 식민화의 문제를 극복하기 위하여『조선사』에 들어 있는 재국주의의 침략성을 탈피하고 극복하여 민족주의의 입장에서 서술하였다. 특히『조선사』에서 인정하지 않는 단군을 우리 역사의 시조로 하고 삼한정통론을 내세워 민족의 독립성을 주창하고 있으며, 역사상의 위인, 명장, 외국과의 전쟁 등을 크게 취급하여 열강의 침략에 대한 저항정신을 드러내고 있다.

87) 현채(玄采),『중등교과동국사략(中等敎科東國史略)』권3, 조선기 상(朝鮮記 上), 임진란(壬辰亂), pp.49~50.

88) 학부(學部),『한성부 내 기독교학교 상황일반(漢城府內基督敎學校狀況一斑)』, (1910. 6), p.95.

89) 정인호(鄭寅琥),『초등대한역사(初等大韓歷史)』, (1908), p.158.

90) 위의 책, pp.161~162.

91) 위의 책, p.163.

92)『경신 80년 약사』, (경신중고등학교, 1966), p.79.

93) 위의 책, p.78.

94)『배화 60년사』, (배화여자고등학교, 1955), p.100.

95)『경신 80년 약사』, (경신중고등학교, 1966), p.79.

96) 조선총독부(朝鮮總督府),『교과용도서일람(敎科用圖書一覽)』, (1915), pp.42~43.

97)『배화 60년사』, (배화여자고등학교, 1955), p.99.

98)『정신 75년사』, (정신여자중고등학교, 1962), p.168.

99)『배화 60년사』, (배화여자고등학교, 1955), pp.104~105.

100)『기전 80년사』, (전주기전여자고등학교, 1982), p.137.

101)『송도학원 80년사』, (송도중고등학교동창회, 1989), p.154.

102)『영명 80년사』, (공주영명중고등학교, 1985), p.99.

103) 이 책에는 저술자(著述者) 노병희(盧炳喜), 교열(校閱) 이화학당장(梨花學堂長) 라부이(羅富伊), 진명여학교 학감(進明女學校 學監) 여메례황(余袂禮黃), 양원여학교장(養源女學校長) 윤고라(尹高羅)(아세아문화사에서 1977년에 영인한『한국개화기교과서총서』, 수신·윤리 II 간기 참조)로 되어 있는 것으로 보아 이들 학교에서 사용한 교과서임에 틀림없다. 그런데 조선총독부(朝鮮總督府)의 '교과용도서일람(敎科用圖書一覽)'에는 이 책의 지은이를 노병선(盧炳善)으로 밝히고 있으며, 노병희라는 사람이 지은 수신교과서(修身敎科書)는 나와 있지 않다. 그리고 개화기에 발행한 신문을 보면 노병선이라는 사람의 이름은 자주 등장하는 것을 볼 수 있다. 한편 이화여자대학교 한국문화연구원에서 2011년에 내어 놓은『근대수신교과서』〈1~3〉의 해제(p.14)와 1권『녀

자소학슈신서』 해제(p.210)에서 한자 이름을 노병선(盧秉鮮)으로 기술하였는데, 이 책의 뒤(pp.537~577) 영인본에서는 지은이의 이름을 볼 수 있는 책 표지나 간기가 나타나 있지 않다.

104) 강윤호, 앞의 책, pp.181~182.

105) 노병선(盧炳善), 『녀자소학슈신셔』, (박문서관, 1909), pp.31~33.

106) 위의 책, pp.51~52.

107) 이 교과서는 강윤호의 『개화기교과용도서(開化期教科用圖書)』에서 '이대소장본(梨大所藏本)'을 참고한 것으로 보아 당시 이화학당의 수신교과서로 사용한 것이 아니었나 짐작할 수 있다.

108) 신해영(申海泳), 『윤리학교과서(倫理學教科書)』권3, (1908), pp.9~11.

109) 위의 책, 권4, pp.2~4.

110) 위의 책, pp.66~68.

111) 조선총독부, 『교과용도서일람』, (1912), p.41.

112) 이 교과서의 1910년 개정판에서는 선군(善群)을 사회로 바꾸고 지방은 삭제하고 국민은 국가로 바꾸었다. 이화여자대학교한국문화연구원 해제번역총서, 『근대수신교과서』1, (소명출판, 2011), p.49.

113) 안종화(安鍾和), 『초등윤리학교과서(初等倫理學教科書)』, (1907), p.45.

114) 위의 책, p.53.

115) 『한국개화기교과서총서(韓國開化期教科書叢書)』9, 해제, (아세아문화사, 1977).

116) 휘문의숙(徽文義塾), 『고등소학수신서(高等小學修身書)』, (1908), pp.7~8.

117) 위의 책, pp.79~80.

118) 위의 책, pp.86~87.

119) 위의 책, p.88.

[참고문헌]

강윤호, 『개화기교과용도서』, (교육출판사, 1975).

문정창, 『군국일본조선점령36년사』〈상〉, (백문당, 1965).

차석기, 『한국민족주의교육의 연구』, (진명문화사, 1976).

高橋濱吉, 『조선교육사고』, (제국지방행정학회조선본부, 1927).

L.G.Paik, The History of Protestant Mission in Korea, 1832~1910, Reprinted by Yonsei University Press, 1970.

연세대학교신과대학신학회, 『신학논단』 제7집, (1962).

『경신 80년 약사』, (경신중고등학교, 1966).

『계성 50년사』, (대구계성고등학교, 1956).

『광성 90년사』, (광성고등학교, 1984).

『기전 80년사』, (전주기전여자고등학교, 1982).

『배재 80년사』, (배재중고등학교, 1965).

『배재 100년사』, (배재중고등학교, 1989).

『배화 60년사』, (배화여자고등학교, 1955).

『송도학원 80년사』, (송도중고등학교동창회, 1989).

『숭의 80년사』, (숭의여자고등학교, 1983).

『신명 50년사』, (대구신명여자고등학교, 1957).

『영명 80년사』, (공주영명중고등학교, 1985).

『이화 80년사』, (이화여자대학교 출판부, 1967).

『이화 90년사』, (이화여자고등학교, 1975).

『정신 75년사』, (정신여자중고등학교, 1962).

『정신 100년사』〈상〉, (정신여자중고등학교, 1989).

《그리스도신문》

《대한매일신보》

《황성신문》

이기문 편, 『주시경 전집』〈하〉, (아세아문화사, 1976).

학부, 『교과용도서일람』, (1910).

학부, 『한성부 내 기독교학교 상황 일반』, (1910).

조선총독부, 『교과용도서일람』, (1915).

국민교육회 편, 『초등소학』권8, (1906).

노병선, 『녀자소학슈신셔』(1909).

신해영, 『윤리학교과서』권3, (1908).

안종화, 『초등윤리학교과서』, (1907).

정인호, 『최신초등소학』권1, (1908).

정인호, 『초등대한역사』, (1908).

주시경, 『국문초학』, (1908).

현채, 『보통교과동국역사』, (1909).

현채, 『신찬초등소학』권2, (1909).

현채, 『유년필독』, (1907).

현채, 『중등교과동국사략』권3, (1908).

휘문의숙, 『고등소학독본』권2, (1906).

휘문의숙, 『고등소학수신서』, (1908).

H. B. Hulbert · 오성근, 『대한력ᄉ』〈샹〉, (1908).

6장 한국 초기 기독교학교의 쇠퇴에 관한 연구

- 장로교 계통의 소학교를 중심으로

박상진

박상진

성균관대학교 교육학과(B.A)
서울대학교 대학원 교육학과(M.Ed)
장로회신학대학교 신학대학원(M.dir)
장로회신학대학교 대학원 기독교학과(M.A)
미국 Union-PSCE(M.A&Ed.D)
현 장로회신학대학교 기독교교육과 교수

제6장

한국 초기 기독교학교의 쇠퇴에 관한 연구
: 장로교 계통의 소학교를 중심으로

I. 들어가는 말

한국에서의 개신교 선교역사는 기독교학교의 설립의 역사와 동일시될 수 있다. 1884년부터 미국 북장로교 선교사인 언더우드(H. G. Underwood)와 미국 북감리교 선교사인 아펜젤러(H. G. Appenzeller), 그리고 스크랜튼(M. F. Scranton) 선교사가 한국에 들어와 세운 경신, 배재, 이화학교들이 기독교학교 운동의 효시라고 할 수 있으며, 이와 함께 한국 개신교 역사가 시작되었다고 할 수 있기 때문이다. 그런데 1890년대 이후부터 선교사들뿐만이 아니라 한국의 토착교회와 그 교인들에 의해서 수많은 기독교학교들이 설립되었다.[1] 1909년에는 장로교 계통의 기독교학교만 694개교가 있었으니 백낙준이 이를 '교육문예부흥(the educational renaissance)'이라고 일컬었던 것은 이상한 일이 아니다.[2]

그런데 안타깝게도 이렇게 많은 수의 기독교학교들이 일제 시대 초기에 그 수가 감소하기 시작하고, 소위 '기독교학교 운동'이라고 불리울 수 있을 정도로 교회가 기독교학교를 설립했던 그 왕성한 노력도 약화되기 시작한다. 장로교 계통 학교의 경우 1909년을 기점으로 그 이후 점차 학교 수가 줄어들게 되는 것이다. 당시 기독교학교의 현황은 어떠하였으며 왜 기독교학교 수가 감소하게 되었는가? 본 연구는 이러한 질문에 응답하기 위한 것이다. 초기 기독교학교가 부흥할 수 있었던 원인을 분석하고, 그 과정에서 한국교회가 어떤 역할을 하였는지를 규명하는 것도 중요하지만,[3] 초기 기독교학교의 쇠퇴의 원인을 분석하고 한국교회가 그 과정에서 어떤 노력을 기울였는지를 파악하는 것도 중요한 의미가 있다.[4] 왜냐하면 오늘날 우리나라에 많은 기독교학교들과 기독교대안학교들이 설립되고 있지만 이들이 쇠퇴하지 않기 위해서는 앞선 역사 속에서 교훈을 찾아야 하기 때문이다. 따라서 본 연구는 다음과 같은 연구문제를 갖고 이에 답하고자 한다.

첫째, 한국의 초기 기독교학교 수의 추이는 어떠하였는가?
둘째, 한국의 초기 기독교학교들이 쇠퇴하게 된 이유는 무엇인가?
셋째, 그 과정에서 한국교회의 역할은 무엇인가?
넷째, 이러한 역사적 현상이 오늘날 한국교회와 기독교학교들에게
        주는 교훈은 무엇인가?

II. 한국 초기 기독교학교의 설립과 쇠퇴

초기 한국교회가 설립한 학교가 어느 정도였으며 해마다 그 추이가 어떻게 변화되었는가? 당시 기독교학교 수의 변화를 파악하는 통계적인 분석은 초기 기독교학교의 상황과 학교설립 운동의 변화를 파악하는 데 가장 중요한 작업이 아닐 수 없다. 다행히도 초창기 기독교학교에 관한 수치를 파악할 수 있는 자료들이 있는데, 여기에서는 1905년부터 1915년까지의 장

로교회 독노회 및 총회회의록에 기록된 통계 자료를 중심으로 분석하고자 한다. 그리고 그 이전의 통계는 미국 장로교 선교회에 보고된 1887년부터 1904년까지의 장로교회 부설 초등학교 통계를 분석하려고 한다. 먼저 초기 한국 장로교회가 설립한 기독교학교 수의 추이(1887-1904년)를 도표로 제시하면 〈표 1〉과 같다.[5]

〈표 1〉 장로교 교육 통계 : 1887-1904

교회 부설 초등학교					
년 도	학 교	년 도	학 교	년 도	학 교
1887	1	1893	5	1899	28
1888	2	1894	5	1900	48
1889	2	1895	7	1901	63
1891	2	1897	25	1903	84
1892	2	1898	19	1904	115

자료 : Quarto Centennial, The Korean Mission, Presbyterian Church, 1909.

이 통계에서 볼 수 있듯이 장로교의 교회 부설 초등학교는 1887년 이후 지속적이고 점진적으로 증가하게 되는데, 1900년대에 접어들면서 빠른 속도로 증가하여 1904년에는 115개교에 이르게 된다. 1894년과 1904년의 장로교회의 부설 초등학교 수를 비교해 보면 5개교에서 115개교로 십 년만에 무려 23배로 증가하였음을 알 수 있다. 이러한 기독교학교의 설립 확산은 1904년 이후에도 계속해서 이어지게 된다.

한국의 장로교회가 1907년에 노회를 구성한 이후에는 노회의 회의록에 당시의 기독교학교 상황이 자세하게 수록되어 있다. 당시 노회 보고 시에는 필히 '학교형편'을 보고하도록 되어 있기 때문에 당시의 기독교학교 상황을 자세히 알 수 있다. 또한 1912년에 장로교 총회가 구성되는데, 이때부터는 총회 회의록에서 그 당시의 자세한 기독교학교의 상황을 알 수 있다. 장로교 제1회 회의록에는 1905년부터의 기독교학교 수 및 학생 수의 추이가 도별로 파악되어 있는데, 이를 도표로 나타내면 〈표 2〉와 같다. 1905년의 상황을 살펴보면, 교회 수는 417개, 목사 수는 46명, 그리고 교인 수는 37,407명인데 소학교 수는 139개교였으며 소학교의 학생 수는 2,730명이었다.[6] 이는 당시의 소학교의 학생 수가 평균 20명 정도의 소규모 학교였음을 알 수 있다. 그 다음 해인 1906년에는 소학교의 수가 238개교로 약 100개교가 증가하였고, 1907년에는 소학교의 수가 405개교로 171개교가 증가하였다. 이는 가히 폭발적인 증가라고 할 수 있을 것이다. 1907년의 지역별 소학교 현황을 살펴보면 평안남북 · 황해도 지역이 256개교로 가장 많았고, 그 다음이 경상남북도로 60개교, 전라남북도가 44개교, 경기, 강원, 충청남북도가 38개교, 함경남북도가 17개교 순으로 나타났다.

〈표 2〉 1907년 장로교 독노회 통계 보고표

십삼도	평안남북 황해	경기강원 충청남북	전라남북	경상남북	함경남북	도합금년	도합 1906년	도합 1905년
목사	14	10	10	9	6	49	46	46
지교회	348	123	109	145	60	785	584	417
교인 도합	43,190	7,435	9,376	9,337	3,830	72,968	56,943	37,407
소학교	256	38	44	60	17	405	238	139
학생수	6,271	739	497	803	305	8,615	5,124	2,730

자료 : 예수교 장로회 대한 노회 제1회 회록, 1907.

1908년도의 소학교 수는 542개교였으며 소학교 학생 수는 10,191명으로 나타났다. 이때에는 중학교 수는 11개였으며 중학생 수는 683명으로 나타났다. 소학교의 학교당 학생 수는 평균 19명 정도인데, 중학교의 학교당 학생 수는 평균 62명으로 중학교가 훨씬 규모가 큰 것을 알 수 있다. 1908년도의 지역별 소학교 분포 현황을 살펴보면 평안북도 148개교로 가장 많았고 그 다음이 평안남도로서 110개교였다. 그런데 이때 평안북도의 경우 예배처소가 108개교인데, 소학교 수는 이보다 많은 148개교인 것은 한 교회가 한 학교를 세운 것이 아니라 한 교회가 두세 교회를 세운 사례가 있음을 보여 주는 수치라고 할 수 있다. 전라북도, 전라남도, 그리고 함경도 지역이 상대적으로 소학교 수가 적게 나타나고 있다.

〈표 3〉 1908년 장로교 독노회 통계 보고표

	경기	평안남	평안북	황해	전라남	전라북	경상	함경	도합
목사	9	11	5	5	6	8	10	6	60
교인 도합	7,320	22,298	20,086	12,893	6,400	9,112	13,560	3,312	94,981
대학교	1	1	0	0	0	0	0	0	2
중학교 남(여)	1(2)	2(1)	1(1)	0(0)	1(0)	2(1)	1(1)	3(0)	11(6)
소학교 남(여)	39	110	148	83	27	30	85	20	542
대학도	14	15	0	0	0	1	0	0	30
중학도 남(여)	126(65)	295(100)	0(0)	0(0)	84(0)	62(39)	68(7)	48(0)	683(202)
소학도 남(여)	647(265)	3,021(790)	3,100(624)	1,700(328)	366(52)	400(35)	1,010(468)	237(147)	10,191(2,644)
예배처소	171	201	108	140	84	123	239	53	1,119

자료 : 예수교 장로회 대한 노회 제2회 회록, 1908.

1909년도의 소학교수는 694개교로서 장로교의 소학교 수가 최고조에 이르게 되었다. 이 가운데 여학교도 84개나 되는데, 이는 여아들에 대한 교육에도 깊은 관심을 갖고 있었음을 알 수 있다. 이 당시 소학교의 학생 수도 전체가 15,673명으로 어느 다른 해보다도 많은 학생 수를 기록하고 있다. 지역별 소학교 수의 분포를 살펴보면 1908년과는 달리 평안남도가 146개교로 가장 많은 수를 차지하고 있고, 평안북도는 128개교로 나타났다. 경상도의 소학교 수는 120개교로 1908년에 비해 35개교가 증가하였는데, 학생 수가 1,420명으로 한 학교당 평균 11명 정도의 소규모 학교들이었음을 짐작할 수 있다.

〈표 4〉 1909년 장로교 독노회 통계 보고표

	경기	평안남	평안북	황해	전라남	전라북	경상	함경	도합
목사	11	11	6	6	7	5	11	6	63
교인 도합	7,782	30,128	25,910	31,108	7,500	7,409	21,842	5,594	119,273
대학교	0	1	0	0	0	0	0	0	1
중학교 남(여)	2(2)	3(2)	5(2)	1	1	2	2	3	19(6)
소학교 남(여)	31	146 (37)	128 (32)	101	26(2)	36(2)	120	22 (11)	694 (84)
대학도	0	17	4	0	0	0	0	0	21
중학도 남(여)	230 (93)	321 (107)	203 (43)	63	20	64	78	110	1,332
소학도 남(여)	669 (93)	3,534 (809)	3,355 (704)	2,705	737 (95)	867 (120)	1,420 (352)	495 (230)	15,673
예배 처소	189	241	282	137	110	142	337	134	1,580

자료 : 예수교 장로회 대한 노회 제3회 회록, 1909.

1910년 통계를 살펴보면 소학교 수가 684개교로써 전년보다 10개교가 감소하였는데, 이때로부터 한국교회가 설립한 소학교 수는 지속적으로 감소하게 된다. 지역별 분포를 살펴보면 평안남도가 183개교로 가장 많았고 황해도는 64개교로써 그 전년도보다 무려 37개교가 감소한 것으로 나타났다. 소학교 수는 감소하는 상황 속에서도 중학교 수는 지속적으로 증가하는 추세를 보이고 있는데, 1908년에 11개교에서, 1909년에는 19개교로, 그리고 1910년에는 22개교로 증가하였다.

〈표 5〉 1910년 장로교 독노회 통계 보고표

	경기	평안남	평안북	황해	전라남	전라북	경상	함경	도합
목사	9	12	10	6	7	8	15	8	75
교인 도합	8,189	33,144	26,968	13,892	11,837	9,152	37,399	9,889	140,470
대학교	0	1	0	0	0	0	0	0	1
중학교 남(여)	2	2(1)	4(2)	2	1	2(2)	1	3	22
소학교 남(여)	37	183	115 (36)	64(16)	22(3)	38(2)	112	57	684
대학도	0	30	0	6	0	0	0	1	37
중학도 남(여)	110	597	246 (53)	71	15	82(30)	40 (12)	186	1,442
소학도 남(여)	762	4,055	2,910 (625)	1,330 (395)	485 (130)	1,036 (89)	1,462 (502)	1,075	14,863
예배 처소	170	240	147	272	26	175	315	285	1,632

자료 : 예수교 장로회 대한 노회 제4회 회록, 1910.

1911년도의 소학교 수는 631개교로서 전년보다 53개교가 감소하였으며, 소학생수도 13,608명으로서 전년보다 1,000명 이상이 줄어들었다. 지역별 분포를 보면 평안남도가 148개교로 가장 많았는데, 전년보다는 35개교가 감소한 수치이며, 평안북도가 111개교로 나타나고 있다. 이 해에는 경상도가 경상남도와 경상북도로 나뉘어 보고가 되었는데, 경상북도가 74개교로써 22개교인 경상남도보다 많은 소학교 수를 나타내 보이고 있다. 1912년도에는 소학교 수가 539개교로 감소하게 되어서 전년보다 거의 100개교가 줄어들게 되는데 격감하였다고 볼 수 있다.

〈표 6〉 1911년 장로교 독노회 통계 보고표

	경기	평안남	평안북	황해	전라남	전라북	경상남	경상북	함경	도합
목사	11	14	16	7	9	8	10	8	12	95
교인 도합	9,647	33,720	31,636	12,676	6,062	98,140	14,146	16,396	11,842	144,265
대학교	0	1	0	0	0	0	0	0	0	1
중학교 남(여)	1(1)	1(1)	5(2)	1(0)	2	2(2)	0	1(1)	3(0)	23
소학교 남(여)	31	148 (38)	111 (28)	54 (16)	25	25 (4)	22	74 (5)	36 (14)	631
대학생	0	49	0	0	0	0	0	0	0	49
중학생 남(여)	267	316 (140)	382	33 (5)	35	114 (56)	0	53 (4)	155 (14)	1,474
소학생 남(여)	776	2,950 (815)	3,080 (759)	472 (313)	642 (145)	519 (97)	353 (322)	939 (164)	929 (333)	13,608
예배 처소	47	159	200	232	101	212	250	175	310	1,685

자료 : 예수교 장로회 대한 노회 제5회 회록, 1911.

1905년부터 1912년까지의 한국 장로교회 설립 학교 수의 추이를 살펴보면 〈표 8〉과 같은데, 1905년 139개교에서 점점 증가하다가 1909년에 최고조에 이르게 되는데 694개교에 달하였다. 당시의 교회당이 1,580개 처소인 것을 생각하면 약 두 교회 중 한 교회는 학교를 설립하였다고 볼 수 있

〈표 7〉 1912년 조선예수교 장로회 총회 통계 보고표

	경기/충청	평안남	평안북	황해	전라남	경상	함경	도합
목사	12	28	26	10	20	18	14	128
교인 도합	10,075	30,000	26,948	11,439	15,439	23,985	9,342	127,228
대학교	1	1	0	0	0	0	0	2
중학교 남(여)	2	2	2(4)	0	6(5)	1(1)	2	25
소학교 남(여)	2(6)	156	100 (22)	35(18)	39(1)	96(5)	20(10)	539
대학생	8	54	18	1	0	2	0	83
중학도 남(여)	165	480	296 (36)	12(6)	286 (228)	132 (13)	121(3)	1,778
소학도 남(여)	713	3,765	2,529 (547)	762 (300)	821 (84)	1,572 (404)	1,160 (286)	12,943
예배 처소	182	232	469	171	368	457	155	2,054

자료 : 예수교 장로회 조선 총회 제1회 회록, 1912.

〈표 8〉 1905-1912년 장로교 종합 교육 통계

	1905	1906	1907	1908	1909	1910	1911	1912
목사	46	46	49	60	63	75	95	128
교인 도합	37,407	56,943	72,968	94,981	119,273	140,470	144,265	127,228
대학교	0	0	0	2	1	1	1	2
중학교 남(여)	0	0	0	11(6)	19(6)	22	23	25
소학교 남(여)	139	238	405	542	694 (84)	684	631	539
대학생	0	0	0	30	21	37	49	83
중학도 남(여)	0	0	0	683 (202)	1,332	1,442)	1,474	1,778
소학도 남(여)	2,730	5,124	8,615	10,191 (2,644)	15,673	14,863	13,608	12,943
예배 처소	417	584	785	1,119	1,580	1,632	1,685	2,054

다. 목사의 수는 46명에서 63명으로 증가한 정도인 것에 비교한다면 소학교 수의 증가는 폭발적이었다고 할 수 있다. 그러나 1910년 이후부터는 학교 수가 점진적으로 감소하기 시작하는데, 1912년에는 539명으로 감소하게 된다. 그러나 중학교의 수는 꾸준히 증가하여 1908년에 11개교이던 것이 1912년에는 25개교로 늘어나게 된다.

1912년 이후에도 소학교 수는 지속적으로 감소하게 되는데, 1913년에는 소학교 수가 501개교로 감소하고, 1914년에는 499개교로, 그리고 1915년에는 477개교로 줄어들게 된다.[7] 1905년부터 1915년 사이의 장로교단 소속의 교회 설립 소학교 수의 추이를 그래프로 나타내면 [그림 1]과 같은데, 1909년까지는 가파르게 증가 추세를 보이다가 1910년부터 서서히 감소함을 알 수 있다.

[그림 1] 1905-1915년 장로교 소학교 수 추이

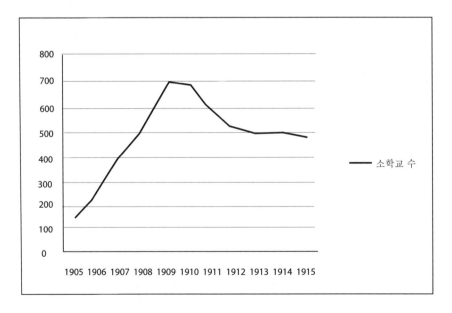

III. 한국 초기 기독교학교의 쇠퇴 원인과 한국 교회의 노력

앞에서 살펴보았듯이 1909년을 정점으로 교회가 설립한 소학교가 쇠퇴하기 시작한다. 당시 교회가 설립한 학교들이 폐교하거나 병합하는 경우가 발생하기 시작하였는데, 그 주된 이유는 재정적인 어려움과 일제 통감부의 지나친 통제 및 관립학교의 등장이라고 할 수 있다. 1910년 이후의 독노회 회의록이나 총회 회의록을 보면 당시 교회 설립 기독교학교들이 전국적으로 재정적인 어려움을 겪기 시작했음을 알 수 있다.

1. 재정적인 어려움과 교회의 역할

당시 교회 설립 학교들이 재정적인 어려움을 겪고 있음은 각 지역별로 구성되어 있는 대리회의 보고를 통해서 직접적으로 알 수 있다. 1911년 독노회의 평안북도 대리회의 보고는 "학교형편은 힘이 전보다 적은 곳이 많사오나 잘되는 곳도 있사오며"로 되어 있고,[8] 평안남도 대리회의 보고는 "학교형편은 몇 학교가 합하기도 하며 폐지도 하였는고로 학생 수는 줄었으나 처소는 전과 비슷합니다. 그러나 각 학교에 재정이 궁색하고 과목 중 교과서 책이 부족하오니 심히 민망하오며 남녀 대중(공학)학교는 전보다 더욱 잘 되어 가옵니다."로 되어 있다.[9] 즉 모든 학교가 재정적인 어려움을 겪는 것은 아니지만 일부 학교들이 재정적인 이유로 폐지되거나 합병되는 경우가 발생하고 있고, 심지어 학교 재정의 어려움으로 교과서 책마저 공급할 수 없는 형편임을 알 수 있다. 황해도 대리회도 "학교형편은 연약하여 좀 줄었사오며"라고 보고하고 있으며, 경기도 대리회도 "학교형편은 재정이 곤란하오며"라고 보고하고 있다. 특히, 경상남도 대리회는 "학교형편은 전진하는 학교도 있고 인가받은 학교 중에 혹 폐지된 것도 있고 지금 남아 있는 학교 중에도 재정 곤란으로 인하여 폐지 지경에 이른 것도 있사오며"라고 보고하고 있는데,[10] 점차적으로 학생 수도 줄어들면서 재정적인 압박으로 인해 폐지되는 안타까움을 겪고 있음을 알 수 있다.

1912년에 이르게 되면 교회 설립 학교들이 보다 심각한 재정적인 어려움에 봉착하게 되는데, 총회 회의록의 각 노회별 보고를 보면 이를 쉽게 파악할 수 있다. 먼저 경기 충청 노회 보고서는 "학교형편은 잘되어가는 곳도 있으나 재정이 어려운 곳이 많음"이라고 적고 있으며,[11] 황해도 노회 보고서는 "학교형편은 좀 섭섭한 것이 각처 소학교도 줄어지고 또 중학교는 폐지가 됨이요."라고 쓰고 있다.[12] 급속도로 확산되던 한국교회의 소학교 설립운동이 이제 하향곡선을 그리면서 폐교되는 학교들이 속속 출현함을 섭섭한 마음으로 보고하고 있는 것이다. 남평안 노회 보고는 소학교는 병합과 폐지 사례가 많지만 중학교는 발전하고 있음을 보여 주는데, "학교형편은 소학교는 혹 합한 곳과 폐한 곳이 있사오나 대중학교는 여전히 진보하오며"라고 기록하고 있다.[13] 북평안도 노회 보고서도 "학교형편은 힘이 전만 못하오며 폐지된 학교도 있사오며 혹 잘되는 곳도 있사오며"라고 적고 있는데, 한해가 다르게 재정적인 어려움으로 폐교하는 안타까운 상황을 보고하고 있다.[14]

1913년에도 이러한 재정적 어려움은 계속되는데, 총회회의록에 보면 폐교되거나 합병되는 학교의 상황이 노회별로 보고됨을 알 수 있다. 남평안 노회 보고서에는 학교형편에 대해서 "여전히 유지하는 곳도 많사오며 혹 폐하고 합하는 곳도 있사오며"라고 쓰고 있고,[15] 경기 충청 노회 보고서에도 "이왕과 일반이오며 교육상황은 흥왕한 곳도 있사오며 재정이 군졸한 곳이 많음"으로 적고 있다.[16] 황해도 노회 보고서는 더 심각하게 학교형편을 보고하고 있는데 "중학교는 없사오며 남아 있는 소학교는 겨우 부지하여 가오며"라고 표현하는 것으로 보아서 매우 심각한 재정적인 어려움을 겪고 있음을 짐작할 수 있다.[17] 특히 전라 노회 보고서에서는 이러한 형편을 개선할 가능성이 없다는 절망적인 보고를 담고 있다. "각 교회에 있는 소학교 형편에 대하여서는 다 말할 수 없사오나 현금경비 곤란 중에 근근히 부지하는 모양이로되 장래에 확장할 희망의 방침이 없습니다."[18] 즉 학교가 그 명맥을 이어간다 할지라도 제기능을 할 수 있는 상태가 아니고 상황이 호전될 수 있는 여지도 없음을 말하고 있다.

1915년에 이르면 교회가 설립한 학교들의 재정적인 어려움은 더욱 극심하게 된다. 총회 시에 학무위원의 보고에 의하면 "현금 학교 정황은 각 노회가 이미 보고하였사오니 상지하였으려니와 특별한 정황은 재정 곤란으로 유지하기 극난이오며"라고 적고 있다.[19] 그래서 학무위원이 제안한 안은 각 노회 지경 안에 있는 학교들끼리 병합하거나 사숙과 합병하는 것으로서 다음과 같이 보고하고 있다. "각 노회 지경 내에서 각기 중앙 위치에 있는 학교 부근의 학교와 사숙을 합병하여 유지하도록 하시기를 바라오며." 각 노회별 보고를 통해서 전국적인 상황을 파악해 보면 경기 충청 노회의 경우 교육정황과 학생 수효는 증가되었으나 재정이 어려워 "소학교를 감리회와 연합하여 교육하는 곳"도 있다고 보고하고 있다.[20] 타교단의 학교와 연합할 정도로 어려움을 토로하고 있는 것이다. 평북 노회는 다음과 같이 보고하고 있다. "여러 곳에서 기본을 모집하여 잘하는 학교도 많사오나 재정이 곤난하여 혹 폐교하는 곳도 있사오며 혹 학교는 폐하고 서당을 설립하는 곳도 있사오며 여자교육은 남자교육보다 많이 떨어지오며 남녀중학은 여전히 잘하오며"[21] 이 보고에 따르면 재정이 어려워 학교는 폐교하고 대신 서당을 설립하는 곳도 있다는 것이다. 경상 노회도 학교형편에 대해서 "잘 진보하는 곳도 있으나 보통으로 말하면 약한 모양이오며"라고 보고하고 있고,[22] 평남 노회 보고서에는 "여전히 유지하여 진보하는 곳도 있사오며 재정 곤란으로 어렵게 지내는 곳이 많사오며"라고 기록하고 있다.[23] 전라 노회는 "재정은 부족하오나 교육열성으로 전진하는 중 실업에 주의하여 확장하여 가나이다."라고 보고하고 있는데,[24] 이러한 재정적인 어려움 속에서도 교육열성을 통해 극복해 가고 있음을 보여 주고 있다.

이러한 기독교학교의 재정적인 어려움은 갈수록 심각해지는데, 1916년 총회에서는 학무위원 보고를 통해 그 재정적 어려움이 어느 정도인지를 가늠해 볼 수 있다. 학무위원의 첫 번째 보고 사항이 "인가받은 각 학교를 무슨 방칙으로든지 폐지하지 않게 하되 특별히 적립금을 교회 안에 두고 학교용비를 보조케 할 것"이었다.[25] 재정적인 어려움으로 폐지되는 학교를 어떻게든 막아야 한다는 의지가 담겨 있다. 그리고 교회가 적립금을 마련하여 학교 재정을 보조할 것을 결의하고 있다. 1916년 총회에서도 노회별로 학교들의 형편이 보고되었는데 대부분 재정적인 어려움을 호소하고 있다. 특히 함경 노회 보고서에 "미션회에서 도와주는 학교들은 여전히 되어가오며 우리들이 힘쓰는 학교는 재정이 곤란하여 유지하기 어려운 형편 많사오며"라는 기록이 있다.[26] 즉, 선교회에 속해 있는 학교들은 재정에 큰 어려움이 없는데 한국교회들이 설립한 학교들은 심각한 재정적 어려움을 겪고 있음을 알 수 있다. 평북 노회의 경우는 "학교권유사를 세워 평북 각 학교와 교회로 순행하며 권장하였는데 학교마다 이삼십 원 내지 천여 원까지 기본금을 다수히 모집하여 유지하게 하온 중 불완전한 학교가 폐지된 것이 혹 있사오나"라고 보고하고 있다.[27] 학교권유사로 하여금 학교와 교회를 방문해서 기본금을 모아 재정적인 어려움을 극복하려는 노력을 한 것이다.

1917년에도 많은 학교들이 폐지되는 아픔을 겪었다. 조선 예수교 장로회 총회에 보고된 내용에 따르면 전라 노회의 경우 "경비의 군졸로 인하여 혹 폐지된 곳도 있사오며 현금 유지하는 것도 전진할 방칙이 막연하오나 미션회 설립학교는 여전하오며"라고 보고하고 있는데,[28] 재정적인 어려움으로 폐지하는 추세이고 현상 유지하기가 어려움을 토로하고 있으며, 그런 가운데서도 선교회가 설립한 학교는 여전히 유지되고 있음을 알 수 있다. 경북 노회의 보고에 의하면 "소학교는 보통 다 연약하오며 남녀중학교는 여전하오며"라고 적고 있는데,[29] 소학교는 거의 모든 학교가 어려움에 처해 있는 반면, 남녀중학교는 유지되고 있음을 보여주고 있다.

함경 노회에서는 1916년의 보고처럼 선교회 설립학교와 조선교회 설립 학교를 비교하여 재정이 어려움에 차이가 있음을 토로하고 있는 그 내용은 다음과 같다.

"1. 미션회에서 경영한 고등정도와 중학정도학교는 여전히 잘 되오며, 2. 조선교회에서 경영하는 학교는 재정이 곤란함으로 유지하기 위하여 각 시찰 지경에서 학무위원 2인씩 택하여 학교를 시찰 확장케 하였사오며"[30]

당시 한국교회가 이러한 학교의 재정적인 어려움을 극복하기 위하여 각 시찰별로 학무위원 두 명을 파견하여 학교를 지원하는 노력을 기울였음을 알 수 있다. 그러나 이 당시 기독교학교들이 겪는 재정적인 어려움은 몇 개 학교의 문제가 아니라 전국적인 현상이었으며 해가 갈수록 심화되어 갔기 때문에 개교회는 물론 노회 또는 총회가 지원할 수 있는 한계를 넘어서게 되었고, 결국 병합하거나 폐교하는 학교가 속출하여 교회 설립 기독교학교의 수는 1910년 이후부터 지속적으로 감소하게 된다.

2. 일제의 기독교학교 탄압과 교회의 역할

1890년대부터 1909년까지 교회 설립 기독교학교가 지속적으로 증가, 확산되다가 1910년부터 폐교하는 학교가 오히려 늘어가고 그 수가 감소세

〈표 9〉 일제의 공포 교육법령(1906-1909)

법 령	공포 년	법령구분
사범학교령	1906	칙령41호
고등학교령	1906	칙령42호
외국어학교령	1906	칙령43호
보통학교령	1906	칙령44호
고등여학교령	1908	칙령22호
사립학교령	1908	칙령62호
사립학교보조규정	1908	학부령147호
공립사립학교인정규정	1908	학부령15호
교과용도서검정규정	1908	학부령16호
실업학교령	1909	칙령56호
실업학교령시행규칙	1909	학부령1호
고등여학교령시행규칙	1909	학부령2호
사범학교령시행규칙	1909	학부령3호
고등학교령시행규칙	1909	학부령4호
외국어학교령시행규칙	1909	학부령5호
보통학교령시행규칙	1909	학부령6호

로 돌아서게 되는 데에는 재정적인 어려움 때문만이 아니라 일제가 여러 가지 법령을 공포하며 의도적으로 사립학교, 특히 기독교 사립학교에 대한 억압정책을 펼쳤기 때문이다. 일본은 1904년 러일전쟁을 시작으로 우리나라에 대한 제국주의적 침략정책을 본격적으로 펼치기 시작했는데, 이 해에 한일 의정서를 체결하였고, 드디어 1905년 11월에 을사조약을 강압적으로 맺음으로 한국을 그들의 보호국으로 만들고 이때부터 의도적인 식민화 정책을 펼치기 시작했다. 이것은 교육 분야에서 가장 극명하게 드러나기 시작했다. 이때부터 학부에 일본인 고문으로 시데하라가 학정참여관으로 부임하였으며, 손인수에 의하면 시데하라는 "한국인 청소년들이 사용할 교과서를 편찬하고, 일본인 교사를 채용토록 했으며, 각급학교의 교명을 변

경토록 하는 등 한국교육의 실제에 깊이 관여했다."[31] 그리고 그 다음 해인 1906년에 통감부 서기관인 다와라를 학부의 촉탁으로 파견하여 시데하라의 후임으로 학정참여관이 된 미쓰지와 함께 한국의 교육을 직접적으로 관여하게 되는데, 이때부터 공포된 수많은 교육관련 법령들이 이 땅의 기독교학교들을 폐교하게 만드는 주요인으로 작용하게 된다. 통감부 소위 식민지교육을 펼치기 위해 1906년 이후에 공포한 교육법령을 연대순으로 열거하면 〈표9〉와 같다.[32]

이 가운데 특별히 1908년 8월 26일자로 공포된 사립학교령은 그동안 민족의식과 항일의식을 고취해 온 사립학교, 특히 종교계 사립학교를 억압하려는 의도에서 발포된 것으로 신설 사립학교는 물론 기존의 모든 사립학교들도 다시 인가를 받도록 규정함으로써 사립학교들을 점차적으로 폐교시키려는 음모를 드러낸 것이다. 즉 겉으로는 사립학교의 질적 수준의 향상을 내세워 설립 요건을 까다롭게 함으로써 실제적으로는 시설이나 교육조건이 열악한 사립학교들을 폐교시키기 위한 의도를 지닌 것이다. 사립학교령 제2조는 다음과 같은 내용을 담고 있다.[33]

제2조 사립학교를 설립코저 하는 자는 아래 사항을 구(具)하여 학부대신 (學部大臣)의 인가를 수(受)함이 가(可)함.

1. 학교의 목적, 명칭 및 위치
2. 학칙
3. 교지 교사의 평면도
4. 일개년 수지예산
5. 유지방법
단 기부금에 대하여는 증빙서류를 첨부함이 가(可)함

6. 설립자, 학교장 및 교원의 이력서

7. 교과용도서명

전항 제4호를 제한 외 각호의 사항에 이동을 생(生)한 시(時)는 학부대신(學部
大臣)에게 보고함이 가(可)함

여기에서 볼 수 있듯이 학부대신이 사립학교 설립을 관장하되 그 설립
요건을 강화하고 구체적인 사항은 물론 기부금에 대한 증빙서류까지 첨부
케 하고, 이를 학부대신이 판단하여 인가를 내주는 방식을 취함으로 사립
학교 설립 및 인가를 통제하려고 하였다. 일제는 사립학교령을 제정한 것
으로 그치지 않고, 1911년 사립학교규칙을 제정 · 공포하였는데, 이는 1908
년의 사립학교령을 대폭 개정한 것으로 "사립학교 설립인가 사항을 강화시
키고 교과용도서는 총독부 편찬 혹은 검인정 교과서로 한정하였으며, 교원
의 자격기준을 일본어에 통달한 자로서 제한"하는 내용을 담고 있다.[34] 당
시 총독부는 이러한 사립학교 규칙에 의거하여 통치 이전에 출판된 한국의
역사와 지리, 그리고 민족정신을 조장할 만한 책들을 모두 불살라버리거나
판금 조치를 취하였다. 이렇게 해서 금지된 책 종류가 50가지가 넘었다.[35]
특히 기독교학교에서 민족교육이 활발하게 이루어졌는데 당시 기독교학교
에서는 "십자가 군병들아"와 같은 찬송가를 부름으로 항일정신을 고양시켰
는데 총독부는 학교에서 찬송가 부르는 것을 금지시키기도 하였다. 그리고
교원의 자격기준에 따라 일본인 교원이 사립학교에 배치되어 일본어 보급
을 시도하였고, 결국 사립학교를 관 · 공립학교로 전환하는 것을 추진하였
다. 이로 인해 1910년 사립학교 수가 1,973개교이던 것이 1912년에는 1,317
개교, 1914년에는 1,240개교, 그리고 1919년에는 690개교로 줄어들어 10년
사이에 3분의 1로 감소하게 된다. 종교계 사립학교도 1910년 746개교에서

1914년에는 473개교로 감소하게 된다.[36]

　일본제국에 의해서 이루어진 기독교학교 억압 조치는 1915년 3월에 공포된 개정 사립학교 규칙에 의해서 최고조에 달하게 된다. 개정 사립학교 규칙의 주요 골자는 정부가 정한 교과과정을 따라야 한다는 것인데, 성경, 지리, 한국사 등의 과목을 가르쳐서는 안 되며 그 대신 그들의 국민의례와 신도사상을 가르치라는 것이다. 특히 기독교학교에 대해서 성경과 종교의식 대신에 수신과목을 가르치도록 한 것은 기독교의 저항의식을 배제하고 일제에 동화시키려는 종교교육에 대한 탄압이라고 볼 수 있다.[37] 이런 점에서 개정 사립학교규칙은 종교교육을 원천적으로 금하는 것이요 기독교학교에서의 기독교교육을 금지하는 법적 조치라고 할 수 있다. 그래서 그 당시 총독부의 외사국장은 "6년 내지 7년 사이에 한국에는 기독교학교가 하나도 남아 있지 못하게 될 것이다."라고 장담하기도 하였다.[38] 그는 경성일보에 게재한 글에서 선교사들은 "지금까지 교육에 써온 돈과 노력을 포교라는 분야로 돌리고, 교육에 관한 모든 일은 정부 손에 전적으로 이양해야 한다."고 주장하였다.[39] 개정사립학교규칙은 기독교학교에서 이루어지는 성경시간과 종교의식을 금지시킨 조치일 뿐만 아니라, 근원적으로 종교와 교육을 분리시키는 조치를 의미하였다. 일제는 이미 1907년의 대부흥회를 정점으로 적어도 선교사의 선에서는 종교와 정치 분리를 원칙으로 한 선교정책에는 성공하였는데, 이를 종교와 교육의 분리로 확대함으로 학교교육에서 기독교교육이나 민족교육을 배제시키려고 한 것이다. 이것은 기독교학교들로 하여금 정체성의 위기로 받아들여졌다. 학교를 설립한 목적이 복음을 전하고 기독교적인 인재를 양성하고자 하는 것인데 이러한 건학이념이 구현될 수 없는 상황에 직면하게 된 것이다. 결국 감리교단의 학교까지 포함하면 일천여 개교까지 확장되었던 교회 설립 기독교학교들은 사립학교령과 사립학교 규칙, 그리고 개정사립학교 규칙에 의하여 심각한 어려움을 겪게 되었다.

실제적으로 일제의 사립학교 탄압으로 인해 많은 기독교학교들이 폐교하게 되었다. 1916년 장로교 총회의 평북 노회 보고서에 의하면 "평북에 중심점 되는 선천고을 신성 남녀소학교와 보신여중학교는 인허를 얻지 못하여 폐지되었사오니 매우 섭섭하오며"라고 보고하고 있는데[40] 당국의 인가를 얻지 못해 폐교하는 경우에 해당한다. 또한 일부 학교들은 사립학교령의 기준을 충족시키기 위하여 병합 또는 폐합하기도 하였다. 1917년 장로교 총회 평북 노회의 학교형편 보고에 의하면 "사립학교령에 의하여 폐합한 학교와 기본금을 삼천 원 내지 오륙천 원까지 모집한 학교가 여럿됨으로 기본금 합금이 일만팔천여 원 되오며"라고 되어 있는데,[41] 이는 당시 사립학교령에 의하여 교회 설립 학교들이 생존을 위해서 다각도로 노력하였음을 보여 주고 있다. 같은 해 총회 시에 평남 노회가 보고한 학교형편에 의하면 "소학교가 일백십일 처요 남녀소학도가 사천육백사십삼 명이오 교육형편은 재미가 많사오나 재정이 곤란하여 기초가 공고치 못함으로 당국에서 병합 혹 폐지하라는 명령을 받아 병합하기로 진행하오며 기본금 모집하기를 힘쓰오며"라고 되어 있는데, 폐지를 피하기 위해 병합을 추진하며 재정을 모으는 안타까운 현실을 토로하고 있다.

이러한 일제의 기독교 사립학교 탄압에 대해서 한국교회는 여러 가지 교섭의 노력을 기울이게 된다. 이러한 교섭은 물론 개별 학교가 담당하였지만 이를 지원하고 교단 차원에서 업무를 담당한 주무부서는 각 교단의 학무국이었고 선교사들이 세운 학교들의 경우는 선교연합회가 감독과 지원을 담당하였다. 그 당시 가장 많은 교회 설립 학교를 갖고 있었던 장로교단(조선 예수교 장로회)의 경우 독노회 산하의 학무국에서 이 일을 관장하였다.

1911년 독노회 회의록은 다음과 같은 학무국의 보고를 담고 있다.

"각 처소 중학교에서 형편과 관할의 곤란으로 관부와 몇 달 동안 교섭하여 각각 전과 같이 유지하게 된 것도 있고 전보다 일층 더 확장된 것도 있습니다."[42]

또 이 회의록에 독노회의 학무국이 일제 총독부의 학무국과 교섭한 내용을 다음과 같이 기록하고 있다.

"거간에 본회 학무국 위원들이 총독부와 총독부 내무부 학무국으로 더불어 여러 번 교섭함으로 교회 중학교에 대하여 여러 가지 선호한 결과가 두어 가지 있었사오니"[43]

또한 일제가 1915년 3월에 개정사립학교규칙을 공포하여 기독교학교의 정체성을 위협하였는데, 그해 총회회의록에 보면 학무국이 총회 차원에서 항거하기를 요청하는 내용이 있다. 즉 "학교에서 예배식과 성경교수하는 일은 십 년 후부터는 폐지하라 신학교령에 대하여는 총회가 총독에게 상서하여 예배식과 성경교수는 불폐하기를 허락하여 달라고 간청하시기를 바라오며"라는 학무위원의 보고가 기록되어 있다.[44] 또한 예배식에 대해서는 위원 3인을 택하여 "총독부에 교섭한 후에 여하히 되는 일을 각처 교회에 통지"해 달라는 보고도 수록되어 있다. 즉, 당시 한국교회의 독노회나 총회의 학무국을 중심으로 일제 총독부의 학무국과 교섭하면서 문제를 해결해 보려는 노력이 진행되었다고 할 수 있다. 특히 일제 총독부의 사립학교를 탄압하는 제 규칙에 대해서 독노회나 총회의 학무국이 중심이 되어 교단적인 뜻을 모아 항의를 하기도 하여 결의를 통해 통일된 행동 지침을 내리기도 하였다. 또한 선교연합회도 1915년 '개정교육령에 관한 결의문'을 채택하여 일제 총독부의 개정사립학교규칙에 대해 항거하였는데 그 결의문의 내용은 다음과 같다.

1915년 조선총독부령 제24호로서 공포한 개정사립학교규칙에서 총독부가 여러 가지 변경 사항을 지시하는 가운데서, 한국 안의 기독교회와 선교회가 설립하고 운영하고 있는 수백의 학교를 포함한 모든 사립학교로부터 종교교육과 종교의식을 제거할 것을 지시하고 있음에 대하여, 신교과 선교연합회는, 본국의 후원자의 이해관계와 선교회 교역자가 이 나라에 머물고 있는 유일한 목적과, 또한 이들 학교의 유지를 위하여 자금이 모집되고 있는 목적에 감(鑑)하여, 지시된 제조건이 우리가 경영하고 있는 학교로 하여금 전적으로 폐쇄하게 되는 결과를 가져오지 않는다면, 적어도 그 활동에 막대한 지장을 가져올 것이라는 판단을 확언하는 바이다. 그리고 우리는, 공포된 규칙은 기독교 계통 학교에서 성경교수의 자유에 대하여 정부가 일찍 우리에게 확약한 바에 위배되며, 일본내의 국가교육제도가 사립학교의 종교교육의 자유를 허용하고 있다는 사실을 들어 당국의 주의를 환기코저 하는 바이다. 이러한 이유에 의거하여, 우리는 기존 학교에 허용된 10년의 유예기간에 우리의 학교를 계속하면서 이 기간이 만료될 때까지에는 어떠한 수정이 있을 것을 기대하는 바이며, 이 규칙이 즉시로 적용되는 신설학교에 관하여는, 적어도 일본 자체 안에서 실시되고 있는 것과 같은 조건 밑에 학교를 운영할 수 있도록 어떠한 조처가 있기를 기대하는 바이다.[45]

이 결의문을 보면 당시 한국교회와 선교회가 일제 총독부에 당당히 맞서서 한국의 사립학교, 특히 기독교학교의 탄압에 대해 단호하게 거부하고 저항하였음을 알 수 있다. 그리고 당시 상황 속에서 깊은 연구와 토의 끝에 매우 합리적이며 논리적인 문건을 작성하였음을 파악할 수 있다. 기독교학교의 정체성과 건학이념에 대한 분명한 확신과 총독부의 교육령이 지니는 문제점을 날카롭게 지적하며 그 개선을 요구하는 이러한 결의를 통해 일제시대 속에서도 기독교학교가 그 명맥을 유지할 수 있었던 것이다. 그러나

⟨표 10⟩ 관공립보통학교 상황(1906~1910)

연도 / 구분	관립보통학교		공립보통학교		보조지정사립학교		계	
	학교수	학생수	학교수	학생수	학교수	학생수	학교수	학생수
1906	9	1,062	13	862			22	1,924
1907	9	1,681	41	3,166			50	4,847
1908	9	1,781	50	5,962			59	7,743
1909	9	2,256	51	8,658	31	2,332	91	13,246
1910	1	263	59	12,469	41	4,214	101	16,946

선교회 안에서도 일치된 행동을 보이지 못한 면이 있었는데, 감리교는 성경 교육과 종교의식을 과외활동으로 해도 좋다는 총독부의 양해 아래서, 총독 부 방침에 순응하여 학교를 세웠으며, 기존의 배재, 이화, 광성, 호수돈, 정 의, 배화 등의 교명을 바꾸어 고등보통학교로 전신하여 인가를 받았다. 반 면 장로교의 경우는 기독교학교의 건학이념 구현을 가로막는 성경교육 및 예배의식 금지 자체를 문제시하고 강력하게 저항하였다. 여러 학교들이 보 통학교의 인가를 거부하고 잡종학교로서 명맥을 유지하면서 심한 탄압을 받았다. 결국 순천의 성은(聖恩), 선천의 보성(保聖) 등 많은 장로교계 기독 교학교가 스스로 폐교의 길을 택하였다.[46]

3. 관·공립학교 설립 확장

한국교회가 설립한 학교들이 점차적으로 폐쇄하게 되는 데에는 일제의 관립학교 설립 확장이 한 요인으로 작용하였다. 1905년 일제는 을사조약을 체결한 후 1906년에 통감부를 설치하고 식민지 정책의 일환으로 교육법을 개정해 칙령 제44호에 소학교를 보통학교로 개칭하도록 했다. 동시에 서 울 교동보통학교를 비롯해 전국 22개교 관·공립 보통학교를 설립하고 수 업료는 물론 교과서를 비롯한 학용품까지 무료로 지급하였다. 일제 통감부는 점진적인 동화정책의 방법으로 관·공립보통학교를 점차 확장하였다. 관·공립 보통학교의 연도별 상황은 〈표 10〉과 같다.[47]

〈표 10〉에서 알 수 있듯이 1906년도에는 공립보통학교가 13개교였는데, 1910년에는 59개교로 늘어나게 되었고, 학생 수도 1906년에는 862명이었는데 1910년에는 12,469명으로 증가하게 되었다. 관립보통학교, 공립보통학교, 그리고 보조지정사립학교를 합한 학교 수는 5년 사이에 5배로 증가하여 1906년의 22개교에서 101개교로 증가하게 되었으며, 학생 수도 1,924명에서 16,946명으로 늘어나게 되었다.

1905년 이후에 설립된 이러한 관·공립학교의 설립이념은 일제 통감부의 '제도적 동화정책'에 의하여 세워졌다. 여기서 한국민족의 동화란 일본민족의 언어·풍습·습관 등을 채용케 하고, 다시 나아가서 일본 민족의 특징인 충의심(忠義心)을 체득시키는 데 있는 것이다.[48] 그리하여 통감부시대 일제가 세운 관·공립학교는 일본어를 해득하며, 비한국적이며 실용적인 인간을 길러 그들의 식민지 교육의 기초 공사를 다지는 데 있었다. 그러기에 이 당시의 우리 국민은 정부를 불신하고, 관·공립학교는 일제의 이익을 위한 것이라 보고 사립학교를 선택하게 되었던 것이다.

특히 당시의 교회 설립 학교들은 소학교의 이름을 유지하며 교육을 계속하였는데, 많은 가정의 부모들이 이를 신뢰하고 재정적인 부담에도 불구하고 관·공립학교에 자녀들을 보내지 아니하고 교회 설립 학교에 자녀들을 보내었다. 『연동교회 100년사』는 다음과 같이 쓰고 있다.

아동들을 동화정책의 희생물로 넘겨 주지 않으려는 교회 지도자들은 솔선 출자해 이름을 그대로 ○○소학교, 그렇지 않으면 아예 ○○학교로 고수하고 취학 아동을 흡수했는데, 연동교회를 위시해 양평군의 용진교회 외 전국 25개 교회가 그러했다. 이때 중류 이상의 가정에서는 관립학교를 불신하고 그들의 자녀를 시설이 불비하고 수업료를 징수해도 교회학교로 보냈다.[49]

그러나 점차적으로 관·공립학교가 확장되었을 뿐만 아니라 재정을 투자하여 시설을 개선하고 교육환경을 향상시킴으로 사립학교 학생들의 불만이 증가하게 되었고, 관·공립학교에 입학하는 학생들이 점진적으로 늘어나게 되었다. 이로 인해 교회 설립 기독교학교들은 급속하게 팽창되던 것이 위축되고 재정적인 어려움이 가중되면서 폐교하는 학교들이 증가하게 된 것이다.

IV. 오늘날 한국교회와 기독교학교에 주는 교훈

초기 한국교회가 기독교학교를 설립하여 기독교교육을 실천하고 기독교학교의 부흥을 이룬 역사, 그리고 일제의 사립학교령에 의한 기독교학교 탄압과 관·공립학교의 설립을 통한 기독교학교 억제 정책에 맞서서 기독교학교의 정체성을 유지하려는 한국교회의 노력, 그러나 지속적인 탄압과 재정적인 어려움으로 인해 상당수의 기독교학교가 병합되거나 폐지될 수밖에 없었던 역사는 오늘 한국교회와 기독교학교에 중요한 교훈을 주고 있다.

1. 재정적인 어려움의 극복

초기 한국교회의 기독교학교들이 봉착했던 최대의 위기 중의 하나가 재정적인 문제였다. 결국 이러한 재정적인 어려움으로 인해 기독교적 건학이념을 표방했던 많은 기독교학교들이 병합되거나 폐교하게 되었던 것이다. 당시에도 일제 총독부에 의해 설립된 관립 또는 공립보통학교들은 수업료를 받지 않았고 심지어는 학용품을 무료로 나눠 주기도 하면서 학생들을 모집하였다. 이런 상황 속에서 교회가 설립한 기독교학교들은 소정의 수업료와 열악한 교회의 재정 지원을 통해서 운영되었다. 초창기에는 교사들이 무료로 봉사하는 등 헌신적인 수고를 아끼지 않았지만 재정적 지원이 없이는 기독교학교가 안정적 성장을 지속하기는 어려울 수밖에 없다. 선교회가 세운 학교들은 상대적으로 한국교회가 설립한 학교보다 더 오래 지속할 수 있었던 것은 보다 안정적인 재정 지원이 가능했기 때문이다.

오늘날 우리나라의 기독교학교들도 대부분 재정적인 어려움을 겪고 있다. 재정적인 어려움은 학교의 존립과 관련되며 교육의 질과 직결된다. 지금처럼 기독교대안학교의 경우 정부의 재정 보조를 받을 수 없는 상황 속에서는 이러한 재정적인 어려움은 학교의 존속을 어렵게 할 수 있다. 마치 초기 기독교학교들이 재정적인 어려움으로 인해 폐교하는 학교들이 급증했던 것처럼 오늘날 기독교대안학교들도 이러한 위기를 극복하기 위한 방안을 마련하여야 한다. 제도적으로 부모가 낸 세금 중 일부라도 환급받아 자기 자녀가 다니는 학교에 낼 수 있도록 하는 방안도 검토되어야 한다. 무엇보다 한국교회가 교단적으로 또는 초교파적으로 '기독교학교 후원회'를 구성하여 기독교학교가 겪는 재정적인 어려움을 완화할 수 있어야 한다. 왜냐하면 기독교학교의 사역은 본질상 한국교회의 사명이기 때문이다. 오늘날 공교육 체계 속에 있는 기독교학교들도 건학이념을 구현하기 위해서는 국가의 재정 의존도를 낮출 필요가 있는데 이를 위해서도 재정적인 후원구조는 필수적인 과제라고 할 수 있을 것이다.

2. 인가문제에 대한 접근 방식

초기 한국교회가 설립한 학교들도 두 종류로 나눌 수 있다. 하나는 정식 학교로 인가받은 학교들이고, 다른 하나는 인가받지 못한 서당, 사숙, 학당 등의 학교들이다. 그런데 초기 한국교회는 가능한 인가를 받을 수 있도록 학교를 설립하거나 학교와 유사한 형태로 설립한 후 인가를 취득하려는 노력을 기울였다. 일제는 1908년 사립학교령 이후 여러 차례의 교육관련 법령 또는 규칙의 제정으로 인가의 기준을 동화정책에 맞는 기준으로 변경, 강화함으로 인가를 통해 기독교학교들을 통제하려고 하였다. 결국 시설 기준, 교사 기준, 교육과정 기준, 재정 기준 등을 맞추지 못해서 병합하거나 폐교하는 학교들이 속출하게 되고, 이것이 기독교학교의 쇠퇴의 한 원인이 되기도 하였다. 특히 여러 기독교학교들이 건학이념과 정체성을 지키기 위해서 스스로 인가를 포기하고 자진 폐교하는 경우도 있었다.

오늘날 기독교학교, 특히 기독교대안학교의 경우는 인가문제가 가장 심각한 이슈임에 틀림없다. 대부분의 기독교대안학교들이 '미인가' 상태로 존재하고 있다. 사실 정부가 2007년 「대안학교의 설립 운영에 관한 규정」을 제정, 공포하였고, 이를 수정하여 2009년에 개정안을 발표하였지만, 여전히 기독교대안학교들이 그 기준을 만족시키기에는 과도한 수준을 요구하고 있는 것이 사실이다. 그러나 인가문제는 국가의 권위에 대해 어떻게 바라보는 것이 기독교적인가의 문제와 연결되어 있다. 국가는 교육의 최소한의 기준을 정함으로 국민이 양질의 교육을 받을 수 있는 권리를 보호해야 할 책임이 있다. 기독교학교는 가능한 한 법적 테두리를 벗어나지 않고 교육해야 할 의무가 있다. 그런 점에서 기본적으로 기독교대안학교들이 인가를 받으려고 노력하는 것이 옳다고 할 수 있다. 물론 이를 위해서는 현재 「대안학교의 설립 운영에 관한 규정」에서의 인가 기준을 조절하는 노력이 필요할 수도 있다.

3. 학교 연합 및 교단 연합

초기 기독교학교들의 중요한 특징 가운데 하나는 여러 교회가 연합하여 한 교회를 설립하는 등 교육을 위한 교회 간, 교단 간 연합활동이라고 할 수 있다. 특히 중·고등학교 및 대학교의 경우는 교회 연합 또는 교단 연합으로 학교를 설립하는 경우가 많았다. 1910년 이후 일제의 탄압으로 인해 기독교학교들이 어려움을 겪고 재정적인 곤란을 겪을 때에도 교회들이 설립한 학교들 간의 병합을 통해 기독교학교를 존속시키기도 하였다. 자기 교회, 자기 교단의 한계를 넘어서 한국교회가 설립한 기독교학교에 대한 존중이 있었고 교회 간의 협력이 있었다. 장로교와 감리교가 교단이 달랐지만 기독교학교 운동에 있어서는 상호 협력하며 공동으로 지역의 중·고등학교나 대학을 운영하기도 하였다.

오늘날 기독교학교 운동에 있어서 개교회주의는 극복되어야 한다. 개교회가 학교를 설립하는 것이 개교회의 교회성장을 위한 것이 아니라 그 교회가 속해 있는 지역사회의 다음세대를 위한 것이라면 교회 간의 협력은 필수적이다. 한 교회가 주축이 되어 학교를 설립하더라도 학생 모집에 있어서는 그 문을 개방해야 하며 교회가 협력하여 교육공동체를 이룰 수 있어야 한다. 오늘날에도 여러 교회가 협력하여 학교를 설립하는 움직임도 있는데 이는 매우 고무적이다. 같은 지역 안에서는 교단이 다르더라도 기독교학교에 대한 비전을 지닌 여러 교회가 서로 경쟁하는 것이 아니라 뜻을 모아 기독교교육의 사명을 감당하여야 한다. 학교 간 경쟁이 치열한 신자유주의적 교육 풍토 속에서 기독교학교들은 학생모집, 교육과정 운영, 교사교육, 학부모교육 등에 있어서 서로 협력하고 지원함으로써 시너지 효과가 나타날 수 있어야 할 것이다. 초기 한국교회의 기독교학교들이 보여 주고 있는 연합정신이 오늘날의 기독교학교 운동에도 아름답게 계승되어야 한다.

4. 건학이념의 구현과 종교와 교육의 통합

초기 한국교회와 기독교학교는 공히 기독교적 건학이념을 유지하고 기독교학교의 정체성을 지키기 위해 노력하였다. 교회가 기독교학교를 설립한 것은 또 하나의 학교를 세운 것이 아니었고 분명한 목적과 건학이념, 정체성에 근거한 것이었다. 이러한 '기독교학교 됨'은 생명과 같아서 그 됨됨이가 위협받는 것은 존재가 위협받는 것과 같은 의미를 지닌 것이었다. 1908년 사립학교령을 반포한 후 일제가 지속적으로 기독교학교를 탄압하기 위해 사용한 논리는 '종교와 교육의 분리'였다. 종교는 교회의 몫이고 교육은 국가의 몫이라는 개념이며, 종교는 사적인 것이고 교육은 공적인 것이라는 논리이다. 학교에서 종교의식이나 종교교육을 하지 못하게 한 것도 바로 이런 종교와 교육의 분리 논리에 근거한 것이었고, 이러한 입장에서 사립학교규칙과 개정사립학교규칙을 발포하여 기독교학교의 건학이념과 정체성을 약화시키려고 하였다. 그러나 초기 기독교학교들은 건학이념과 정체성을 타협할 수 없는 가치로 인식하고 저항하였으며, 이로 인해 폐교까지 당한 학교들이 나타나게 된 것이다.

오늘날 공교육과 기독교학교의 관계 속에서 기독교학교의 건학이념과 정체성은 도전받고 위협받고 있다. 우선 기독교학교를 포함한 사립학교를 공교육 체계 속에 편입시킴으로써 사립학교의 자율성이 무시되고 준공립화되는 상황이 초래되었다. 그리고 공적 영역에서는 종교적 편향이 있어서는 안 된다는 논리로 기독교학교의 기독교교육을 탄압하기 시작하였다. 일제 시대와 유사하게도 '종교와 교육의 분리'라는 논리로 접근하면서 교육은 공적인 영역이기 때문에 사적인 종교교육이 이루어져서는 안 된다는 것이다. 그리고 기독교대안학교에 대해서도 인가의 조건으로 기독교적 편향성을 제거할 것을 요청하고 있다. 사실 공교육 속에 있는 기독교학교나 인가받은 기독교대안학교는 같은 어려움을 겪고 있는데, 정부의 교육당국은 정식 학교로 인가한 만큼 공립학교에 요구하는 기준을 그대로 기독교학교에 요구하고 있는 것이다. 오늘날 기독교학교는 초기 기독교학교의 역사를 거울삼아 인가가 기독교학교의 정체성을 침해하는 것이 되어서는 안 된다는 점을 기억해야 할 것이다. 초기 기독교학교들이 존폐를 걸고 지키려고 했던 기독교학교의 정체성과 건학이념을 인가문제 때문에 포기하거나 타협하는 방식이 되어서는 안 될 것이다. 한국교회와 기독교학교들은 궁극적으로 우리나라에 있어서 진정한 사립학교의 자율성이 보장되어 기독교학교의 건학이념과 정체성을 지킬 수 있도록 법적, 제도적 변화를 체계적으로 추진해 나가야 할 것이다.

V. 나가는 말

초기 한국교회의 역사를 들여다보면 활발한 기독교학교 설립 운동이 있었음을 발견하게 된다. 소위 '1교회 1학교' 운동을 펼치면서 교회 건물을 짓기 전에 먼저 기독교학교를 설립했던 많은 사례들이 있고, 이로 인해 장로교 계통의 소학교만 1909년에는 694개교가 될 정도로 기독교학교 운동은 확산되었다. 그러나 그 이후 기독교학교의 수는 점차 감소하게 되는데, 재정적인 어려움, 일제의 기독교학교 탄압, 그리고 관·공립학교의 확장을 그 이유로 들 수 있을 것이다. 한국교회가 장로교의 경우 노회마다 학무국을 설치하여 기독교학교를 지원하려고 노력하고 사립학교령을 비롯한 일제의 기독교학교 탄압 정책에 저항하고 항거하였지만 기독교학교의 쇠퇴를 막지는 못하였다.

오늘날 한국교회와 기독교학교는 이러한 역사 속에서 교훈을 얻어야한다. 최근 한국교회 안에 활발히 일어나고 있는 기독교(대안)학교 설립 운동이 지속적인 기독교교육운동으로 확산되기 위해서는 개별 기독교학교의 노력만이 아니라 한국교회의 공동체적인 관심과 지원이 필요하다. 특히 한국 초기 기독교학교의 쇠퇴와 같은 전철을 밟지 않기 위해서는 기독교학교의 설립만이 아니라 기독교학교의 생태 환경을 건강하게 만들 수 있는 법적, 제도적 구조 확립, 재정적인 지원, 한국교회의 연합적인 노력이 요청된다. 한국의 기독교학교들이 더욱 성숙하기 위해서는 우리의 역사 속에서 교회와 기독교학교들이 경험한 다양한 성공과 실패의 사례 속에서 살아 있는 지혜를 얻어야 할 것이다. 그것이 역사를 우리에게 허락하신 하나님의 뜻일 것이다.

※ 위 논문은 《신앙과 학문》 제17권 1호(기독교학문연구회, 2012)에 게재되었습니다.

[미주]

1) 한국의 초기 기독교학교는 크게 선교사에 의해서 설립된 학교로서 선교회에 속해 있는 기독교학교와 한국교회에 의해서 설립된 기독교학교로 구분할 수 있는데, 본 연구에서는 한국교회에 의해서 설립된 학교, 그 중에서도 장로교 소학교(초등교육과정)에 초점을 맞추어 분석하려고 한다.

2) 백낙준, 『한국개신교사(1832-1910)』(서울: 연세대출판부, 1993), p.423.

3) 임희국, "한국교회 초기 기독교학교 설립", 기독교학교교육연구소 편, 『평양대부흥운동과 기독교학교』(서울: 예영커뮤니케이션, 2007); 박상진, "초기 한국교회의 학교설립과 지원체제 연구", 『장신논단』 43(장로회신학대학교 출판부, 2011), pp.336-359.

4) 본 연구에서 사용하는 '쇠퇴'라는 용어는 '힘이나 세력 따위가 약해져 전보다 못한 상태'를 의미하는데, 질적인 영향력의 약화라는 의미보다는 양적인 감소에 강조점을 두는 의미로 사용되었다.

5) 김기석, 류방란, 『한국 근대교육의 태동』(서울: 교육과학사, 1999), p.86 재인용.

6) 예수교 장로회 대한 노회 제1회 회의록(1907), p.42.

7) 예수교 장로회 조선 총회 제4회 회록(1916), p.96.

8) 예수교 장로회 대한 노회 제5회 회의록(1911), p.49.

9) 노회 제5회 회록(1911), p.51.

10) 노회 제5회 회록(1911), p.62.

11) 예수교 장로회 조선 노회 제1회 회록(1912), p.43.

12) 예수교 장로회 조선 총회 제1회 회록(1912), p.46.

13) 예수교 장로회 조선 총회 제1회 회록(1912), p.48.

14) 예수교 장로회 조선 총회 제1회 회록(1912), p.50.

15) 예수교 장로회 조선 총회 제2회 회록(1913), p.45.

16) 예수교 장로회 조선 총회 제2회 회록(1913), p.47.

17) 예수교 장로회 조선 총회 제2회 회록(1913), p.50.

18) 예수교 장로회 조선 총회 제2회 회록(1913), p.55.

19) 예수교 장로회 조선 총회 제4회 회록(1915), p.40.

20) 예수교 장로회 조선 총회 제4회 회록(1915), p.44.

21) 예수교 장로회 조선 총회 제4회 회록(1915), p.46.

22) 예수교 장로회 조선 총회 제4회 회록(1915), p.49.

23) 예수교 장로회 조선 총회 제4회 회록(1915), p.52.

24) 예수교 장로회 조선 총회 제4회 회록(1915), p.55.

25) 예수교 장로회 조선 총회 제5회 회록(1916), p.19.

26) 예수교 장로회 조선 총회 제5회 회록(1916), p.73.

27) 예수교 장로회 조선 총회 제5회 회록(1916), p.59.

28) 예수교 장로회 조선 총회 제6회 회록(1917), p.43.

29) 예수교 장로회 조선 총회 제6회 회록(1917), p.46.

30) 예수교 장로회 조선 총회 제6회 회록(1917), p.50.

31) 손인수, 『한국교육사연구』 (하)(서울: 문음사, 1998), p.250.

32) 손인수, 『한국교육사연구』 (하)(서울: 문음사, 1998), p.250.

33) 한규원, 『한국 기독교학교의 민족교육 연구』(서울: 국학자료원, 2003), p.168.

34) 문형만, "일제의 식민교육과 종교교육의 갈등", 한국정신문화연구원, 『근대 민족교육 의 전개와 갈등』(성남: 한국정신문화연구원, 1982), p.152)

35) 손인수, "한국 근대교육의 이념과 실제", 한국정신문화연구원, 『한국교육 제1집 : 신교육 제도 도입과 교육관 변천에 관한 연구』(성남: 한국정신문화연구원, 1991), p.109.

36) 이만규, 『조선교육사』(하권)(서울: 을유문화사, 1949), p.199.

37) 손인수, 『한국교육사연구』 (하)(서울: 문음사, 1998), p.352.

38) 오인탁, "일제 하 민족교육과 종교교육의 갈등", 한국정신문화연구원. 『근대 민족교육 의 전개와 갈등』(성남: 한국정신문화연구원, 1982), p.238.

39) 오인탁, "일제 하 민족교육과 종교교육의 갈등", 한국정신문화연구원. 『근대 민족교육 의 전개와 갈등』(성남: 한국정신문화연구원, 1982), p.239.

40) 예수교 장로회 조선 총회 제5회 회록(1916).

41) 예수교 장로회 조선 총회 제6회 회록(1917).

42) 노회 제5회 회록(1911), p.18.

43) 그 보고의 구체적인 내용은 다음과 같다. "(1) 총독각하와 학무국 관리들이 조선예수 교회 내에 모든 학교들에 대하여 그 조직과 행정과 방침과 주의를 대단히 칭찬하고 교 회에서 이같이 전국에 대하여 일반 인민에게 유익한 사업함을 극히 좋은 줄로 생각할 뿐만 아니라 어디까지든지 도와주기로 하겠다 하였으며, (2) 사립학교와 공립학교 간 에 아무 다름이 없고 다만 공립학교는 정부로서 그 경비를 지불할 따름이오 그 대우 와 교에 대한 감정과 희망은 일반이라 전언하였으며, (3) 교회와 학교간의 관계는 좌 우간에 충돌됨이 없고 또한 법령에 대하여는 아무 위반됨이 없는 줄로 인정하며 아무 예수교학교든지 그 교회의 목적과 저촉됨이 없을 줄 확실히 아노라 하더라, 4) 각 학 교에서 제일 지킬 일에 다하여 아무쪼록 일반 관계자들이 오해함이 없게 하기 위하여 아래에서 기재한 공문으로 각 교회 학교 관리자들에게 보내었더라."(노회 제5회 회록, 1911: 18-20) 위의 내용은 상당부분 총독부 학무국의 의견을 반영하는 것으로서 '총독 각하'라는 표현과 총독부 학무국 관리들이 교회 학교들에 대해 지지하는 세력인 것처 럼 묘사하고 있다. 또한 총독부의 주장대로 사립학교와 공립학교 간의 차이가 없음을 주장하고 있다. 그래서 총독부의 요구대로 교회와 학교의 관계도 문제가 없는 듯한 기 술을 하고 있다. 이런 점으로 미루어 볼 때 독노회 또는 총회의 학무국의 역할은 때로

한국교회와 기독교학교들의 입장을 총독부에 전달하고 변화를 촉구하는 역할을 담당
하는가 하면 때로는 총독부의 입장을 한국교회와 기독교학교들에게 설명하고 이해를
구하는 역할을 하였음을 알 수 있다.

44) 예수교 장로회 조선 총회 제4회 회록(1915).
45) 오인탁, "일제 하 민족교육과 종교교육의 갈등", 한국정신문화연구원. 『근대 민족교육
   의 전개와 갈등』(성남: 한국정신문화연구원, 1982), pp.239-240.
46) 오인탁, "일제 하 민족교육과 종교교육의 갈등", 한국정신문화연구원. 『근대 민족교육
   의 전개와 갈등』(성남: 한국정신문화연구원, 1982), p.240.
47) 손인수, 『한국교육사연구』(하)(서울: 문음사, 1998), p.251.
48) 손인수, 『한국교육사연구』(하)(서울: 문음사, 1998), p.253.
49) 연동교회, 『연동교회 100년사』(서울: 연동교회 1995), p.168.

[참고문헌]

기독교학교교육연구소, 『기독교대안학교 가이드』(서울: 예영커뮤니케이션, 2007).
김기석, 류방란, 『한국 근대교육의 태동』(서울: 교육과학사, 1999).

대한 예수교 장로회 조선 총회, 『제1회 총회 회록』(1912).
대한 예수교 장로회 조선 총회, 『제2회 총회 회록』(1913).
대한 예수교 장로회 조선 총회, 『제3회 총회 회록』(1914).
대한 예수교 장로회 조선 총회, 『제4회 총회 회록』(1915).
대한 예수교 장로회 조선 총회, 『제5회 총회 회록』(1916).
대한 예수교 장로회 조선 총회, 『제6회 총회 회록』(1917).

문형만, "일제의 식민교육과 종교교육의 갈등." 한국정신문화연구원, 『근대 민족교육의
   전개와 갈등』(성남: 한국정신문화연구원, 1982).
박상진, 『기독교학교교육론』(서울: 예영커뮤니케이션, 2006).
박상진, "초기 한국교회의 학교설립과 지원체제 연구." 『장신논단 43』(장로회신학대학교
   출판부, 2011), pp.336-359.
박용규, "대부흥운동이 기독교학교 설립에 끼친 영향." 기독교학교교육연구소 편, 『평양
   대부흥운동과 기독교학교』(서울: 예영커뮤니케이션, 2007).
백낙준, 『한국개신교사(1832-1910)』(서울: 연세대출판부, 1993).
손인수, 『한국교육사연구』(하)(서울: 문음사, 1998).
손인수, "한국근대 민족주의 교육운동 연구." 한국정신문화연구원, 『근대 민족교육의 전

　　개와 갈등』(성남: 한국정신문화연구원, 1982).

손인수, "한국 근대교육의 이념과 실제." 한국정신문화연구원, 『한국교육 제1집 : 신교육
　　제도 도입과 교육관 변천에 관한 연구』(성남: 한국정신문화연구원, 1991).

숭실대학교, 『숭실대학교 90년사』(서울: 숭실대출판부, 1987).

연동교회, 『연동교회 100년사』(서울: 연동교회 1992).

예수교 장로회 대한 노회 제1회 회록(1907).

예수교 장로회 대한 노회 제2회 회록(1908).

예수교 장로회 대한 노회 제3회 회록(1909).

예수교 장로회 대한 노회 제4회 회록(1910).

예수교 장로회 대한 노회 제5회 회록(1911).

오인탁, "일제 하 민족교육과 종교교육의 갈등." 한국정신문화연구원. 『근대 민족교육의
　　전개와 갈등』(성남: 한국정신문화연구원, 1982).

이만규, 『조선교육사』(하권)(서울: 을유문화사, 1949).

임희국, "한국교회 초기 기독교학교 설립." 기독교학교교육연구소 편, 『평양대부흥운동과
　　기독교학교』(서울: 예영커뮤니케이션, 2007).

정영희, 『개화기 종교계의 교육운동 연구』(서울: 도서출판 혜안, 1999).

한규원, 『한국 기독교학교의 민족교육 연구』(서울: 국학자료원, 2003).